U0620006

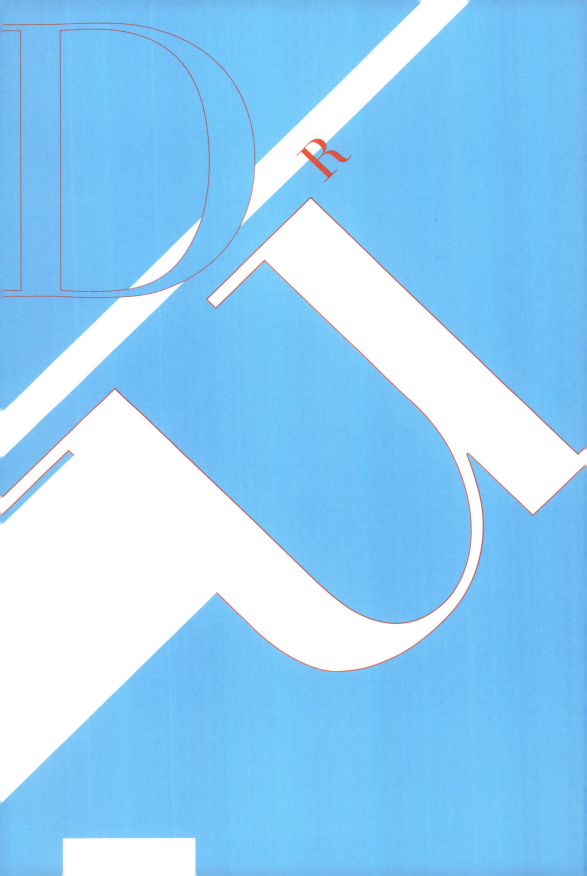

G

药品谈判

理论、机制及实践

龚文君 著

DRUG NEGOTIATION
Theory, Mechanism and Practice

社会科学文献出版社
SOCIAL SCIENCES ACADEMIC PRESS (CHINA)

前　　言

在国际上，运用谈判机制来购买医药服务、协调医疗保险经办机构与医疗机构及药品供应商之间的关系已经是很普遍的做法，尤其是医疗保险制度完善的国家，已经积累了丰富的经验。在我国，医疗保险经办机构对医疗机构和药品供应商的管理也需要逐步引入市场机制，主要表现为用协商谈判的管理方式来改造甚至替代原有的行政化管理方式，用平等的协商谈判来体现服务购买双方合同关系的平等性，用协商谈判的灵活性来适应医药服务管理的复杂性。从本质上说，医疗保险经办机构购买医药服务的过程就是一种市场交易过程，协商谈判理应成为交易双方——服务购买者（医疗保险经办机构）与服务提供者（医疗机构和药品供应商）协调关系、进行利益博弈的主要手段。尽管举办社会医疗保险是政府的一项重要职能，政府在宏观层面的管理监督不可或缺，但在微观层面的服务购买过程中，市场性质平等的协商谈判应该成为处理医疗保险经办机构、医疗机构和药品供应商之间关系的主要手段。

在新一轮的医疗卫生体制改革中，建立健全医疗保险谈判机制被正式纳入新医改的方案。2009 年 4 月颁布的《中共中央国务院关于深化医药卫生体制改革的意见》（中发〔2009〕6 号）明确提出，要"积极探索建立医疗保险经办机构与医疗机构、药品供应商的谈判机制，发挥医疗保障对医疗服务和药品费用的制约作用"。随后，人社部、国家发改委相继颁布了一系列相关规定和通知，对构建医疗保险谈判机制的要求进行了进一步明确和强调，这与完善医药服务管理、强化医疗保险经办机构服务购买者的功能、变革医药服务管理方式的医疗保险改革的现实需要相吻合，为把谈判理念、谈判方式正式引入医疗保险经办机构管理之中提供了政策导向和发展契机。作为第三方支付者的医疗保险经办机构，除了要发挥其筹资功能外，还必须通过平等的双边谈判对医疗机构和药品供应商进行管理，而不是继续沿用传统的强制性的行政管理方法。近几年，在新医改文件以及国务院、人社部、国家发改委等陆续出台的相关政策指导下，国内一些地区陆续出台了医疗保险谈判机制文件，开始探索并推行医疗保险谈判机制。在实践中，由于各地经济发展水平、人口结构、医疗资源和医保管理水平存在差异，工作具体实施情况也有较大的不同。构建医疗保险谈判机制在我国还处于初级阶段，目前尚未形成成熟的理论和运作模式，因此，对其开展研究是一项必要而紧迫的任务。

近十年来，我国的医疗费用增长速度一直领先于经济增长速度，超出了全球卫生费用的平均增长水平和发达国家卫生费用的增长水平，也超出了一个发展中国家所能负担的最大限度。我国医疗费用过快增长的原因较多，其中，"以药养医"的制度性痼疾之下的药品费用占比过大居于首位。在我国，总体的医疗费用中有相当大的比例来自药品的销售收入。笔者认为，药品费用的增加是医疗费用过高和急剧增长的主要原因。这一方面加重了广大参保人看病就医的经济负担，加剧了"看病贵"问题；另一方面也使国家财政和医疗费用筹资面临诸多困难，有限的卫生资源难以得到合理分配。因此，合理控制药品费用就成为有效控制医疗费用过快增长的关键。长期以来，我国药品价格管理制度不够完善，无论是定价机制还是集中招标采购制度，都有很大的改进空间。药品市场价格混乱无序，参保人药品费用负担沉重，给整个医疗保险基金造成了很大损失。因此，有必要改革现有的药品定价机制，以市场化、更有效率的协商谈判方式形成合理的药品价格，从整体上规范药品的价格、销量，控制不合理的药品费用，保障广大参保人对药品的可及性，并维护医疗保险基金的安全和可持续发展。

医疗保险谈判机制在我国还是一个新生事物，尚处于研究和探索的阶段，需要理论和实践层面的思考与推广。本书选择医疗保险谈判机制中的药品谈判这个视角，分七个章节对我国建立健全药品谈判机制进行分析和阐述。

第一章为导论，介绍研究背景、选题意义，界定概念并明确研究范围、研究思路和研究方法。在此基础上，进行医疗保险谈判机制的国际、国内研究文献综述，主要从医疗保险模式选择、医疗保险中的道德风险、药品价格管理、医保经办机构管理改革以及医疗保险谈判机制的应用几个相关方面展开。

第二章为理论基础。在医疗保险的相关利益主体中，医疗保险经办机构、医疗机构、药品供应商和患者之间相互联系、相互牵制。医疗保险谈判是指医疗保险经办机构和医疗机构及药品供应商针对医疗服务及药品的范围、价格和质量展开谈判。正确认识并把握医疗保险谈判机制的理论基础，是协调处理好医疗保险相关利益主体之间关系，从而搭建谈判基本框架的前提条件。本章主要从谈判理论、委托代理理论和新公共管理理论的角度，探讨这几个理论在医疗保险谈判机制中的体现和应用。

第三章为药品谈判机制的国际经验。在不同的医疗保障制度体系中，谈判机制的运用有着明显的不同。如国家保障型医疗保险模式的代表国英国，建立了医药服务供需双方的内部市场，以药品价格管制方案下卫生部和制药行业协会谈判达成自愿协议的方式控制药品费用。在社会医疗保险体制比较完善的国家，如德国等，多是先由市场形成医药服务的原始价格，再由保险方和医院医生行业协会谈判确定实际支付价格；而选择商业保险型医疗保险模式的美国，则基本上采用了完全市场化的谈判。在政府举办的社会医疗保险性质的老人医疗照顾和医疗援助等制度，以及非营利和营利性的私人医疗保险组织或管理型医疗保险组织中，都运用了谈判机制来实现药品费用控制。研究国外主要国家的药品谈判模式，能够为我国建立健全药品谈判机制、制定相应政策和规范提供有益启示。

第四章为我国药品价格管理制度概述。药品价格管理是一项系统工程，贯穿药品生产、流通、销售等各个环节，涉及卫生、发改、药监、社保等多个部门，也联系着药品生产企业、经营企业、医院、医生及患者等利益相关方。我国的药品价格管理制度大致经历了从全部管制到基本放开，再到部分管制的过程。本章通过对我国药品价格管理制度基本情况的介绍，分析制度中存在的缺陷，包括定价机制及集中招标采购制度中存在的问题，并在此基础上探讨引入谈判机制改革我国药品价格管理制度的必要性和意义。

第五章为国内实践情况介绍。选择在国内较早开展谈判机制实践的成都市基本药物目录内的药品谈判加以分析。建立健全药品谈判机制的前景光明、道路曲折，这是目前全国开展谈判机制实践的真实写照。中央、省级与省级以下建立各级谈判机制，权限的重大差别使得建立的难易程度也有重大差别。地方建立医保谈判机制的实践取得了一些阶段性成绩，其中不乏亮点，所面临的主要问题在全国范围内也具有一定的代表性。介绍典型地区的实践，可以给全国其他地区开展谈判机制工作提供参考。国家层面的药品谈判试点工作于 2015 年 10 月拉开帷幕。2017 年，国家卫计委等多个部门协同开展了首次医保药品目录准入谈判。2018 年，国家医疗保障局牵头开展了抗癌药医保准入专项谈判。各省（自治区、直辖市）陆续按照国家药品价格谈判的结果颁布了相应的政策文件，具体落实谈判后的药品价格以及医保药品目录、报销标准等，推动药品谈判机制运行日益成熟、高效。

第六章为建立我国药品谈判机制的构想。医疗保险经办机构通过建立健全与医疗机构和药品供应商之间的谈判机制，科学合理地为参保人购买医药服务，是实现有效控制医疗费用、维护医疗保险基金安全和可持续发展，并从根本上改革我国长期以来医药价格不合理的形成机制的必要手段。建立健全医疗保险谈判机制，需要从政策和理论的高度澄清认识，需要对国际先进经验进行批判吸收，更需要对我国的政治经济环境、医疗保障制度特点等现实国情加以正确把握。只有在此基础上，才能进行科学的谈判机制框架设计，指导药品谈判机制工作顺利开展。

第七章为余论。前面六章在对药品谈判机制的理论基础、国际经验、国内实践情况进行分析的基础上，结合我国具体国情对构建药品谈判机制进行了框架设计。此外，需要注意的是，药品谈判机制乃至整个医疗保险谈判机制的建立健全是一项系统工程，涉及的政策制度、相关部门及人员、医药服务的环节众多，必须对一些亟待解决的问题有清淅的认识，并考虑合理的应对措施。

总体而言，本书的研究创新主要体现在以下两个方面。

第一，理论创新。我国对于医疗保险谈判机制的理论研究尚处于初级阶段，少数地区开展医疗服务谈判抑或药品谈判的试点工作也起步不久，因此，理论层面还有继续深入研究的较大空间。从已有的文献来看，药品谈判研究相较于医疗服务谈判研究数量更少。究其原因，药品是特殊商品，其成本、定价、利润以及招标采购等方面的信息较难获得，所以研究的难度更大。本书在界定医疗保险谈判机制基本理论框架的基础上，选择药品谈判这个方面，通过实证研究获取必要的数据和信息。除了谈判理论、委托代理理论之外，还从新公共管理理论的视角探讨药品谈判机制设计存在的问题，突出了医保经办机构角色转换的要求。本书的研究视角新颖，可以为医疗保险谈判机制的理论研究做出一定贡献。

　　第二，政策价值。本书立足我国药品谈判的实践情况进行深入分析，探讨了现阶段我国开展药品谈判所面临的主要问题及产生的原因，并结合不同医疗保障模式国家建立药品谈判机制的经验，构建符合我国国情的药品谈判机制框架，并对实施规则进行设计，可以为我国相关部门制定药品谈判机制方案提供政策建议，对策转化力较强，具有较高的实用价值。

目　　录

第1章
导　论

1.1　研究背景

1.1.1　全民医保亟须提高管理效率和服务质量

作为一种主要的疾病风险损失分散机制，医疗保险在全世界得到了普遍运用，并且大多通过立法强制要求国家、雇主和个人等各方按照责任共担的原则筹集资金，建立起医疗保险基金，保障参保人在遭遇疾病风险、需要医疗服务时得到经济补偿的一种制度安排。1883 年，德国颁布《疾病社会保险法》，标志着社会医疗保险制度的诞生。随后，其他西方国家纷纷效仿，使医疗保险成为社会保障体系的重要组成部分。发展到今天，全世界已有 145 个国家建立了社会医疗保险制度，模式不同，发展水平不等。130 多年来，社会医疗保险制度在促进医疗服务的可及性和可得性方面都发挥了积极作用。在这些国家和地区，社会医疗保险不断进化，制度覆盖人口持续增加，制度支付医疗费用占医疗总费用的比例也逐步扩大。但是，与此同时，社会医疗保险制度的发展也不可避免地遇到了困难和障碍。从 20 世纪 90 年代开始，世界各国普遍面临医疗费用急剧上涨导致的医疗保险基金大量流失的问题。

对中国而言，解除国民的疾病医疗后顾之忧，实现"病有所医"，提供优质的医疗保障以提高国民健康素质，是社会建设的重要任务之一。目前，我国的医疗保障制度已经建成了基于社会保险原则的城镇职工基本医疗保险、城镇居民基本医疗保险、新型农村合作医疗以及基于社会救助原则的城乡医疗救助，即"三险一助"的基本构架体系，制度建设取得了显著成就。医疗保障由过去的板块分割、封闭运行状态走向社会化，初步建立了医疗费用分担机制，医疗保障对象的就医选择范围得到扩大，公共卫生体系建设以及医药生产与流通体制建设也获得了较大的发展，市场机制的引入促进了医疗服务系统竞争力和医疗服务供给能力的全面提升，这些成就都为医疗保障制度以及公共卫生事业的进一步发展奠定了良好的基础。

尽管改革取得了显著的成就，但城乡居民"看病难、看病贵"的问题仍然未得到解决，并且以新的形式不断升级，医疗保障制度在体系设计、运行和管理等方面都存在很多突出的问题。2005年，国务院发展研究中心发布报告，认为我国医改"基本不成功"，引起社会各界广泛关注。该报告指出，由于我国的医疗市场近年来商业化程度严重，医疗服务和药品的价格都偏离了正常轨道，医疗费用逐年攀升，社会成员看病就医的负担仍然沉重。

2009年，《中共中央国务院关于深化医药卫生体制改革的意见》得以颁布，提出我国应继续着力解决医药卫生体制存在的各种问题，并大力完善覆盖全民的基本医疗卫生制度。自2009年新一轮医改启动实施以来，各地各部门认真贯彻落实中央的决策部署，在"保基本、强基层、建机制"三项基本原则的要求下，统筹安排、突出重点、循序推进，取得了阶段性的成果。截至2011年底，我国"三险一助"体系覆盖的人口已经接近13亿人，参保率在95%以上。2017年末，全国参加基本医疗保险的人数为117681万人，比上年末增加43290万人，参保率稳定在95%以上。其中，参加职工基本医疗保险的人数为30323万人，比上年末增加791万人；参加城乡居民基本医疗保险的人数为87359万人，比上年末增加42499万人。在参加职工基本医疗保险人数中，参保职工22288万人，参保退休人员8034万人，分别比上年末增加568万人和223万人。2017年末参加基本医疗保险的农民工人数为6225万人，比上年末增加1399万人。2017年全年基本医疗保险基金总收入17932亿元，支出14422亿元，分别比上年增长37.0%和33.9%。2017年末基本医疗保险统筹基金累计结存13234亿元（含城乡居民基本医疗保险基金累计结存3535亿元），个人账户积累6152亿元。[①] 李

---

① 《2017年度人力资源和社会保障事业发展统计公报》，中华人民共和国人力资源和社会保障部，http://www.mohrss.gov.cn/ghcws/BHCSWgongzuodongtai/201805/t20180521_294290.html。

克强总理在 2018 年政府工作报告中也指出，目前我国基本医疗保险覆盖 13.5 亿人，已经织就了世界上最大的社会保障网。可以说，我国的基本医疗保障制度基本在制度层面上达到了覆盖全民的目标。除了覆盖面的扩大，政府各级财政对城乡居民的人均补助标准也在大幅度提升，从 2009 年的人均 80 元提高到 2017 年的人均 450 元，医保目录新增 375 个药品，这直接极大地促进了我国医疗保障水平的持续提高。城乡居民在政策范围内住院费用的报销比例已在 70% 以上，并普遍建立了门诊统筹制度。2014 年，28 个省份启动实施了城乡居民大病保险试点。截至 2017 年底，大病保险制度已经基本建立，覆盖 10.5 亿人，大病患者合规医疗费用报销比例平均提高 12 个百分点左右，已有 1700 多万人次受益。疾病应急救助制度已累计救助近 70 万人次。此外，基本医疗保障制度城乡统筹的步伐在持续加快，不同地区在试点中摸索基本医疗保障管理体制的改革方向，即如何在统筹城乡的要求下对城镇职工基本医保、城镇居民基本医保和新型农村合作医疗的管理、经办、信息资源等方面进行整合、并轨。国务院于 2016 年 1 月 12 日发布的《国务院关于整合城乡居民基本医疗保险制度的意见》要求，明确工作进度和责任分工。各省（区、市）要于 2016 年 6 月底前对整合城乡居民医保工作做出规划和部署，明确时间表、路线图，健全工作推进和考核评价机制，严格落实责任制，确保各项政策措施落实到位。各统筹地区要于 2016 年 12 月底前出台具体实施方案。2016 年 10 月 9 日，人力资源和社会保障部发布通知，提出加快推动城乡基本医保整合，努力实现所有省年底前（区、市）出台整合方案，从 2017 年开始建立统一的城乡居民医保制度。

　　2018 年 8 月，国务院办公厅印发《深化医药卫生体制改革 2018 年下半年重点工作任务》（国办发〔2018〕83 号），提出：加快完善全民医保制度，制定完善中国特色医疗保障制度改革方案（国家医保局、财政部、国家卫生健康委、银保监会负责）；提高基本医保和大病保险保障水平，居民基本医保人均财政补助标准再增加 40 元，一半用于大病保险，同步提高个人缴费标准（财政部、税务总局、国家医保局分别负责，银保监会参与）；扩大职工医疗互助覆盖面，促进医疗互助健康发展（全国总工会负责）；深化医保支付方式改革（国家医保局、财政部、人力资源和社会保障部、国家卫生健康委、国家中医药局负责）；全面落实异地就医结算政策，扩大定点机构覆盖面（国家医保局、财政部、国家卫生健康委、国家中医药局负责）；强化医保对医疗行为的监管，科学控制医疗费用的不合理增长（国家医保局、财政部、国家卫生健康委、国家中医药局负责）；发展商业健康保险（银保监会负责）；完善以政府购买服务方式引导具有资质的商业保险机构等社会力量参与基本医保的经办服务（国家医保局、银保监会负责）；探索建立长期护理保险制度（国家医保局负责）。

笔者认为，我国的全民医保体系已经初步形成，基本医疗保障"量"的问题已经基本解决。但是，应该看到，在这一阶段改革的成果之外，人民的医疗后顾之忧尚未解决。除了长期以来城乡分割之下的多元制度并存导致医疗保障权益不平等以及医疗资源浪费和行政效率低下之外，和医改相关的配套机制改革仍然滞后。比如，公立医院迄今还并未在真正意义上实现医药分开、管办分离，医疗服务价格和药品价格仍然存在不同程度的不合理，社会普遍反映医患关系较为紧张，等等。医疗服务提供方、需求方和管理方的关系处于严重失衡状态，医疗服务提供效率低下，需方承担的卫生支出比例过大，医疗保险基金的平衡也岌岌可危。因此，在完成制度扩面任务，即从制度上实现对城乡居民的全覆盖之后，我国医疗保障制度改革的重点和方向应该从解决"量"的问题转向解决"质"的问题，迫切需要通过有效措施强化管理服务、提高管理效率，使制度真正惠及全民。

1.1.2　传统的医保管理方式面临挑战

医疗保险经办机构是专门负责医疗保险各项具体事务性工作的机构，其职能和任务与医疗保险行政机构有着明显的区别。早在1998年，即我国基本医疗保险改革开始之时，在政事分开的原则下，医疗保险行政管理机构之外就已经建起相对独立的医疗保险经办机构。医疗保险经办机构与广大参保人之间是一种委托代理关系。参保人是委托方，将主要由医疗保险缴费构成的医疗保险基金委托给医疗保险经办机构管理；医疗保险经办机构则是代理方，代表广大参保人的利益向医疗机构和药品供应商购买医疗服务和药品，对保证医疗保险基金的安全、有效利用以及控制不合理的医疗费用支出负有责任，并在此基础上积极为参保人争取利益最大化。

长期以来，由于基本医疗保险覆盖面过小，加上医疗保险经办机构不具备足够的医学、药学方面的专业知识，因此在与医疗机构和药品供应商的博弈中，医疗保险经办机构基本处于弱势地位。近年来，随着基本医疗保险覆盖面的不断扩大，医疗保险经办机构与医疗机构及药品供应商的力量对比逐渐发生了变化。进入全民医保时代之后，医疗保险经办机构事实上已经成为广大医疗机构和药品供应商唯一的、处于垄断地位的"超级团购者"。此外，在实践中，由于长期的工作经验积累，医疗保险经办机构的管理能力和专业技术水平也逐渐提升，而医疗机构之间的竞争、药品供应商之间的竞争也在日益加剧。这样一来，医疗保险经办机构的地位逐渐变得强势，而医疗机构和药品供应商逐渐变得弱势，医疗保险经办机构可以凭借自身越来越强大的团购实力对医疗机构和药品供应商施加日益重大的影响。

我国在实现全民医保之后，对医疗保险经办机构提出了改善管理服务、提高管理效率的要求。医疗保险经办机构对医疗机构和药品供应商的管理从本质上说就是履行服务购买的功能，即向医疗机构和药品供应商购买什么服务（包括药品）、采取何种付费方式以及如何监管医疗服务和药品的质量等。因此，强化管理服务，提高管理效率，就要强化医疗保险经办机构的服务购买功能。

在 20 年来医疗保险改革的过程中，我国的医疗保险经办机构在具体事务性管理工作之外，还承担了大量的行政性管理工作，比如根据医疗保险行政管理机构的要求，投入大量人力、物力、财力和时间去动员各级各类单位参保，努力扩大医疗保险覆盖面，为医疗保险政策的不断调整出谋划策，甚至直接承担政策文件的研究、起草和修改任务。因此，医疗保险事实上并未真正实现政事分开，医疗保险经办机构承担了大量的制定医疗保险政策和监督医疗保险政策执行的工作，在一定程度上扮演了一个行政管理者的角色，但这些工作本来是应该由医疗保险行政机构完成的。这种强制性的行政管理虽然有一定的积极作用，但也产生了许多负面效应。一是缺乏充分沟通和平等协商的强制性行政管理方式往往会招致许多医院和医生的不满，容易导致医院对医疗保险经办机构管理阳奉阴违，比如通过大处方、大检查、过度治疗、分解住院、变相降低医疗服务质量等手段来化解医疗机构的经济风险。这无疑会损害广大参保患者的利益，增加患者不合理的医疗费用支出，造成医疗保险基金的流失。二是医疗保险的行政化管理常常具有一般的行政管理普遍存在的刻板僵化、缺乏灵活性、变通性和适应性弱的弱点，并不能满足错综复杂、灵活多变的医疗服务管理过程的实际需要。比如，医疗服务付费标准由医疗保险经办机构单方面制定，采取的是统一的、一成不变的形式，通常很难满足不同医疗机构面对的千变万化而又具有个体差异的疾病的诊疗需要。当这些缺乏协商、强制性的管理措施和指标不符合医疗机构的实际情况时，医疗机构就会利用其信息和专业方面的优势，采取相应的"对策"来应对医疗保险经办机构的"政策"。在医疗保险经办机构的地位由弱转强，对医疗机构和药品供应商的医疗服务管理日渐成为整个医疗保险管理工作重心的情况下，传统的医疗保险管理方式亟待调整和变革。

2018年5月31日，中华人民共和国国家医疗保障局作为国务院直属机构正式挂牌。人社部的城镇职工和城镇居民基本医疗保险与生育保险职责、国家卫生健康委员会的新型农村合作医疗职责、国家发改委的药品和医疗服务价格管理职责和民政部的医疗救助职责得以整合并转至国家医疗保障局。同时，该局还被明确赋予以下职责：拟定医疗保险、生育保险、医疗救助等医疗保障制度的政策、规划、标准并组织实施，监督管理相关医疗保障基金，完善国家异地就医管理和费用结算平台，组织制定和调整药品、医疗服务的价格和收费标准，制定药品和医用耗材的招标采购政策并监督实施，监督管理纳入医保范围的医疗机构相关服务行为和医疗费用等，并确保基本医疗保险费、生育保险费交由税务部门统一征收，以提高医保资金的征管效率。

这一重大的机构改革对医疗保障而言，具有划时代意义。我国医疗保障改革与制度建设将自此由部门分割、政策分割、经办分割、资源分割、信息分割的旧格局，进入统筹规划、集权管理、资源整合、信息一体、统一实施的新时代。其最大的特点就是尊重医疗保障制度的客观规律，彻底打破城乡分割、群体分割的体制性障碍，真正实行集权管理、集中问责制度，从而成为矫治医疗保障制度现存种种弊端的治本之策。

对于医疗保障制度体系而言，统一的国家医疗保障局将因彻底化解部门之间推诿扯皮的现象而使自身的行政效能得到极大提升，将可以统筹医疗保障体系建设并合理设定其结构功能而使制度碎片化现象加剧的问题得到解决，将消除资源分割格局及其带来的浪费现象而使医疗保险基金使用效率得到提升，将统一经办信息系统而大幅度降低制度运行成本，将使参保人唯一的代理人在控制医疗费用方面更具话语权，将国家把发改委的药品与服务价格职能、原卫计委的药品与耗材招标职能全部划入而成为可以同时节制医保、医药、医疗服务三方的监管机构，还将把医保与生育保险的征缴划归税务部门而增强财政与医疗保障制度间的联动。因此，新组建的国家医疗保障局将是一个相对强势的政府管理部门，可以对原有的医疗保险管理方式进行根本性的变革。

1.1.3　医疗费用失控加剧"看病贵"和医保基金支付压力

医疗费用是指患病者为治疗疾病而产生的各种费用的总和。卫生总费用则是指在一定时间范围内，一个国家或地区为了进行卫生服务方面的活动，从社会各方面筹集的卫生资源的总额。该指标能够反映一国政府、社会和社会成员个人等各方对医疗卫生的重视程度以及各方的费用负担比例，并从宏观上体现各种卫生筹资模式的基本特点和筹资模式是否公平、是否合理。国际上普遍通过卫生总费用测算结果从宏观上评价医疗费用的增长趋势。

从世界范围来看，各国的医疗费用呈逐年增长态势。医疗费用过快增长，会给国民经济带来沉重负担，进而影响一国医疗卫生事业的发展和人民健康水平的提高。合理控制医疗费用增长，已经成为世界各国医疗卫生改革的重点。仇雨临对国际上医疗费用变化发展的趋势、不同国家对医疗费用的控制措施及其效果等进行了研究，认为 20 世纪 60 年代至 70 年代中期，西方发达国家医疗费用增长速度最快，超过了当时的国内生产总值。自 20 世纪 70 年代中期以来，各国采取措施控制医疗费用上涨，取得了一定成效。从 20 世纪 80 年代中期开始，医疗费用增长速度趋缓并相对稳定，但给政府和个人带来的经济负担仍然沉重。[①] 按照 OECD 统一口径，2013 年美国卫生总费用占 GDP 比例为 16.4%，德国为 11.0%，法国为 10.9%，英国为 8.5%。美国联邦医疗保险和救助总局于 2015 年发布报告指出，2014~2024 年，预计每年美国医疗卫生支出增长 5.8%，比 GDP 增速高 1.1 个百分点。由此预测，到 2024 年，美国卫生费用占 GDP 比例将由 2014 年的 17.3% 上升为 19.6%。[②] 国外研究表明，卫生费用的增长速度高于 GDP 增长速度 1.0~1.5 个百分点，这在一定的社会经济增长时期内是可以接受的，但超过 2 个百分点就说明差距过大了。在我国，卫生政策调整伴随卫生总费用增长过快，导致我国卫生总费用与 GDP 的增速难以同步、协调发展。《中国卫生总费用研究报告 2013》指出，我国人均卫生费用由 1978 年的 11.50 元到 2014 年的 2581.66 元增长了 223.49 倍，而人均 GDP 由 381

---

① 仇雨临：《国外医疗保险制度的主要问题与改革》，《卫生经济研究》2002 年第 5 期。
② 昝馨、朱恒鹏：《美国医疗体制的特征及其对中国的启示》，《比较》2016 年第 6 期。

元到 46629 元，同期只增长了 121.39 倍。如果不对这种趋势加以控制，就会使整个社会经济不堪重负。我国卫生费用过快增长是在许多因素的共同作用之下形成的，而其中最主要的因素就是不合理的医疗费用支出比例过大。以城镇职工医疗费用为例，根据有关部门调查统计，在医疗费用总额方面，不合理的医疗费用支出占 20% ~ 30%。① 因为医疗保险系统内部存在大量复杂的委托代理关系，而我国目前用以约束医疗保险各利益相关方的监督机制和激励机制都明显不足甚至缺位，这就导致医疗费用迅速膨胀。

《中国卫生和计划生育统计年鉴》数据显示，我国的卫生总费用呈现持续上升的趋势。由 2010 年的 19980.4 亿元增至 2015 年的 40587.7 亿元，年均复合增长率为 15.2%。卫生总费用占我国 GDP 的比例不断提升，从 2010 年的 4.9% 增长至 2015 年的 6.0%，如图 1 - 1 所示。与此同时，随着我国居民消费水平的提升及健康意识的增强，加上全民医保的实现，我国人均卫生总费用水平近年来也始终保持两位数的增速，从 2010 年的 1490.60 元增长至 2015 年的 2952.00 元，年均复合增长率达到 14.6%，如图 1 - 2 所示。

图 1 - 1　2010 ~ 2015 年我国卫生总费用及其占 GDP 比例情况

2012 年，卫生部组织研究发布的《"健康中国 2020" 战略研究报告》提出，"到 2020 年，主要健康指标基本达到中等发达国家水平"，到 2020 年，中国卫生总费用占 GDP 比例达到 6.5% ~ 7.0%。2018 年 6 月 12 日，国家卫生健

---

① 劳动和社会保障部医疗保险司：《中国医疗保险制度改革政策与管理》，中国劳动社会保障出版社，1999，第 12 页。

图 1 - 2　2010 ~ 2015 年中国人均卫生费用及同比增速分析

康委员会发布的《2017 年我国卫生健康事业发展统计公报》显示，2017 年，全国医疗卫生机构总诊疗人次达 81.8 亿人次，比上年增加 2.5 亿人次（增长率为 3.1%）：医院 34.4 亿人次（占 42.1%）、基层医疗卫生机构 44.3 亿人次（占 54.2%），以及其他医疗机构 3.1 亿人次（占 3.8%）。其中，公立医院诊疗人次 29.5 亿人次（占医院总数的 85.8%）。2017 年，居民平均到医疗卫生机构就诊 5.9 次。据初步核算，2017 年全国卫生总费用预计达 51598.9 亿元。其中，政府卫生支出 15517.3 亿元（占 30.1%），社会卫生支出 21206.8 亿元（占 41.1%），个人卫生支出 14874.8 亿元（占 28.8%，相比新一轮医改下降了 12 个百分点）。人均卫生总费用 3712.2 元，卫生总费用占 GDP 的比例为 6.2%，这一上升趋势还将持续。

2015 年，我国医院次均门诊费用 233.9 元，按当年价格比上年上涨 6.3%，按可比价格上涨 4.9%；人均住院费用 8268.1 元，按当年价格比上年上涨 5.6%，按可比价格上涨 4.1%。日均住院费用 861.8 元，上涨幅度高于人均住院费用上涨幅度。2016 年，我国医院次均门诊费用 245.5 元，比 2015 年上涨 5.0%，上涨幅度比上年下降 1.3 个百分点；人均住院费用 8604.7 元，比 2015 年上涨 4.1%，上涨幅度比上年下降 1.5 个百分点。2017 年，医院次均门诊费用 257.0 元，按当年价格比上年上涨 4.7%，按可比价格上涨 3.0%；人均住院费用 8890.7 元，按当年价格比上年上涨 3.3%，按可比价格上涨 1.7%。日均住院费用 958.8 元。2017 年，在各级公立医院中，三级医院次均门诊费用上涨 3.8%（此处按当年价格计算，下同），人均住院费用上涨 1.9%，涨幅比上年有所下降，低于公立医院病人费用涨幅，如表1-1、表1-2、图1-3、图1-4、图1-5所示。①

表1-1 2014年、2015年医院病人门诊和住院费用

单位：元，%

医院类型 费用类型　年份	医院		公立医院		三级医院		二级医院	
	2014	2015	2014	2015	2014	2015	2014	2015
次均门诊费用	220.0	233.9	221.6	235.2	269.8	283.7	176.0	184.1
上涨（当年价格）	6.6	6.3	6.6	6.1	5.1	5.2	5.9	4.6
上涨（可比价格）	4.5	4.9	4.5	4.7	3.0	3.7	3.8	3.2
人均住院费用	7832.3	8268.1	8290.5	8833.0	12100.2	12599.3	5114.6	5358.2
上涨（当年价格）	5.2	5.6	5.5	6.5	3.2	4.1	2.9	4.8
上涨（可比价格）	3.2	4.1	3.4	5.1	1.2	2.7	0.9	3.3
日均住院费用	811.9	861.8	843.8	903.1	1132.4	1204.6	581.5	605.4
上涨（当年价格）	7.4	6.1	7.8	7.0	6.7	6.4	5.2	4.1
上涨（可比价格）	5.3	4.7	5.7	5.6	4.6	4.9	3.2	2.7

注：①绝对数按当年价格计算；②次均门诊费用指门诊病人次均医药费用，人均住院费用指出院病人人均医药费用，日均住院费用指出院病人日均医药费用。2017年的居民消费价格指数为101.6。

表1-2 2016年、2017年医院病人门诊和住院费用

单位：元，%

医院类型 费用类型　年份	医院		公立医院		三级医院		二级医院	
	2016	2017	2016	2017	2016	2017	2016	2017
次均门诊费用	245.5	257.0	246.5	257.1	294.9	306.1	190.6	197.1
上涨（当年价格）	5.0	4.7	4.8	4.3	3.9	3.8	3.5	3.4
上涨（可比价格）	2.9	3.0	2.7	2.7	1.9	2.2	1.5	1.8
人均住院费用	8604.7	8890.7	9229.7	9563.2	12847.8	13086.7	5569.9	5799.1
上涨（当年价格）	4.1	3.3	4.5	3.6	2.0	1.9	4.0	4.1
上涨（可比价格）	2.0	1.7	2.4	2.0	0.0	0.3	1.9	2.5
日均住院费用	914.8	958.8	965.3	1017.4	1272.9	1334.3	636.4	665.9

① 此处图表均根据2015年、2017年我国卫生和计划生育事业发展统计公报绘制。

续表

费用类型 \ 年份	医院		公立医院		三级医院		二级医院	
	2016	2017	2016	2017	2016	2017	2016	2017
上涨（当年价格）	6.1	4.8	6.9	5.4	5.7	4.8	5.1	4.6
上涨（可比价格）	4.1	3.2	4.8	3.7	3.6	3.2	3.1	3.0

注：①绝对数按当年价格计算；②次均门诊费用指门诊病人次均医药费用，人均住院费用指出院病人人均医药费用，日均住院费用指出院病人日均医药费用。2017 年的居民消费价格指数为 101.6。

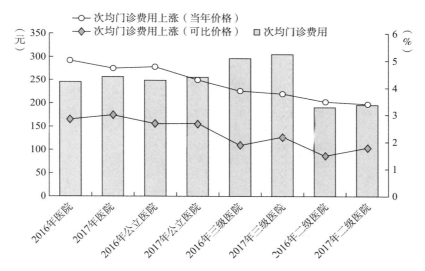

图 1-3　2016 年、2017 年中国医院次均门诊费用及上涨走势

国务院于 2012 年印发的《"十二五"期间深化医药卫生体制改革规划暨实施方案》中明确提出，到 2015 年，在卫生总费用中，个人卫生支出的比例要控制在 30% 以内，该目标已经顺利完成。控制医疗费用的过快增长，对减轻个人卫生支出负担具有重要意义。物价上涨、新的医疗技术普及使用、患者需求提高、医保报销范围及比例扩大等都对医疗费用增长产生了影响。[1]

在医疗费用中，药品费用一直是非常重要的一个部分。截至 2018 年 5 月底，全国医疗卫生机构数达 99.6 万个。其中，医院 3.2 万个（公立医院 12145

---

[1]　《2013 年我国卫生和计划生育事业发展统计公报》，中华人民共和国国家卫生和计划生育委员会，2014 年 5 月 30 日，http：//www.moh.gov.cn/guihuaxxs/s10742/201405/886f82dafa344c3097f1d16581a1bea2.shtml。

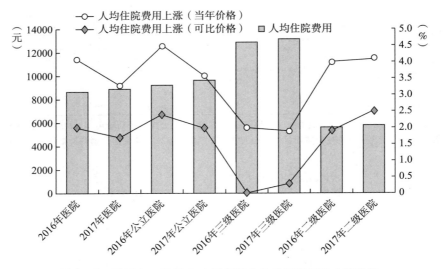

图 1-4　2016 年、2017 年中国医院人均住院费用及上涨走势

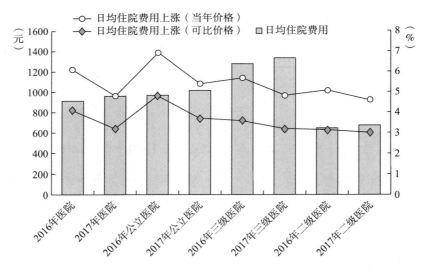

图 1-5　2016 年、2017 年中国医院日均住院费用及上涨走势

个，民营医院 19461 个），基层医疗卫生机构 94.2 万个，专业公共卫生机构 2.0 万个，其他机构 0.3 万个。① 在我国，众多的医疗卫生机构总体的医疗费

---

① 《2018 年 5 月底全国医疗卫生机构数》，中华人民共和国国家卫生健康委员会，2018 年 8 月 14 日，http://www.nhfpc.gov.cn/mohwsbwstjxxzx/s7967/201808/5566e7976f9346fab1fb6ab1cff7 2d33.shtml。

用有相当大的比例来自药品的销售收入。2013 年，在医院门诊病人次均医药费用中，药费占 50.2%，比上年下降 1.1 个百分点；在医院住院病人人均医药费用中，药费占 39.7%，比上年下降 1.6 个百分点。[①] 2014 年，医院门诊药费占 49.3%，比上年下降 0.9 个百分点；医院住院药费占 38.4%，比上年下降 1.3 个百分点。2015 年，医院门诊药费占 48.3%，比上年下降 1.0 个百分点；医院住院药费占 36.9%，比上年下降 1.5 个百分点。2016 年，医院次均门诊药费占比 46.7%，同比下降 1.6 个百分点；医院人均住院药费占 34.6%，同比下降 2.3 个百分点，人均住院药费 5 年来首现负增长（从上年的 3259.6 元下降到 3195.6 元）。2017 年，医院次均门诊药费（109.7 元）占 42.7%，比上年下降 4.0 个百分点；医院人均住院药费（2764.9 元）占 31.1%，比上年下降 3.5 个百分点。[②] 从统计数据来看，虽然药费占医疗费用的比例整体在下降，但总体而言，药品费用仍是我国医疗费用的主要构成部分。

以在医疗卫生机构中占据最重要地位的公立医院为例，收入来源主要分为三个部分：各种医疗服务项目收费、销售药品收入和国家财政补助。据调查，长期以来，我国公立医院的业务收入中 40% 以上来源于销售药品。随着医疗卫生体制改革的深化，公立医院销售药品收入呈现逐年递减的趋势，从 2010 年的 41.8% 降低至 2014 年的 37.9%。虽然下降了约 4 个百分点，但药品销售收入所占据的比例仍然较高。2008～2016 年，我国公立医院次均门诊费用及药费情况、人均住院费用及药费情况如表 1-3、表 1-4 所示。

表 1-3　2008～2016 年我国公立医院次均门诊费用及药费情况

单位：元，%

年份	次均门诊费用	次均药费	药费占门诊费用比例
公立医院			
2008	138.8	72.3	52.1

① 《2013 年我国卫生和计划生育事业发展统计公报》，中华人民共和国国家卫生和计划生育委员会，2014 年 5 月 30 日，http://www.moh.gov.cn/guihuaxxs/s10742/201405/886f82dafa344c3097f1d16581a1bea2.shtml。

② 《2017 年我国卫生健康事业发展统计公报》，中华人民共和国国家卫生健康委员会，2018 年 6 月 12 日，http://www.nhfpc.gov.cn/guihuaxxs/s10743/201806/44e3cdfe11fa4c7f928c879d435b6a18.shtml? from = timeline&isappinstalled = 0。

年份	次均门诊费用	次均药费	药费占门诊费用比例
2009	152.5	80.0	52.5
2010	167.3	87.4	52.2
2011	180.2	92.8	51.5
2012	193.4	99.3	51.3
2013	207.9	104.4	50.2
2014	221.6	109.3	49.3
2015	235.2	113.7	48.3
2016	246.5	115.1	46.7
三级医院			
2008	187.9	100.3	53.4
2009	203.7	109.3	53.7
2010	220.2	117.6	53.4
2011	231.8	122.0	52.6
2012	242.1	126.7	52.3
2013	256.7	132.1	51.5
2014	269.8	136.0	50.4
2015	283.7	139.8	49.3
2016	294.9	139.8	47.4
二级医院			
2008	116.7	58.9	50.5
2009	128.0	65.1	50.9
2010	139.3	70.5	50.6
2011	147.6	73.6	49.9
2012	157.4	77.9	49.5
2013	166.2	79.6	47.9
2014	176.0	82.8	47.0
2015	184.1	85.0	46.2
2016	190.6	85.5	44.9
一级医院			
2008	77.3	41.8	54.1

续表

年份	次均门诊费用	次均药费	药费占门诊费用比例
2009	83.9	46.3	55.2
2010	93.1	51.6	55.4
2011	103.9	56.1	54.0
2012	112.0	59.9	53.5
2013	119.8	64.2	53.6
2014	125.3	66.4	53.0
2015	132.9	70.6	53.1
2016	144.5	73.8	51.1

资料来源：根据《2013 年中国卫生统计年鉴》《2017 年中国卫生和计划生育统计年鉴》中的数据绘制而成。

表 1 - 4　2008～2016 年我国公立医院人均住院费用及药费情况

单位：元，%

年份	人均住院费用	人均药费	药费占住院费用比例
公立医院			
2008	5363.3	2349.1	43.8
2009	5856.2	2573.0	43.9
2010	6415.9	2784.3	43.4
2011	6909.9	2903.7	42.0
2012	7325.1	3026.7	41.3
2013	7858.9	3116.3	39.7
2014	8290.5	3187.1	38.4
2015	8833.0	3259.6	36.9
2016	9229.7	3195.6	34.6
三级医院			
2008	8969.1	3906.8	43.6
2009	9753.0	4231.9	43.4
2010	10442.4	4441.0	42.5
2011	10933.9	4480.4	41.0
2012	11186.8	4521.0	40.4
2013	11722.4	4578.3	39.1

年份	人均住院费用	人均药费	药费占住院费用比例
2014	12100.2	4610.1	38.1
2015	12599.3	4641.6	36.8
2016	12847.8	4459.0	34.7
二级医院			
2008	3647.2	1618.4	44.4
2009	3973.8	1784.0	44.9
2010	4338.6	1944.8	44.8
2011	4564.2	1999.2	43.8
2012	4729.4	2033.3	43.0
2013	4968.3	2028.4	40.8
2014	5114.6	2003.9	39.2
2015	5358.2	1981.2	37.0
2016	5569.9	1913.6	34.4
一级医院			
2008	2550.4	1111.7	43.6
2009	2609.6	1128.2	43.2
2010	2844.3	1243.7	43.7
2011	3121.3	1364.4	43.7
2012	3285.0	1411.3	43.0
2013	3561.9	1471.2	41.3
2014	3737.1	1519.8	40.7
2015	3844.5	1525.3	39.7
2016	4312.2	1604.3	37.2

资料来源：根据《2013年中国卫生统计年鉴》《2017年中国卫生和计划生育统计年鉴》中的数据绘制而成。

从表1-4可见，我国的医疗机构对药品收入的依赖性一直很强，"以药养医"这一制度性痼疾在很大程度上推高了医疗费用。笔者认为，药品费用的增加是医疗费用过高和急剧增长的主要原因。这一方面加重了人民群众看病就医的经济负担，加剧了"看病贵"问题；另一方面也给国家财政支持和医疗保险基金筹集等方面造成很大压力，难以实现医疗卫生资源在城乡之间、地区之间和人群之间的合理配置。因此，合理而有效地控制药品费用就成为抑制医疗费用过快增长的关键。

药品费用上涨的原因是多方面的。合理的增长因素主要有社会经济发展、人口增长及老龄化、疾病谱的变化、细菌耐药性的增强、医学科技的发展、创新药物的发现、人们收入的增加和健康需求的提高等。不合理的增长因素则可以存在于药品生产、流通、使用等各个环节中，比如医药行业的不正常竞争手段造成部分药品价格虚高、医生对药品的不合理使用（对抗生素类药物的滥用最为严重）、药品流通中的层层加价、医院及医生的利益驱动导致患者药品消费观念扭曲等。对于不合理的药品费用增长，必须通过有效的机制加以控制，才能增强人民群众对医疗服务和药品的可及性，增进社会公平和社会福利，改善个人特别是低收入者的福利状况。

2017 年政府工作报告和《"十三五"深化医药卫生体制改革规划》（国发〔2016〕78 号）均提出，在 2017 年要全面推开公立医院综合改革，全部取消药品加成，这是深化医药卫生体制改革的重中之重。按照 2017 年 4 月国家卫生计生委、人社部、国家发改委、国家中医药局、国务院医改办、财政部、中央编办七部门发布的《关于全面推开公立医院综合改革工作的通知》要求，2017 年全国公立医院医疗费用平均增长幅度要控制在 10% 以下，到 2017 年底，前 4 批试点城市的公立医院药（不含中药饮片）占比总体下降到 30% 左右。

2017 年，公立医院综合改革全面推开，全部取消药品加成，医疗服务价格调整政策全面跟进，实现了新旧机制的系统转换。截至 2017 年 9 月底，全国 93.9% 的城市公立医院取消了药品加成，药品费用的降低带动了医疗费用整体涨幅的下降，公立医院医疗费用的不合理增长得到有效控制。统计结果显示：2017 年，医院次均门诊费用按照当年价格比上年上涨 4.7%，涨幅下降 0.3 个百分点；人均住院费用比上年上涨 3.3%，涨幅下降 0.8 个百分点。医院次均门诊药费（109.7 元）占 42.7%，比上年（45.5%）下降 2.8 个百分点；医院人均住院药费（2764.9 元）占 31.1%，比上年（34.6%）下降 3.5 个百分点。[①] 随

[①] 《2017 年我国卫生健康事业发展统计公报》，中华人民共和国国家卫生健康委员会，2018 年 6 月 12 日，http://www.nhfpc.gov.cn/zwgk/jdjd/201806/0137beba97044da0b28b1c20b3499023.shtml。

着以药养医体制的破除，公立医院药占比会逐渐下降并维持在一个合理区间内。

1.1.4 药品价格管理有很大改进空间

按照《价格法》、《药品管理法》及《药品管理法实施条例》的规定，我国药品价格管理一直按照宏观调控与市场调节相结合的基本原则，实行市场调节定价、政府指导价和政府定价三种形式。其中，约有77%的药品价格由市场调节，企业自主定价；对由财政购买免费向特定人群发放的药品实行政府定价，占已批准上市药品数量的0.8%，目前约有100种；政府指导价范围内的药品约占药品总量的22%，约2600种，仅限于被纳入《国家基本医疗保险药品目录》的药品和少量具有垄断性的特殊药品，由国家发改委负责价格审批和监管工作。国家发改委对这些药品主要采取"社会平均成本加成"的定价方法，以及所谓"制定最高零售价格，合并计算流通环节的进销差价率和批零差率"的控制方法，根据制药企业申报的药品成本制定药品价格。这样制定出的价格是药品的最高零售价，即药品在终端市场销售时只能低于而不能高于的"天花板"价格。由于药品生产专业性强、技术含量高、原料成分构成复杂，政府物价部门与药品生产企业之间存在严重的信息不对称问题，核定药价基本以药品生产企业自己提供的申报资料为依据，对药品企业虚报的成本费用缺乏有效的监管和审查。这样一来，经物价部门审定的价格或制定的最高零售价往往高于市场实际价格，留下了过大的价格折扣空间。

长期以来，我国药品遵循的都是"高进高出、低进低出"的定价机制，这种机制的原理是"顺加作价"，导致流通环节中的加价行为愈演愈烈。按照国家规定，药品批发价可在出厂价基础上最高加价20%，零售价可在批发价的基础上最高加价20%，药品生产企业和批发商都可以获得批发价10%～15%的利润；对医院而言，除了可以在药品批发价的基础上最高加价15%之外，还可以从进货价中提取5%的利润。在这样的制度之下，一些药品生产企业可能通过虚报成本提高出厂价格，各级批发商则在流通环节中层层加价，医院也有可能在利益的驱使下，大量购进高价药，赚取其中的高额利润。

与此同时，集中招标采购制度存在很大漏洞。政府实行药品集中招标采购制度的目的是从源头上杜绝药品采购和销售环节中的不正之风、解决广泛存在的回扣问题，通过引进市场竞争机制，使实力雄厚、资质优良的药品生产企业借助价格、成本和品牌优势，扩大市场份额，同时控制长期虚高的药价，减轻患者用药负担。然而，这一举措自 2000 年推广实施以来，由于招标主体不清、政策信息不及时透明、操作手段复杂，加上地方保护主义和行政干预行为泛滥，原本应该完全市场化的药品采购被人为地干预和阻隔，在一定程度上加重了制药企业的负担，增加了药品流通的交易成本，造成社会资源的严重浪费，有悖于药品集中招标采购的初衷。比如，按照国家发展和改革委员会于 2004 年 9 月制定并颁布实施的《集中招标采购药品价格及收费管理暂行规定》，除去集中招标采购中必要的招标文件费和代理服务费之外，不允许招标人或受招标人委托的代理机构向投标人收取任何其他与招投标有关的服务费用。但是，全国各地在招标过程中各行其是。比如，投标企业要预交保证金，中标企业要交风险金，同时招标机构还要收取专家评审费、中标服务费、药品质量检验费、场租费等；又比如，按照卫生部、原国家计委、原国家经贸委、国家药品监管局、国家中医药局于 2000 年 7 月联合拟定并颁布实施的《医疗机构药品集中招标采购试点工作若干规定》，同品种药品集中招标一年最多 2 次。但在现实中，许多医疗机构为了谋取额外收入，在一年内多次招标。部分地区的暗箱操作使得"优价不优质"的药品中标现象频频出现。因此，集中招标采购制度不仅未能实现对当前虚高药品价格的有效控制，反而成为利益链条上众多药品生产企业、经营企业、医疗机构和医生变相淘汰或消极抵制低价药品的工具，直接激发了医疗机构和各个流通环节加价销售高价药的热情，没有能够改变众多医疗机构在药品购销中的逐利倾向，造成药品价格继续虚高，并最终转嫁到患者身上，变相地由患者买单，危害医疗保险基金的安全和可持续发展。

党的十九大报告指出，全面取消以药养医，健全药品供应保障制度。推进医药价格改革、建立科学合理的医药价格形成机制是价格改革的重要内容，是医药卫生体制改革的重要任务。据媒体报道，截至 2017 年底，我国公立医疗机构已全部取消药品加成，医疗服务价格得到同步调整。此外，原来医疗机构运行的三个补偿渠道（药品加成、服务收入和财政补助）减为服务收入和财政补助两个渠道，结束了 60 多年"以药补医"的历史，公立医院科学补偿新机制初步建立，标志着我国的药品价格管理进入了一个崭新的时代。

1.1.5　问题的提出

在我国，医疗保险经办机构对医疗机构和药品供应商提供医疗服务（包括药品）的管理需要引入市场机制来改造甚至替代缺乏灵活性和适应性的行政管理方式，具体表现为对协商谈判管理方式的应用。用平等的协商谈判体现服务购买双方合同关系的平等性，用协商谈判的灵活性适应医疗服务管理的复杂性。从本质上说，医疗保险经办机构购买医疗服务的过程就是一种市场交易过程，协商谈判理应成为交易双方——服务购买者（医疗保险经办机构）与服务提供者（医疗机构和药品供应商）协调关系、进行利益博弈的主要手段。尽管举办社会医疗保险是政府的一项重要职能，医疗保险管理具有政府公共管理的性质，政府在宏观层面的管理监督不可或缺，但在微观层面的医疗服务购买过程中，市场性质平等的协商谈判应该成为处理医疗保险经办机构、医疗机构和药品供应商（药品生产企业、药品经营企业）之间复杂关系和平衡各方利益的主要手段。

在新一轮的医疗卫生体制改革中，医疗保险谈判机制的建立被正式纳入新医改的方案中。2009 年 4 月颁布的《中共中央国务院关于深化医药卫生体制改革的意见》（中发〔2009〕6 号）明确提出，为了使医疗保险制度能够有效地降低不合理的医疗费用、控制虚高的药品价格，应当试点运行医保经办机构与医疗机构、药品供应商之间的谈判机制。随后颁布的《医药卫生体制改革近期重点实施方案（2009～2011 年）》提出，探索建立医保经办机构与医疗机构、药品供应商的谈判机制，改革现行的付费模式，控制非必要成本，制定社会公众能够接受的医疗服务价格标准、药品价格标准和医用材料价格标准。2009 年 7 月，人力资源和社会保障部公布了《2009 年国家基本医疗保险、工伤保险和生育保险药品目录调整工作方案》，该方案提出，在研究、制定法律法规的基础上，试点药品谈判准入机制，首先对价格昂贵的特殊治疗药品进行试点，即通过建立谈判机制，发挥医疗保险经办机构对医疗费用的控制作用。2009 年 11 月，国家发改委发布的《改革药品和医疗服务价格形成机制的意见》（国发改价格〔2009〕2844 号）第二十六条提出，为了合理确定医疗服务价格、药品价格及付费方式等，有条件的省市应该试点医保经办机构与医疗机构、药品供应商之间的谈判机制。

2010 年 10 月 28 日第十一届全国人大常委会第十七次会议通过，并于 2011 年 7 月 1 日颁布实施的《中华人民共和国社会保险法》第三十一条提出，为了将医疗服务价格控制在合理范围内，医保经办机构根据工作的实际需要，可以与医疗机构、药品供应商签订医疗服务协议。2010 年，人力资源和社会保障部发布《关于做好人社系统承担的 2010 年度医疗卫生体制改革工作的通知》（人社部发〔2010〕42 号），第三条明确要求建立医疗保险经办机构与医疗机构和药品供应商之间的谈判机制，医疗保险经办机构要以协商谈判的方式为参保人购买质量可靠、价格合理的医疗服务和药品，控制医疗费用的不合理增长，还要通过与定点医疗机构的谈判来合理确定医疗服务的价格标准、服务内容、服务范围、考核指标等各方面内容。

2011 年 5 月 31 日，人力资源和社会保障部颁布《关于进一步推进医疗保险付费方式改革的意见》（人社部发〔2011〕63 号），再次明确提出医疗保险经办机构与医疗机构之间的谈判机制需要逐步建立和完善，以适应我国基本医疗保险制度改革的要求，在付费方式上实现既注重激励，又强调约束。

2012 年 3 月 14 日，国务院发布《"十二五"期间深化医药卫生体制改革规划暨实施方案》（国发〔2012〕11 号），提出改革完善医保支付制度，试点医保经办机构、医疗机构以及药品供应商的三方谈判机制，合理确定药品价格、医疗服务的价格以及付费方式。同年 11 月 14 日，人社部、财政部、卫生部联合下发《关于开展基本医疗保险付费总额控制的意见》（人社部发〔2012〕70 号），提出建立医疗保险经办机构和定点医疗机构之间有效协商的机制，在分解地区付费总额控制目标时，应注重对各方面的意见加以征集和考虑，包括定点医疗机构、医药行业协会以及参保人员代表等的意见。

2013 年 7 月 24 日，国务院办公厅印发《深化医药卫生体制改革 2013 年主要工作安排》，再度强调建立医保经办机构与医疗机构和药品供应商之间的谈判机制，并使之成为 2013 年医改工作的重要内容之一。

2014 年，我国药品价格改革取得重大进展，其中就有放开医保目录中低价药品价格的举措。就在这一年，我国药品定价历史上最大规模的改革也揭开了序幕。2014 年 11 月，国家发改委向 8 个医药行业协会下发了《推进药品价格改革方案（征求意见稿）》，其中提到，自 2015 年 1 月 1 日起，取消政府对药品的定价，今后，我国药品将逐步采取以下定价机制：对医保目录内的药品，由人社部门负责确定医保支付标准，以医保标准为依据，定点医院采购时可以与药品供应商展开谈判，以发挥医院的主动性；对专利药和中成药独家品种等类别，则通过多方参与的谈判机制协商确定价格；对血液制品、全国统一采购的药品等类别，要通过集中招标采购或谈判协商形成市场价格；一类精神、麻醉药品，以及低价药品基本上仍沿用现行政策。据国家发改委介绍，2015 年内，我国还会对药品价格和医疗服务价格进行改革。与以往的药品价格改革措施相比，此次改革的特点非常鲜明：政府对药品定价的范围被极大地缩小，对谈判协商方式的高度重视和强调将彻底革新传统的定价机制及其规则，从而更好地实现药品定价公开、公平、透明、高效的目标。因此，此次国家发改委全面取消药品政府定价，意味着多达 2700 余种、占据我国药品市场 23% 份额且实行政府定价和政府指导价的药品将正式摆脱"计划定价"模式，正式改为由谈判机制发挥关键作用的"市场定价"。

2015 年 2 月底，国务院颁布了《国务院办公厅关于完善公立医院药品集中采购工作的指导意见》，其中提到，对部分专利药品、独家生产药品，将建立公开透明、多方参与的价格谈判机制。2015 年 3 月 5 日，国务院总理李克强在两会政府工作报告中提出，2015 年继续深入推进医药卫生改革发展，取消绝大部分药品的政府定价。

2015 年 3 月 17 日，由国家卫计委负责起草的《建立药品价格谈判机制试点工作方案》正式结束了在国家相关部间的意见征集，对价格谈判具体操作流程进行了详细说明。该方案指出，我国将成立国家药品价格谈判指导委员会、国家药品价格谈判监督委员会、国家药品价格谈判专家库和药品价格信息库，对不同类别的专利药品及独家药品采取不同的谈判机制，会根据需求等方面的因素参考制定最终方案。药价改革中最具市场化和国际化管理思路的药品价格谈判机制已正式进入立法程序。

2015 年 5 月，国家发改委会同国家卫生计生委、人力资源和社会保障部等部门联合制定了《推进药品价格改革的意见》，决定自 2015 年 6 月 1 日起，除麻醉药品和第一类精神药品外，取消药品政府定价，完善药品采购机制，发挥医保控费作用，药品实际交易价格主要通过市场竞争形成。对于专利药品、独家生产药品，《推进药品价格改革的意见》明确提出，通过建立公开透明、多方参与的谈判机制形成价格。国家药品价格谈判机制应运而生。

2015 年 10 月 27 日，国家卫生计生委、国家发展改革委、财政部、人力资源和社会保障部、国家中医药管理局以国卫体改发〔2015〕89 号文件印发《关于控制公立医院医疗费用不合理增长的若干意见》。文件指出，自新一轮医药卫生体制改革实施以来，医院次均费用上涨幅度得到一定控制。但总体上看，医疗费用不合理增长问题仍然存在，突出表现在部分城市公立医院医疗费用总量增幅较大、药品收入占比较大等。应采取综合措施控制医疗费用，其中包括降低药品耗材虚高价格。贯彻落实《国务院办公厅关于完善公立医院药品集中采购工作的指导意见》（国办发〔2015〕7 号），实行药品分类采购。对于临床用量大、采购金额高、多家企业生产的基本药物和非专利药品，发挥省级集中批量采购优势，由省级药品采购机构采取双信封制公开招标采购。对于部分专利药品、独家生产药品，建立公开透明、多方参与的价格谈判机制。

2017 年 2 月，国务院办公厅印发《关于进一步改革完善药品生产流通使用政策的若干意见》，强调药品生产环节的关键是提高药品质量疗效，药品流通环节则需重点整顿流通秩序，改革完善流通体制，具体包括推动药品流通企业转型升级，推行药品购销"两票制"，使中间环节加价透明化，落实药品分类采购政策，逐步扩大国家药品价格谈判品种范围，降低药品虚高价格等举措。

2018 年 8 月 20 日，国务院办公厅印发《深化医药卫生体制改革 2018 年下半年重点工作任务》（国办发〔2018〕83 号），提出大力推进药品供应保障制度建设。国家医保局、国家卫生健康委、国家药监局要负责配合抗癌药降税政策，推进各省（自治区、直辖市）开展医保目录内的抗癌药集中采购试点，对医保目录外的独家抗癌药推进医保准入谈判。开展国家药品集中采购试点，明显降低了药品价格。

2018 年 8 月 27 日，国务院在北京召开全国医改工作电视电话会议，会上李克强总理做出重要批示，指出要持续加大医疗、医保、医药联动改革力度，努力在降低虚高药价、深化公立医院改革、完善基本医保和分级诊疗制度、发展"互联网＋医疗健康"等方面取得新突破，更有效缓解群众看病难、看病贵问题。国务院副总理、国务院医改领导小组组长孙春兰发言指出，各地有关部门要坚持以大卫生大健康理念为统领，加强健康促进，坚持"三医"联动，推进基本医疗卫生制度建设，着力解决看病难、看病贵问题。在降低虚高药价方面，要加快推进抗癌药降价、国家药品集中采购试点、完善基本药物制度以及强化监管等工作，挤出药价中的水分，确保质量安全。

这些与医疗保险谈判机制有关的政策和法规的出台，指明了我国基本医疗保障制度的改革方向和现实需要，包括完善医疗保险经办机构对医疗服务和药品的管理方式，逐步增强医疗保险经办机构在医疗服务和药品购买方面的功能，提高医疗保险经办机构的管理效率等方面。这些需要实际上也明确了在医疗保险经办机构对医疗服务和药品的管理中引入谈判机制的必要性和重要意义。医疗保险经办机构作为第三方付费者，除了完成医疗保险基金的筹集任务之外，还要通过协商谈判的方式对定点医疗机构和药品供应商进行管理，而不是继续沿用传统的强制性的行政管理。近几年来，在新医改文件以及人力资源和社会保障部相关政策的指导下，江苏镇江、四川成都等地都陆续出台了医疗保险谈判机制文件，开始试点建立医疗保险谈判机制。在实践中，各试点地区在经济状况、人口结构、医疗资源和医保经办管理等方面存在差异，具体实施工作也有较大的不同。构建医疗保险谈判机制在我国还处于探索阶段，目前尚未形成成熟的理论和运作模式，对其开展研究是一项必要而紧迫的任务。

药品谈判是医疗保险谈判机制的重要组成部分。在新医改的大背景下，国务院和卫生健康委、人社部等相关部门已明确提出了药品谈判的要求，可以说，药品谈判已经"箭在弦上"，这为研究药品谈判问题乃至整个医疗保险谈判机制的构建问题都提供了良好的契机。具体问题有：构建医疗保险谈判机制的理论依据是什么；医疗保险谈判机制本身有着怎样的独特内涵；国际和国内两个方面的实践经验及问题能够提供哪些启示；应该构建一个什么样的谈判机制框架，使之促进医疗保险经办机构有动力积极开展谈判工作、有效发挥团购功能，控制医疗费用过快上涨，达到医、患、保、药多方共赢的目的。本书以医疗保险谈判机制中的药品谈判这个方面为例，通过对上述问题的深入剖析，提出适合我国国情的药品谈判机制模式的构想，并对具体的操作规则进行了设计，以期为这一问题的研究和探索提供一些理论支持和较深层次的认识。

1.2 概念界定

1.2.1 医疗保险

医疗保险是社会保险的重要组成部分，其基本功能是为参保人化解疾病风险，即当参保人因为患病或非因工负伤而需要接受治疗时，由国家或社会向其提供必需的医疗服务和经济补偿的制度。医疗保险的实质是参保人之间的互助共济和风险分担，按照社会保险立法先行的要求，通过法律强制要求用人单位和劳动者个人按规定的比例缴纳一定的医疗保险费用，以形成医疗保险基金，使劳动者在面临疾病风险时能够得到基本水平的医药服务保障，而不至于陷入生活困境。可见，医疗保险是根据国家立法规定，按照社会保险的互助共济、责任共担原则和强制性原则，由用人单位和劳动者个人按规定比例共同缴纳保险费用，加上来自政府的财政拨款支持，形成医疗保险基金，当劳动者个人因患病或非因工负伤而接受医疗服务时，由社会医疗保险机构提供医疗保险费用补偿的一种社会保险制度。[①] 作为社会保险的一个子项目，医疗保险和其他社会保险子项目一样，都有法律强制、互助共济、福利性和社会化等特点。同时，它还具有自己的特点，比如涉及面广、专业性强、因存在多方利益博弈而更具复杂性、发生频率高且费用控制难度大、采用医疗给付的补偿形式、属于短期的经常性的保险等。

如前所述，1883 年，德国在世界上率先建立起社会医疗保险制度。时至今日，社会医疗保险已经成为全球范围内运用最为广泛的基本医疗保险制度。世界卫生组织的专家认为，社会医疗保险是一种通过企业、家庭和政府三方缴费建立基金，以分散其成员疾病风险的资金筹集和健康管理机制。社会医疗保险根据国家的立法强制实施，通过缴费筹集建立的医疗保险基金支付医疗服务和药品费用，缴费的基础通常是用人单位和劳动者个人的工资，根据筹集起来的医疗保险基金的水平和参保人的实际需求确定医疗服务和药品费用的支付标准，并根据参保人的实际需求来确定医疗保险经办机构应该提供的服务。[②] 在我国，社会医疗保险是整个社会保险系统的重要组成部分，包括城镇职工基本医疗保险、城镇居民基本医疗保险和新型农村合作医疗，即"三险"，由各级社会医疗保险机构和卫生部门经办，为我国广大城镇职工和城乡居民化解疾病风险、获得基本的医疗保障提供资金、服务和组织上的支持。

---

① 仇雨临、孙树菡：《医疗保险》，中国人民大学出版社，2001，第 6 页。

② G. Carrin, "Social Health Insurance in Developing Countries: A Continuing Challenge," *International Social Security Review* 55（2002）: p. 2.

1.2.2　谈判

谈判（negotiation）是人们在某种欲望或需求的支配下，相互表达自己的观点和愿望，协调彼此之间的关系，为达成一致意见、满足各自需要而进行的一种语言沟通和交流活动。[①] 在这个过程中，参与谈判的双方或多方从各自的利益角度出发，经过讨价还价、据理力争和妥协让步，最后达成一致意见，这是解决争议、调整利益的重要手段，具有沟通性、竞争性和合作性等特点。谈判在小至日常生活、大至国际事务中被广泛运用，是在人类活动中普遍使用的一种相互交往方式。谈判由以下几个部分组成：参与谈判的各方，各方所要争取的利益，谈判的过程和谈判的结果。[②] 谈判是市场经济体制主体之间的一种有效率的交易方式，其目的是购买到需要的和物有所值的服务、产品和管理等。[③] 谈判双方或多方有着共同利益但又有分歧，能够彼此信任，愿意采取平等协商的方式达成一致、实现共赢。谈判需要遵循平等互利、谋求共同利益、依据客观标准、真诚守信、遵规守法以及时间效率等原则。

不同类型和方式的谈判，往往有不同的程序。一般情况下，正规的谈判可以划分为以下五个阶段。一是谈判准备阶段，主要是收集有关信息、制定谈判决策、拟订谈判计划等。二是谈判开局阶段，主要工作有三项，即确定谈判人员、确定谈判议程和提出谈判方案。三是交流探测阶段，谈判人员集中发表自己的意见、动机和意图，通过交换观点，实现相互了解。四是磋商交锋阶段，这是谈判的主体阶段，在价格谈判中，磋商的中心内容是讨价还价。双方谈判人员都会根据自己的谈判目标，为达成协议而千方百计地说服对方接受自己的观点。五是协议签约阶段，双方经过磋商之后，如果在重要议题上有基本一致的意见，并认为已经达到了预期目的，就可以同意签订契约、达成协议。各方的行为都要受契约中有关条款的约束和限制。在履约过程中，如果发生了冲突，可以通过调解、仲裁、诉讼等方法来处理。无论哪一方实施违约行为，都应该按照事先约定的条款来接受相应的处罚。

---

① 蒋春堂、蒋冬梅：《谈判学》，武汉大学出版社，2004，第 5 页。

② L. Thompson, "Negotiation Behavior and Outcomes: Empirical Evidence and Theoretical Issues," *Psychological Bulletin* 108 (1990): pp. 515 – 532.

③ 张晓、胡汉辉：《谈判机制的建立与实践路径》，《中国医疗保险》2010 年第 8 期。

1.2.3　医疗保险谈判机制

机制一词的本义是指机器的结构和运作原理，现在已经在许多自然现象和社会现象中得到普遍应用，指这些现象的内部构造、组织方式以及在运行变化中所遵循的规律。对于任何一个系统而言，机制在其中都起着非常重要甚至决定性的作用。将谈判这种手段运用到医疗保险领域中，目的是协调医疗服务（包括药品）提供方和购买方之间的利益关系，提高整体效率。

目前，我国一些专家学者从谈判主体、谈判内容等角度对医疗保险谈判机制进行了不同的界定。人社部社保研究所所长何平认为，"在市场经济体制中，谈判机制是经常运用的一种交易方式，谈判的主体双方可以通过这种交易方式实现对各自利益的满足，医疗保险谈判机制是一种管理机制，是经办机构和医药服务提供方针对医保付费方式、标准等开展的平等协商"。[1] 中国人民大学的王琬认为，"医疗保险谈判机制是医药服务的购买方（代表广大参保人利益的医疗保险经办机构）与医药服务的提供方（医院、医生、药品供应商等）通过协商谈判的方式达成协议，就医疗服务和药品的范围、价格、标准和质量等进行规范，以明确双方责、权、利关系的一种制度安排"。[2] 江苏省医疗保险基金管理中心的胡大洋认为，"医疗保险谈判机制是指医疗保险经办机构代表广大参保人员，与医疗服务提供方、药品及医用耗材提供商，就医疗服务、药品及医用耗材的价格通过沟通磋商而达成的谈判原则、谈判程序、谈判方式、谈判协议等一系列规范的总称"。[3] 本书试从谈判过程的角度，对医疗保险谈判机制进行如下定义：医疗保险谈判机制是代表广大参保人利益的医疗保险经办机构通过协商谈判的方式向医疗服务（包括药品）提供方即医疗机构、药品生产企业和经营企业团购医疗服务和药品，并以此协调和平衡供需双方利益关系的一个互动过程。医疗保险谈判机制的谈判主体是医疗保险经办机构与医疗机构、药品生产企业和经营企业，谈判内容主要是医疗服务和药品的价格与质量标准等方面，谈判目标是发挥医疗保险对医疗费用的制约作用。

---

① 何平：《积极探索建立医疗保险谈判机制》，《中国医疗保险》2009 年第 2 期。
② 王琬：《医疗保险谈判机制探析》，《保险研究》2010 年第 1 期。
③ 张晓、胡大洋、罗兴洪：《医疗保险谈判理论与实践》，中国劳动社会保障出版社，2011，第 2 页。

1.2.4　药品谈判机制

医疗保险谈判机制包括医疗服务谈判以及药品谈判两个方面，药品谈判机制是医疗保险谈判机制的重要组成部分，不同于一般性的药品谈判（比如，现实中普遍存在的医院与药企之间在省级药品集中招标的基础上，对中标药品在进入医院采购之列时进行的"二次议价"谈判）。在药品谈判机制中，主要涉及药品能否列入医保目录的药品准入谈判和医保药品价格谈判两个方面。通过谈判，药品生产企业或经营企业以某种方式降低药品价格，从而获得进入医保目录的资格，医疗保险经办机构对该药品实行部分报销，支持患者使用该药品。创新药品、价格昂贵的药品，以及一些需要患者长期使用的药品是谈判的重点。如创新药品，其研发成本占其总成本的80%左右，而生产成本仅占很小的部分，因此拥有专利权的药品生产企业有动力通过适当降价来获取医保报销资格，争取更高的市场占有率，以将已经投入的药品研发成本更快地收回。同时，随着基本医疗保险覆盖面的逐步扩大，医疗保险经办机构掌握了越来越强大的集中购买力，为了控制医疗保险费用支出，其有动力和压力与药品生产企业及经营企业进行谈判，从而获得价格优惠。建立药品谈判机制一方面将促进参保患者对药品的可及性，另一方面将通过"以降价换市场"来保证药品生产企业和经营企业的总利润，并且使医疗保险基金的风险得到控制，从而促进多方共赢局面的形成。药品谈判机制的谈判主体主要包括医疗保险经办机构、药品生产企业和经营企业。在我国未实现医药分开的情况下，谈判主体还包括医院。但截至2017年9月底，我国公立医院已经结束了"以药补医"的历史，此后的谈判主体不再涉及医院。

1.3　研究范围

由于历史文化传统和制度发展等因素的差异性，世界各国形成了不同的医疗保障制度模式。典型的有以英国为代表的全民医疗服务体系（NHS）、以德国为代表的社会医疗保险模式（SHI）、以美国为代表的商业医疗保险模式（PHI）等。全民医疗服务体系建立在税收筹资基础之上，经办主体是政府行政部门；社会医疗保险模式建立在多方缴费基础之上，经办主体是社会医疗保险机构；商业医疗保险模式的经办主体则是私人保险公司。在理念和实践两个层面，不同的医疗保障制度模式存在很大差别。

　　从当前许多国家医疗保险的实践来看，普遍体现了对谈判机制的应用。医疗保险行政管理机构或经办机构作为参保人员的代理人与医疗机构及药品供应商展开谈判，目标是为广大参保人员争取更多利益。由医患之外的第三方对医疗服务和药品进行付费作为当今世界各国医疗保障制度普遍遵循的模式，已经在全球大范围地实行并早已得到广泛认可。相应地，在不同的医疗保障制度体系中，医疗保险谈判机制的运行也有着明显的不同。如在英国，不是简单地依靠政府颁布政策来实现价格管控，而是通过利用市场化谈判机制的优势来提升医疗服务质量，并控制医疗服务和药品费用。而市场化谈判机制的表现形式之一就是通过内部市场来规范医疗服务和药品供需双方之间的关系。在这个内部市场中，医院是供给方，政府卫生部门和部分全科医生是购买方，买卖双方通过谈判形式商议每年度的医疗服务和药品购买计划，在达成一致意见的基础上签订合同。在社会医疗保险体制比较完善的国家，如德国等，医疗服务和药品的初始价格基本是在医药市场上自动形成的，再由医疗保险方和医院医生行业协会、制药行业协会等通过谈判来确定实际的支付价格。在以商业医疗保险为主体的美国医疗保障体系中，商业医疗保险的医疗服务和药品购买谈判与其他市场经济中的商业谈判基本一致，是完全市场化的谈判。相互竞争、高度市场化的商业医疗保险公司与医疗机构和药品供应商之间的谈判往往管理成本（交易成本）过高。同时，商业医疗保险公司的分散化特点也导致其谈判能力不足，不利于充分为参保人争取最大利益，而其营利性特点也决定了其谈判获得的利益往往不一定能够为参保人所享有。对于政府举办社会医疗保险性质的老人医疗照顾（Medicare）和医疗援助制度（Medicaid），则由联邦医疗照顾与医疗救助管理中心（CMS）负责经办管理。医疗照顾和医疗援助的预算和费用支付方式、标准的确定是在联邦层次进行的。联邦政府通过自身强大的垄断性购买力来压低医疗服务和药品的价格，国家层面的积极谈判成为美国有效控制医疗费用增长的重要因素。

　　从内容上看，医疗保险谈判机制涉及医疗保险经办机构与医疗机构的谈判以及医疗保险经办机构与药品生产企业及经营企业的谈判两个方面，各具特点和复杂性，也有一定的区别和联系，如表 1-5 所示。药品谈判机制的原理是：

通过谈判，药品生产企业和经营企业以某种方式降低药品价格，医疗保险方对该药品实行部分报销，支持患者使用该药品。同时，随着基本医疗保险覆盖面的逐步扩大，医疗保险机构也逐渐具备了越来越强大的超级团购实力，为了控制费用支出，其有动力和压力与药品生产企业和经营企业进行谈判，从而获得价格优惠。建立药品谈判机制，一方面将促进参保患者对新药的可及性，另一方面将通过"以降价换市场"来保证药品生产企业和经营企业的总利润，并且使医保基金的风险得到控制，从而促进药、保、患三方共赢局面的形成。医疗服务谈判机制与药品谈判机制的原理有所不同。在医疗服务的成本构成中，主要是医务人员的劳动力成本，"以降价换市场"的空间较小。医疗服务谈判的主要目的是通过建立相对标准化的支付方式和支付水平，规范医疗服务的行为，控制医疗费用，同时保证患者对医疗服务的可及性。通过医疗服务谈判，促进众多医疗服务提供方之间的竞争，有利于医疗行业的规范发展，从而达到医、保、患三方共赢的目的。

表 1-5　医疗保险谈判机制的对象与主要内容

	医疗服务	药品
对象	各类各级医院或其利益团体（卫生行政部门）	药品生产企业、经营企业
主要内容	种类（项目）、标准、质量与数量 保障方式、服务与付费方式	目录、支付价格与数量 保障方式与付费方式

医疗保险谈判机制的建立是一项系统工程，面临一系列理论问题、技术问题以及政策环境问题，牵涉相关法律规范的制定和修订、评价技术的开发和应用，以及政府相关部门职能的调整。由于问题的应用性和内容的复杂性，本书拟将焦点置于我国社会医疗保险谈判机制构建中的药品谈判这一方面。研究的内容主要有以下几方面。

一是医疗保险经办机构与药品生产企业、经营企业及医疗机构就药品进入医保目录和药品价格确定的谈判。

①分析不同医疗保障模式的国家药品准入、定价和采购谈判的实践。

②对我国的药品定价政策和药品使用中的实际价格运行情况进行分析。

③对我国实践中的药品谈判进行分析，把握谈判全过程中存在的问题，并

在此基础上提出我国药品谈判的基本政策和框架、具体操作办法等。

二是医疗保险经办机构的功能转换和积极开展谈判的激励机制。

①对目前我国医疗保险经办机构的管理能力、管理方式、开展对等谈判的积极性等方面的情况进行梳理。

②结合现实国情分析我国医疗保险经办机构开展谈判所面临的主要问题，并在此基础上提出两个方面的政策建议：医疗保险经办机构应该如何提升谈判能力，以及如何通过相应的激励机制促使其积极主动地开展谈判。

1.4　文献综述

目前，许多西方发达国家在医疗保险领域的改革中，普遍非常注重对谈判机制的运用。实践证明，谈判机制能够比较好地解决医疗保险管理中涉及的医疗服务和药品的价格形成问题，明确医疗保险经办机构与医疗机构和药品供应商之间的权责关系并有效协调、平衡各方利益。医疗保险谈判机制已经得到越来越多的推广，在合理有效地控制医疗费用过快增长、增强医疗保险经办机构责任意识和主观能动性、使医疗保险经办机构能够凭借强大的团购实力为参保人争取更多利益等方面都发挥着日益重要的作用。医疗保险经办机构采取市场化、竞争性的谈判方式为医疗保险参保人购买到质优价廉的医疗服务和药品，体现出医疗保险制度旨在维护广大参保人的健康权益和对提高医疗保险基金利用效率的重视，也是医疗保险经办机构职能得以逐步完善，从而与整个医药卫生体制改革要求相适应的必然选择。对我国而言，构建医疗保险谈判机制与新医改的目标理念和价值要求相契合。近年来，对医疗保险谈判机制以及与之密切相关的问题，如医疗保险模式选择、医疗保险费用控制、医疗保险经办机构管理改革以及医疗保险中的道德风险等内容的研究已经引起了国内外学者的重视和高度兴趣，并积累了一定数量的研究文献。

1.4.1　医疗保险模式选择

从西方发达国家的改革前沿来看，谈判机制在选择不同医疗保险模式的国家中都有普遍的应用。因为不同医疗保险模式有各自的特点，相应地，谈判机制在不同的模式下也呈现不同的运行方式。因此，研究医疗保险谈判机制有必要对不同医疗保险模式的特点加以分析，从而比较准确地把握谈判机制的国际经验。在实施医疗保险制度的国家，基本上以某种制度为主，同时并存其他制度，没有实行完全相同制度的国家。根据保障对象、资金筹集与管理、待遇支付、经办业务等方面的不同，可以将目前各国的医疗保险制度划分为国家保障型、社会保险型、商业保险型等几种常见模式。本书研究药品谈判机制拟选择英国、德国和美国三个国家的实践经验进行讨论，此处对国家保障型、社会保险型、商业保险型三种医疗保险模式的特点进行简要阐述。

国家保障型医疗保险模式主要通过税收来筹集医疗保险资金。在征税形成医疗保险基金之后，政府再按照计划以预算分配的方式把资金划拨给相关责任部门，或者直接划拨给国家公立医院及全科医生（家庭医生），使公民在看病时基本不需要支付费用。英国、瑞典、丹麦等国家是这种模式的典型代表。程晓明认为，英国 NHS 改革最为突出的是自 20 世纪 90 年代以来建立医疗服务"内部市场"的措施：通过引入市场机制，分离医疗服务的购买者和提供者，建立一个卫生服务的"内部市场"，从而在医疗卫生行业中增强竞争和激励职能。[1] 对以英国为代表的国家保障型医疗保险模式的评价，高连克、杨淑琴认为，医疗保障项目及保障水平必须始终与经济发展水平相适应，强调国家有限责任原则以调动医院、医生的积极性，提高医疗服务效率，保证医疗资源的公平运用，有效控制医疗保障费用支出等方面是可以从中获得的有益启示。[2]

社会保险型医疗保险模式运用大数法则的原理对风险进行分散，根据互助共济原则的要求，将部分参保成员中随机发生的各种疾病风险分散到社会所有参保成员中。国家通过立法，采用多渠道方式筹集医疗保险资金，建立医疗保险基金用于雇员及其家属的就医，设立社会化管理的医疗保险机构作为"第三方支付"组织，代表参保人员统一管理医疗保险基金并按规定向医疗机构支付医疗费用，患者就医时需要自付一定费用。当今世界有 100 多个国家采用这种模式，以德国、法国、日本等国为代表。以该模式的创始国德国为例，于广军等认为，德国法定医疗保险制度建立在一系列重要的基本原则基础之上，包括

---

① 程晓明：《医疗保险学》，复旦大学出版社，2003，第 29~30 页。
② 高连克、杨淑琴：《英国医疗保障制度变迁及其启示》，《北方论丛》2005 年第 4 期。

自治管理、自由选择、互助共济等方面；[①] 邓大松等认为，在德国的医疗保障制度中，政府无疑是中坚力量，但市场仍然扮演着一个不可或缺的角色。在宏观层面，政府通过强制力量对医疗保障制度的总体框架进行了构建；在微观层面，则比较好地发挥了市场的作用，政府和市场各自的优势都得到了充分利用。[②] 近年来，由于经济衰退、医学及医疗技术进步、人口结构变化等，德国的医疗费用也开始呈现持续上升态势，对法定医疗保险也产生了一系列影响。目前，德国医疗保险领域的改革仍在进行，旨在维持医保基本原则不变的前提下，通过加强预防、改变支付方式、扩大融资、适当增加个人自付比例以及加强药品检验等措施，控制医疗费用的过快增长，确保参保人就医的可及性和医疗服务质量。

商业保险型医疗保险模式的主要特点是市场机制发挥主导作用，医疗保险资金的筹集、管理和医疗服务及药品的供给等各个环节，都遵循市场的规律和要求，美国是这种模式的典型代表。丁纯认为，这种模式存在以下突出问题：一是明显地缺乏社会公平性，比如，美国至今还有为数不少的公民没有被任何一种医疗保险制度所覆盖，主要是小企业雇员、个体劳动者和农民；二是医疗费用增长过快，政府和社会负担沉重；三是由市场扮演主角的医疗保险制度并没有实现高效率，巨额的医疗费用开支并没有带来高水平的健康产出，投入和产出的矛盾突出。[③] 自 20 世纪 70 年代以来，美国的医疗费用增长加速，给医疗保险制度的正常运行带来日趋沉重的压力，政府开始对医疗保险制度采取一系列的改革措施。时至今日，改革仍然在进行中。改革的重点是通过"管理型医疗保健"的措施来改变原有的医疗服务和药品供给方式以及医疗保险费用的支付方式，以加强对医疗保险各个环节的管理，实现高效率。

1.4.2　医疗保险中的道德风险

在对医疗保险谈判机制的研究中，不可避免地涉及对医、患、保等方面利益关系和博弈行为的探讨。其中，道德风险问题是一个重要的方面。美国经济

---

① 于广军等：《德国医疗保险制度改革及趋势分析》，《卫生经济研究》2007 年第 3 期。
② 胡宏伟、邓大松：《德国医疗保障对我国医疗保障改革的启示》，《中共长春市委党校学报》2008 年第 2 期。
③ 丁纯：《美国医疗保障制度现状、问题与改革》，《财经论丛》2006 年第 5 期。

学家斯蒂格利茨比较了医疗服务市场和一般商品市场的异同，并认为信息高度不对称是医疗服务市场的典型特征。[①] 由于医疗服务市场中存在的信息不对称和医疗保险系统中医、患、保三方间的博弈关系，在医疗保险领域中存在一种非理性的医疗服务供给和消费行为，即道德风险。事实上，从 20 世纪 60 年代开始，国外学者就对医疗保险中的道德风险问题进行了广泛的研究。1963 年，经济学家肯尼斯·阿罗（Arrow）发表《不确定性与医疗保健的福利经济学》，在对医疗保险的研究中最早提出了道德风险的概念。肯尼斯·阿罗对医疗市场的特征进行了论述，指出由于信息不对称情况在医疗市场中是普遍存在的，医患双方的地位并不平等，所以，处于劣势地位的患方在向医方购买医疗服务和药品时，就会不可避免地面临较大的风险和各种不确定性。他经过研究认为，在存在健康保险的情况下，如果医疗费用全部或部分由健康保险支付，则容易产生参保人对医疗服务过度消费的现象。[②]经济学家马丁·费尔德斯坦（Martin S. Feld-stein）估算了医疗保险过度的成本，在此基础上研究了道德风险可能带来的损失[③]。经济学家（Pauly）研究探讨了社会医疗保险中道德风险产生的原因以及市场失灵可能造成的福利损失，指出政府应该通过税收等调控措施来降低社会医疗保险福利的损失程度。[④] Ching-To Albert Ma 和 Thomas G. Mcguire 等学者从博弈论的角度出发，对社会医疗保险的利益相关方进行了分析，并探讨了作为委托方的医疗保险机构应该如何与作为代理方的医疗机构展开博弈，从而实现效用最大化的目标。[⑤] Evans R. G. 认为，医疗服务是一种很特殊的商品，患者的医疗服务需求受医疗服务提供方的影响非常大，基本上可以被认为是一种会受医疗机构和医生诱导的需求，因此，对医疗机构和医生应该采取有效的、带有一定强制性的约

---

① J. E. Stiglitz, *Economics of The Public Sector.* 2nd edition (New York: W. W. Norton & Company Inc. , 1988), pp. 293 – 294.

② K. J. Arrow, "Uncertainty and the welfare Economics of Medical Care," *American Economic Review* 53 (1963): 942 – 973.

③ Martin S. Feldstein, "The Rising Price of Physicians Services," *Renew of Economics and Statistics* 52 (1970): 121 – 133.

④ Pauly M. V. Taxation, "Health Insurance, and Market Failure in the Medical Economy," *Journal of Economic literature* 24 (1986): 629 – 675.

⑤ Ching-To Albert Ma et al. , "Optimal Health Insurance and provider payment," *American Economic Review*, Vol 87, No 4 (1997): 685 – 704.

束措施以规范其行为，这有赖于政府的政策干预和管理监督。[1]

1.4.3　药品价格管理

我国长期以来实行的是医药不分家的政策，医务人员的医疗服务价格偏低，医院不得不通过卖药来维持自身正常运行。例如，2011 年，我国药品总费用 9468.0 亿元，占卫生总费用的 37.6%，其中医疗机构药品费用 6978.6 亿元，零售药品费用 2489.4 亿元，人均药品费用 702.7 元。2012 年，我国公立医院医疗收入 9796 万元，其中药品收入 4389 万元，占比 44.8%。门诊病人次均医药费 193.4 元，其中药费 99.3 元；住院病人人均医药费 7325.4 元，其中药费 3026.7 元。[2] 药品价格管理是否合理，关系到对药品价格形成和药品费用高低乃至整个医疗费用的控制，对患者、医疗机构、药品生产企业和经营企业、医疗保险经办机构等各个方面都会产生不同影响。

对于药品价格管理问题，我国学者从不同的视角进行了研究。许进标、张新平对法国、英国、德国等发达国家的药品价格管制政策进行了比较，分析了强行降价政策、利润控制政策和参考定价制度等政策措施的实施背景、优缺点和获得的效果，认为我国药品价格管制应借鉴发达国家的经验，密切结合我国国情，使药品价格改革与医保改革配套，充分考虑药品价格政策对卫生服务供方的影响，尤其是对医生既得利益的影响，采取多种措施控制药品费用。[3] 张子蔚、常峰等对欧洲主要国家药品定价和补偿制度进行了比较分析，着重关注了在药品定价过程中的经济学评价的应用情况，并对我国药品定价思路做了思考，提出我国应在政府和市场"双重定价"的思路下，实现国家医疗费用控制和民族医药产业健康发展的双赢。[4] 赵莹华、杨青对我国现阶段药品价格管理模式的现状和弊端进行了深入分析，指出我国药品定价方法不合理、价格杠杆

---

[1]　R. G. Evans, *Supplier-induced demand: Some empirical evidence and implications* (New York: Healstead Press, 1974), pp. 162 – 173.

[2]　中华人民共和国国家卫生和计划生育委员会：《2013 中国卫生和计划生育统计年鉴》，2014 年 4 月 26 日，http://www.nhfpc.gov.cn/htmlfiles/zwgkzt/ptjnj/year2013/index2013.html。

[3]　许进标、张新平：《部分发达国家药品价格管制政策比较及启示》，《国外医学·社会医学分册》2005 年第 3 期。

[4]　张子蔚、常峰等：《欧洲主要国家药品定价和补偿制度的比较分析》，《中国医药技术经济与管理》2008 年第 6 期。

失灵导致药价畸形竞争、药价的真实成本核实难、药品集中招标采购存在很多不足等问题，建议通过科学的药品定价体系、强有力的药品价格监督和管理、实现医药分业并进行彻底的医疗改革等措施来完善我国的药品价格管理。[①] 曹阳、邵明立对国际通行的以市场定价为主的美国模式，控制原研药利润的英国模式，目录内外药品分别管理的法国和德国模式，政府制定大部分药品价格的加拿大、日本、澳大利亚模式等四类药品价格管理模式的优势与不足进行分析，提出优化我国药品价格管理体系的对策主要是加大政府调控力度、兼顾各方利益均衡、实行差异化价格管理、科学确定定价依据以及优化政府定价部门的职能。[②] 顾海对美国、加拿大、英国、法国、澳大利亚等国的药品价格制定流程、采购政策进行了介绍和比较，从谈判主体地位、谈判药品范围、谈判依据以及配套政策等方面提出国外经验对我国建立药品谈判机制的启示。[③] 彭翔、徐爱军对建立药品价格谈判机制涉及的几个理论问题进行了探讨，认为药品价格谈判机制是一种有效率的非强制性手段，可以在药品价格形成机制中加以运用，以达到协调药品供需的双方权利与义务关系以及平衡双方利益的目的。参与药品价格谈判的双方地位应该平等，谈判机制的依据和标准主要是药品的实际价值，建立谈判机制的目标是提高社会整体福利。[④]

1.4.4　医保经办机构管理改革

目前，我国的基本医疗保险经办机构是参照城镇职工基本医疗保险的管理模式运行的。在十多年的医疗保险改革历程中，医疗保险经办机构在事务性管理工作之外，还承担了大量行政性管理工作，仍然是一个参公管理的基层行政主体的执行机构，具有明显的行政事业单位特性。2009 年出台的新医改方案提出，基本医疗保险经办机构具有协议管理、医疗费用结算管理和基金管理三大职能，并要求基本医疗保险机构成为医疗服务和药品的购买者，要积极探索建

---

① 赵莹华、杨青：《我国药品价格管理的现存问题及其完善建议》，《价格理论与实践》2006年第 9 期。
② 曹阳、邵明立：《我国药品价格管理体系的问题与优化研究》，《南京社会科学》2010 年第 6 期。
③ 顾海：《国外药品采购谈判实践及启示》，《中国医疗保险》2011 年第 9 期。
④ 彭翔、徐爱军：《关于建立药品价格谈判机制的理论思考》，《价格理论与实践》2011 年第 3 期。

立与医疗机构和药品供应商之间的谈判机制，监督控制医疗服务和药品的价格与质量，并逐步完善医疗费用支付制度。

对于我国的基本医疗保险经办机构职能和经办能力建设等问题，大量学者进行了广泛的研究。杨燕绥、罗桂连认为，要合理界定并落实政府在医疗保险中的主导责任，但要认识到政府治理中存在的一系列问题。除了负责筹集医疗保险资金和支付医疗保险待遇等具体事务之外，社会医疗保险经办机构同时还必须是一个执行机构，在服务型政府对医疗服务体系进行治理的过程中扮演着不可或缺的角色，既要有为医疗机构、药品供应商和参保患者等相关方提供优质服务的理念，也要具备提供优质服务的能力。对于社会医疗保险经办机构而言，维持医疗保险基金收支平衡只是最简单的目标，除此之外，还应该更加重视按需服务和有效治理，不断提升服务能力和工作效率。[1] 毛瑛、陈钢等通过实证研究得出结论：参保人数即医疗保险覆盖面是影响医疗保险经办机构管理服务能力的第一要素，确保财政基金的全额支持是实现医疗保险经办机构顺利运行的前提，医疗保险经办机构的管理服务能力会受到多方面因素的影响，包括不同的医疗费用支付方式、地方经济发展水平的高低等。[2] 顾昕基于"有管理的竞争"理论，对美国和欧洲实施社会医疗保险的国家如德国、荷兰的医疗保险经办机构改革进行了研究，指出这些国家改革的主要内容，包括推动医保经办机构之间的合理竞争、医保经办机构与医药服务提供者之间建立谈判机制、设立医保定点医疗机构制度，以及强有力的政府监管和组织等。对我国而言，则应该从推动医保经办机构专业化、竞争化和法人化三个方面实现"有管理的竞争"。[3] 胡大洋认为，我国的社会医疗保险经办机构需要改变现有的行政化管理方式，在经办管理上加快升级转型的步伐，方向是逐步实现法人化、专业化和职业化。应该重视强化对医保经办机构工作人员综合素质的培训，提升其服务能力。同时，目前我国医疗保险统筹层次过低，也在一定程度上影响

---

① 杨燕绥、罗桂连：《政府主导下的医疗卫生服务治理结构和运行机制》，《中国卫生政策研究》2009 年第 2 期。

② 毛瑛、陈钢等：《医疗保险经办机构管理服务能力影响因素通径分析》，《中国卫生政策研究》2009 年第 8 期。

③ 顾昕：《走向有管理的竞争：医保经办服务全球性改革对中国的启示》，《学习与探索》2010 年第 1 期。

了医保经办机构与医疗服务和药品提供方的谈判能力，应该加快提高统筹层次，为医保经办机构能够更有效地开展工作创造有利的条件。

1.4.5 医疗保险谈判机制的应用

在我国 2009 年 4 月颁布的新医改的方案中，首次提出了建立医疗保险谈判机制，明确界定了医疗保险谈判机制的谈判主体是医疗保险经办机构与医疗机构、药品供应商，谈判内容主要包括医疗服务与药品的价格和质量标准等方面，目标是发挥医疗保障对医疗费用的制约作用。此后，我国学者和相关医保部门管理者开始借鉴国外经验，从不同角度对医疗保险谈判机制进行研究，国内一些地区也开始了对医保谈判机制的试点。

人力资源和社会保障部王宗凡对医疗保险谈判机制建立的背景及作用进行了介绍，对协商谈判在医保管理实践中的运用及效果做出了评价，并分析了谈判机制的基本框架、制约因素以及政策建议等，比较全面地在理论层面研究了医疗保险谈判机制问题。[①] 中国人民大学王琬分析了医疗保险谈判机制的理论基础，界定了医疗保险谈判机制应有的制度框架，在总结国际经验的基础上，将医保谈判划分为个体谈判和集体谈判两种模式，并比较了两种模式各自的特点。[②] 湖北省医疗保险管理局陈刚认为，目前医保经办机构缺乏一支熟悉医药卫生专业知识的"谈判专家"队伍，医疗机构对医疗市场具有垄断性，谈判结果的权威性往往难以保证，使得建立医疗保险谈判机制存在较多难点，应该确保谈判工作取得实效。[③] 东南大学张晓、齐忆虹等基于可行性分析，对医保药品谈判中面临的一系列问题展开了研究，探索医疗保险经办机构应该如何运用谈判机制与药品生产企业、经营企业进行议价，从而实现对药品费用的有效控制。[④]

---

① 王宗凡：《医疗保险谈判机制"释义"》，《中国社会保障》2011 年第 4 期。王宗凡：《医保管理中的谈判实践及评价》，《中国社会保障》2011 年第 5 期。王宗凡：《医保谈判机制基本框架构建》，《中国社会保障》2011 年第 6 期。王宗凡：《医保谈判机制的制约因素及政策建议》，《中国社会保障》2011 年第 7 期。

② 王琬：《医疗保险谈判机制探析》，《保险研究》2010 年第 1 期。

③ 陈刚：《建立医保谈判机制难点亦多》，《中国医疗保险》2010 年第 8 期。

④ 张晓、刘蓉等：《医保药品谈判面临的问题与对策》，《中国医疗保险》2009 年第 12 期。齐忆虹、张晓等：《探索建立医疗保险部门与药品供应商的药品价格谈判机制》，《中国卫生事业管理》2010 年第 1 期。

华中科技大学周尚成、方鹏骞等对医保谈判机制的开展动因、理论基础、实践现状等做出了分析，并结合我国目前的实际情况，指出医疗保险谈判机制构建的实现路径。① 江苏省镇江市医保局陈新中、医保基金管理中心胡大洋以及江苏大学周绿林等结合镇江、淮安等地的医保谈判工作实践，对医疗保险谈判机制当前取得的成效、面临的瓶颈问题分别进行了介绍，探索了谈判中的具体操作细节，并指出谈判机制是医保管理工具，建立医保谈判机制是大势所趋。② 许东黎、王宗凡比较系统地介绍了国外医疗保险机构与医疗机构的谈判机制实践，主要参考了英国、德国、美国和加拿大等国的情况。比如，英国从 1991 年开始，把灵活的市场机制引入了 NHS 的制度框架中，实现了医药服务购买者与提供者的分离，在医药服务供需双方之间建立起"内部市场"，先后让全科医生（GP）和初级卫生服务信托基金（PCT）承担医疗服务购买者的角色，发挥着通过与医疗机构的谈判为参保人争取优质方便的医疗服务的积极作用；德国在 20 世纪 80 年代末通过医疗保险机构和医疗服务提供方的多步谈判，形成参考价格制度，以此帮助作为第三方付费者的医疗保险机构控制药费支出；美国和加拿大两国的实践情况比较相似，在医疗保险机构强大的团购实力之下，谈判机制可以有效地发挥作用，实现对医疗服务和药品的价格、质量、支付标准等方面的控制。③

在实践中，国内一些地区已经结合当地医药卫生体制改革情况出台了构建医疗保险谈判机制的通知、规定等，与中央的新医改方案相适应，并开始积极探索构建医疗保险谈判机制。这些地区都在客观分析本地实际情况的基础上，陆续开展了医保谈判机制的试点，发现了困难与问题，也取得了一些成效，并为下一步工作积累了经验。④

---

① 周尚成、方鹏骞：《谈判理论在医疗保险领域的应用价值》，《中国卫生政策研究》2010 年第 9 期；周尚成：《医疗保险谈判机制构建的现状分析及路径探索》，《社会保障研究》2010 年第 2 期。

② 陈新中、周绿林等：《谈判机制成为医保管理工具》，《中国医疗保险》2009 年第 12 期；陈新中：《破解医保谈判机制的博弈迷径》，《中国社会保障》2010 年第 3 期；胡大洋：《初显威力的谈判机制》，《中国医疗保险》2012 年第 1 期。

③ 许东黎：《国外医疗保险与医疗机构谈判机制述评》，《中国医疗保险》2009 年第 12 期；王宗凡：《美国和加拿大的医保费用支付及谈判》，《中国医疗保险》2009 年第 12 期。

④ 《尚需升温的谈判机制》，《中国医疗保险》2011 年第 3 期；廖斌、彭静：《宜昌价格谈判彰显团购优势》，《中国医疗保险》2010 年第 8 期；尹长江：《濮阳市建立谈判机制从社区入手》，《中国医疗保险》2010 年第 7 期。

1.4.6 研究综述简评

对上述文献进行梳理，可以看到，医疗保险谈判机制本身及与之相关的内容是非常丰富的，国内外学者们的研究从不同的视角出发，各有侧重。总体而言，国外学者多从经济学、社会伦理学等角度来研究问题，比如基于博弈论、效用理论等分析医疗保险机构与医疗机构、药品供应商及参保人之间的关系，医疗保险费用控制以及医疗保险中的道德风险问题。国内学者则比较侧重基于制度的政策分析研究，对国外医疗保险改革经验进行了引入和借鉴，也对我国医药卫生体制改革各个方面的实践进行了一定的归纳总结。对医疗保险谈判机制的理论研究和实践都尚处于起步阶段，已有的研究大部分还局限于对医保谈判机制基本内容的介绍，缺乏充分的实地调查报告来论证当前我国构建医保谈判机制会有哪些制约因素、面临哪些问题，试点地区的医保谈判机制能提供哪些启示，以及我国应该构建何种框架的医保谈判机制。因此，对医疗保险谈判机制的研究无论是在深度还是在广度上都有待大力探索和完善。

由于我国与西方发达国家在经济发展水平、政治体制、社会结构以及社会保障制度发展的路径等方面都存在较大差异，所以，在我国社会医疗保险体制中构建的谈判机制，就具有了不同于西方国家实践的新的内涵和外延，不能简单照搬西方国家医疗保险谈判机制的模式。近年来，随着我国医药卫生体制改革的强力推进，对医疗保险实践问题的研究也开始更多地受到重视。对于如何有效发挥日益强势的医疗保险经办机构的团购作用，为参保人争取到质优价廉的医疗服务和药品，合理控制医疗保险费用，平衡医疗保险利益相关方间的关系，最终推动整个医药卫生体制改革的顺利进行，学者和政府部门管理者都给予了越来越多的关注。但是，现有的文献无论是从实证分析还是规范分析方面来看，数量和深度都还很有限，这是现有研究的不足。与此同时，在我国特有的国情之下建立医疗保险谈判机制，必须结合当前新医改的目标和要求来考虑如何具体实施，其中涉及的诸多相关方面还需要继续深入探讨和研究。

1.5 研究路线与方法

1.5.1 研究路线

本书的研究路线如图 1 – 6 所示。

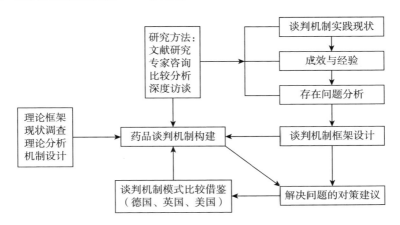

图 1 – 6 本书研究路线

本书旨在以医疗保险谈判机制中的药品谈判这个方面的国际经验为参考，以国内医疗保险管理中协商谈判的实践为基础，立足我国的现实条件，提出医疗保险经办机构与药品供应商、医疗机构等利益相关方就药品能否列入医保目录、药品价格确定和药品支付方式等开展谈判的基本政策、管理框架和具体操作规范。首先，对医疗保险谈判机制的相关文献进行评阅。其次，分析医疗保险谈判机制的相关理论基础；介绍药品谈判机制在典型国家的实践情况，探讨可供借鉴之处；对国内典型试点地区开展药品谈判工作的现状、取得的成效和存在的问题进行实地调查；结合现实国情构建我国药品谈判机制的框架。最后，在此基础上对药品谈判机制的操作规范进行设计。

1.5.2 研究方法

本书采用以下研究方法。

一是文献研究法。本书在写作过程中搜集了大量文献资料，包括部分国家医疗保险管理机构就药品进入医保报销范围、药品定价和采购进行谈判的法律法规、组织管理方式、合同签订的相关文献，国内试点地区开展医疗保险谈判工作的文件、规定，以及国内外相关学者对医疗保险谈判机制和与之相关的医疗保障模式选择、医疗保险中的道德风险、医疗费用控制、医保经办机构功能转换等问题的研究观点、研究方法等。对搜集到的文献进行分析、整理和归纳，掌握了目前医疗保险谈判机制问题的研究现状，也明确了本书的研究思路和研究重点。

二是专家咨询法。笔者借多次参加国内社会保障领域学术会议的机会，向国际、国内研究医疗保险的相关学者和技术专家就医疗保险谈判机制构建的问题进行咨询，并在会后以邮件函询的方式多次请教问题、交流观点，获得了很多信息和启示。

三是比较分析法。对国外不同医疗保障模式下的药品谈判机制进行分析比较，研究机制的共性和个性特征，在此基础上探讨可供我国借鉴之处，并总结分析医疗保险谈判机制的"中国特色"。

四是深度访谈法。通过实地调研，与医疗保险政策管理部门主管领导、医保经办机构领导和相关工作人员、医疗机构领导、科室负责人及药品供应商代表进行深度访谈，了解试点地区的政策以及政策的制定背景、运行效果和问题等，把握试点地区药品谈判的现状与问题，以及改善现状的建议与措施等。

1.6 创新与不足之处

1.6.1 创新之处

第一，理论创新。我国对于医疗保险谈判机制的理论研究尚处于初级阶段，少数地区开展医疗服务谈判抑或药品谈判的试点工作也起步不久，因此，理论层面还有继续深入研究的较大空间。从已有的文献来看，药品谈判研究相较于医疗服务谈判研究而言数量更少。究其原因，药品是特殊商品，成本、定价、利润以及招标采购等方面的信息较难获得，所以研究的难度更大。本书在界定医疗保险谈判机制基本理论框架的基础上，选择药品谈判这个方面，通过实证研究获取必要的数据和信息。除了谈判理论、委托代理理论之外，还从新公共管理理论的视角探讨药品谈判机制设计存在的问题，突出了医保经办机构角色转换的要求。本书的研究视角新颖，可以为医疗保险谈判机制的理论研究做出一定贡献。

第二，政策价值。本书立足于我国典型地区药品谈判的实践情况进行深入分析，探讨了现阶段我国开展药品谈判面临的主要问题及产生问题的原因，并结合不同医疗保障模式国家药品谈判机制的经验，构建适合我国国情的药品谈判机制框架，并对谈判机制的操作规范进行设计，可以为即将在全国范围内广泛开展的药品谈判工作提供一些启示和建议，对策转化力较强，具有较好的实用价值。

1.6.2　不足之处

本书从理论基础、实践工作、框架设计和操作规范几个方面对我国构建医疗保险药品谈判机制进行了深入研究。由于时间和地域等因素的限制，本书的局限性和不足之处主要有以下几点。

第一，笔者未能与英、德、美等国家参与医疗保险谈判机制政策制定、框架设计的政府官员进行深度访谈，只能借多次参加国内学术会议的机会，以当面交流和发邮件的形式咨询国内外相关学者和技术专家，并结合大量的文献资料，从侧面了解这些国家开展医保谈判机制工作的历程和进展。因受限于获取数据资源的渠道，本书研究以定性分析为主，定量分析较少。

第二，由于时间和人力所限，笔者只选择了国内较早开展谈判机制试点工作的成都市进行实地调研，对该市医保药品谈判工作的实践做了详细介绍和分析，对其他有代表性的试点地区实践情况只根据已有的文献资料选择广州市做了简要举例。因此，本书尚缺乏对国内其他试点地区药品谈判情况的实地考察和综合比较，具有一定的局限性。对此，笔者计划在今后的研究中，增加对其他试点地区谈判机制实践情况的实地调研，深入分析哪些问题是试点地区面临的共性问题，哪些问题是地区性的特殊问题，以把握其中的规律。

第三，由于篇幅所限，笔者仅选择了医疗保险谈判机制中的药品谈判这个方面进行研究，这样无疑使本书在内容的完整性上有了缺憾，对于医疗服务谈判所涉及的付费方式谈判等内容的研究，有待在今后展开。同时，药品属于特殊商品，很多相关信息比如成本、研发等属于制药企业的商业机密，因此在信息的获取上有较大难度，笔者尽可能地对掌握的资料进行梳理、分析和归纳，力求使资料能够客观地支撑本书的论证，但仍有不足。在后续的研究中，笔者计划通过更广泛、深入的实地调研获取更多信息和资料来解决该问题。

第 2 章

医疗保险谈判机制的理论基础[①]

在医疗保险的相关利益主体中，医疗保险经办机构、医疗机构、药品供应商和参保患者之间相互联系、相互牵制。医疗保险谈判机制是医保经办机构和医疗机构及药品供应商针对医疗服务及药品的范围、价格和质量展开谈判，在谈判的过程中，需要遵循一定的原则、包含一定的内容，在规定的程序下完成。因此，医疗保险谈判机制的构建就是通过确定一个基本的框架，实现医疗服务和药品谈判过程的规范化、程序化。只有把医疗保险谈判机制的基本框架搭建起来，谈判才能够有据可依，才能够实现制度化的运行。正确认识并把握医疗保险谈判机制的理论基础，是协调处理好医疗保险相关利益主体之间关系，从而搭建谈判基本框架的前提条件。下面主要从谈判理论、委托代理理论和新公共管理理论的角度，探讨这几个理论在医疗保险谈判机制中的体现和应用。

2.1 谈判理论与医疗保险谈判机制

2.1.1 谈判理论基本原理

谈判理论是医疗保险谈判机制首要的理论基础。国外和国内的学者从不同的角度对谈判理论进行了研究。

---

① 本章部分内容已公开发表，详见龚文君《医疗保险谈判机制构建的理论基础研究》，《社会保障研究（北京）》2012 年第 2 期。

美国著名的交易谈判专家 C. 威恩·巴罗和格莱恩·P. 艾森认为，谈判实质上是一种在双方都致力于说服对方接受其要求时所运用的一种交换意见的技能，其最终目的就是要达成一项对双方都有利的协议。美国谈判界权威学者尼尔伦伯格基于社会学、心理学、人类学、经济学等行为科学的理论，全面研究了谈判动因、谈判形式、谈判方法以及谈判控制手段等方面内容，对谈判学进行了明确的概念界定。在尼尔伦伯格看来，谈判是人们通过协商沟通的方式交换各自的观点和主张，以达成一致意见的过程，谈判不仅会对现实中的各种人际关系产生直接而重要的影响，也会使参与谈判的各方主体都能够获得各自追求的利益。① 同时，尼尔伦伯格根据马斯洛的需求层次论提出了谈判需求理论。哈佛大学教授荣格·费舍尔认为，在谈判行为中，人的需要本质上是对利益的追求，谈判的重点是在双方的利益上寻找契合点，坚持以客观、公平的标准达成协议。在谈判中，双方往往既有共同利益，又有对立性利益。大多数情况下谈判双方的利益是矛盾的，关键是要通过谈判得到双方皆受益的方案，最大限度地满足双方的需要。谈判的利益合作理论认为，合作寻求共同利益是开展谈判活动的前提和本质，谈判就是在机会均等和公平竞争中实现互惠互利，是一项利己又利他的合作事业。评价任何谈判的好坏可以用三条标准去衡量：第一，若有达成协议的可能，就应当达成一个明智的协议，最大限度地满足双方的合法利益，公平地解决对立性利益，并考虑到社会利益；第二，谈判应是高效率的；第三，谈判应该改善双方的关系，至少不要损害双方的关系。

我国对谈判理论的研究始于 20 世纪 80 年代末，学者们对谈判也进行了大致相同的定义。相关学者认为，谈判是人们在某种欲望或需求的支配下，相互表达自己的观点和愿望，协调彼此之间关系，为达成一致意见、满足各自需要而进行的一种语言沟通和交流活动。② 谈判是解决争议、调整利益的重要手段，具有沟通性、竞争性和合作性等特点。将谈判这种手段运用到医疗保险领域，目的是协调医疗服务提供方和购买方之间的利益关系，提高整

---

① 〔美〕杰勒德·尼尔伦伯格：《谈判的艺术》，陈琛等译，新世界出版社，2012，第 27 ~ 35 页。
② 蒋春堂、蒋冬梅：《谈判学》，武汉大学出版社，2004，第 5 页。

体效率。谈判需要遵循平等互利、谋求共同利益、依据客观标准、真诚守信、遵规守法以及时间效率等原则。谈判理论建立在传统价格理论的基础之上，认为自愿合作可以实现资源从估价低的主体一方向估价高的主体一方转移，从而提高资源的使用效率，使资源得到优化配置，同时也可以提高自愿合作双方的福利水平。①

不同类型和方式的谈判，往往有不同的程序。一般情况下，正规的谈判可以划分为以下五个阶段。①谈判准备阶段：主要是收集有关信息、制定谈判决策、拟订谈判计划等。②谈判开局阶段：主要工作有三项，即确定谈判人员、确定谈判议程和提出谈判方案。③交流探测阶段：谈判人员集中发表自己的意见、动机和意图，通过交换观点，实现相互了解。④磋商交锋阶段：这是谈判的主体阶段，在价格谈判中，磋商的中心内容是讨价还价，双方谈判人员都会根据自己的谈判目标，为达成协议而千方百计地说服对方接受自己的观点。⑤协议签约阶段：双方经过磋商之后，如果在重要议题上取得基本一致的意见，并认为已经达到了预期目的，就可以同意签订契约、达成协议。各方的行为都要受契约中有关条款的约束和限制。在履约过程中，如果双方发生了冲突，可以通过调解、仲裁、诉讼等方法来处理。无论哪一方出现违约行为，都应该按照事先约定的条款来接受相应的处罚。

2.1.2　谈判理论在医疗保险谈判机制中的应用

从谈判理论原理可以看出，谈判是市场经济体制主体之间的一种有效率的交易方式。谈判的目的是购买到需要和物有所值的服务、产品和管理等。② 谈判双方或多方有共同利益但又有分歧，能够彼此信任，愿意采取平等协商的方式来达成一致，实现共赢。医疗保险谈判主要是医疗保险经办机构与医疗机构、药品供应商等在平等互信的基础上，通过谈判协商的方式，对医疗服务付费方式和标准、药品和医用材料的价格进行确定，达到既控制不合理费用、提高医疗保险基金使用效率，又满足医疗机构及药品供应商适当利益要求的双重

---

① 魏建：《谈判理论：法经济学的核心理论》，《兰州大学学报》（社会科学版）1999 年第 4 期。

② 张晓、胡汉辉：《谈判机制的建立与实践路径》，《中国医疗保险》2010 年第 8 期。

目标，实现双方的互利互惠。

在医疗保险谈判过程中，各个阶段的工作重心有所不同。从谈判的准备阶段到交流探测阶段，要准确而全面地掌握各医疗机构及药品供应商的资质及市场份额指标等信息，决定不同的谈判标准，并明确谈判双方的权利边界。比如，在针对医疗服务的价格和标准的谈判中，谈判主体一方为医疗保险经办机构，另一方为医疗机构。在我国，掌握医疗保险基金的医疗保险经办机构是隶属于政府的事业单位，而医疗机构绝大多数为公立医院，公立医院又是政府举办的，谈判主体双方实际上有着错综复杂的利益联系，有可能合谋损害参保人的利益。[1] 所以，必须通过相关的法律制度和规则对谈判双方各自的责任、权力和利益加以规范和明确，并做到信息公开透明。在针对药品价格和药品是否列入医保报销目录的谈判中，谈判主体则主要包括医保经办机构和药品供应商（包括药品生产企业和药品经营企业）。对于药品供应商的产品特点、产品市场价格和销量、应该获得的合理利润区间等影响谈判标准确定的信息，都需要有充足的数据作为支撑，并有相关的制度和操作规范加以明确。在谈判的磋商交锋阶段，双方基于"理性人"基础，会尽可能地只传递对自己有利的信息，并想方设法让对方接受自己的利益要求。此时就需要谈判主体双方在遵纪守法、恪守诚信的条件下，运用各种谈判专业能力，实现对利益的合理分配。最后，到了协议签约阶段，为保证双方对谈判协议的遵守，还需要建立强有力的监督机制，以确保谈判结果得到正确而真实的履行。通过公开、公平的程序，医疗保险谈判可以让医疗保险经办机构、医疗机构和药品供应商等各方的利益诉求都得到充分表达，确保谈判决策的正当性和合法性。经过协商，由于各方基本上能从中获得某种程度利益的满足，所以之前的矛盾和冲突可以被化解。同时，对于可能利益受损的一方，要通过其他政策给予其相应补偿，争取实现帕累托最优，即社会福利的最大化。

根据谈判理论的原理，可以用图 2 - 1 简要表示医疗保险谈判的流程。

---

[1] 周尚成、方鹏骞：《谈判理论在医疗保险领域的应用价值》，《中国卫生政策研究》2010 年第 9 期。

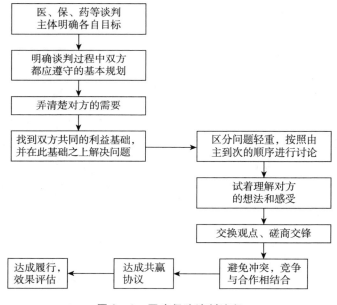

图 2 - 1　医疗保险谈判流程

2.2　委托代理理论与医疗保险谈判机制

2.2.1　委托代理理论基本原理

在制度经济学中，契约理论的重要组成部分包含了对委托代理理论的研究。在 20 世纪 60 年代末 70 年代初，西方不少经济学家开始关注企业内部存在的信息不对称和激励问题，并对这些问题进行了深入研究。从这个时期开始，委托代理理论便逐渐获得了发展的契机。

委托代理理论认为，随着整个社会生产力的不断发展进步，规模化大生产出现，在此基础上产生的委托代理关系实际上是一种契约关系。委托代理理论主要围绕以下问题展开研究：由于现实环境中利益冲突和信息不对称的情况往往是普遍存在的，委托人就必须想方设法采取有效的措施激励或监督代理人为其努力工作，而如何设计出最优契约以达到激励或监督的目的就是问题的关键所在。在委托代理理论中，学者们研究的侧重点基本上集中于委托代理关系，即在契约（这种契约既可以是明示的，也可以是暗示的）的约束之下，一些行为主体通过授予一定决策权的方式要求另一些行为主体为其服务，后者从提供服务的活动中获取报酬，而报酬的标准通常要基于服务的数量多少和质量高低。在这种通过契约建立起来的关系中，形成了委托人和代理人双方，由于双方往往存在不同的利益诉求，加上信息不对称问题的广泛存在，代理成本随之产生。代理成本越高，效率损失越大。基于此，学者们在研究委托代理理论的过程中，将关注的焦点放在如何通过有效的措施降低委托代理关系中的效率损失并节省委托代理成本上。[①]

与代理问题紧密相连的是道德风险问题。Arrow 在 1963 年讨论不确定性和医疗服务福利经济学的一篇文章中，首先对道德风险问题进行了研究。Arrow 将道德风险定义为：由于保险单与其本身的激励方向发生了偏离，从而使得保险公司所依赖的保险事故发生概率也相应地出现了变化。如果健康保险全部或者部分地承担了被保险人的医疗费用，被保险人通常会比自付医疗费用时对医疗服务进行更慷慨的消费。此外，Arrow 还认为，保险的福利问题总是很严重，而市场机制本身也有内在缺陷，需要政府发挥调控作用。在发生市场失灵的时候，应该由政府出面对保险市场进行适当干预，但是，政府的参与意味着一定程度上的强制，这就很可能导致保险的效率低下甚至完全没有效率。在"道德"一词的使用上，Arrow 指出，道德风险问题实际上与道德无关，可以用正统的经济学工具来解释。[②]

1971 年，Spense 和 Zeckhauser 对保险中的信息和个人行为问题进行了研究，主张把与信息有关的个人隐藏行为（hidden action）分为两种：第一种是发生在代理人知道委托人真实状态之前的个人隐藏行为，即事前道德风险；第二种是发生在代理人知道委托人真实状态之后的个人隐藏行为，即事后道德风险。[③] 按照这样的划分标准，笔者认为，Arrow 提到的被保险人在健康保险中过度利用医疗服务的情况属于事后道德风险范畴，受到健康保险保单的激励而改变生活习惯、不注重风险防范而改变事故发生概率的情况属于事前道德风险。事前道德风险和事后道德风险的严重程度和带来的损失是不一样的，在健

---

① 张维迎：《博弈论与信息经济学》，上海人民出版社，2004，第 32～35 页。
② Arrow K. J. ,"Uncertainty and the welfare Economics of Medical Care", *American Economic Review* 53 (5), 1963.
③ Spense, Zeckhauser. "Insurance, Information and Indiridual Action", *American Economic Review* 61 (1971).

康保险中，事后道德风险的严重程度更高，损失更大。因此，学者们对于道德风险在健康保险中的影响研究常常更侧重于事后道德风险方面。对于事前道德风险，学者们认为，购买健康保险可能导致被保险人降低对健康的重视程度，从而增加患病概率，Willard G. Manning 等人对此进行了实证研究。

医疗保险中的道德风险可以采取多种措施加以控制。比如，对于参保患者可能实施的对医疗服务和药品的过度消耗行为，如果在医疗保险制度设计中规定参保患者需自付一部分医疗费用，就能在一定程度上抑制道德风险的发生。参保患者需自付的比例越大，对医疗服务和药品的使用就越理性，可能实施的过度消耗行为就越少。

2.2.2 委托代理理论在医疗保险谈判机制中的应用

在医疗保险体系出现之前，存在的是患者和医生之间的双方关系。患者向医生付费，医生向患者提供服务。当共担疾病风险的医疗保险形式出现时，医疗保险系统呈现的是三方结构。被保险人向保险机构缴纳保险费，保险机构按照协定向医生支付医疗费用，再由医生为被保险人提供医疗服务，如图 2 - 2 所示。

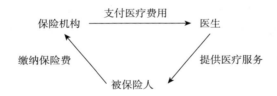

图 2 - 2　医疗保险系统的基本结构

社会医疗保险的特征是政府以经济、法律和行政等方面的手段涉足这一系统，从而构成包含保险方、被保险方、医疗服务提供方和政府四方的关系，如图 2 - 3 所示。

医疗保险系统牵涉的主体众多，医、患、保、药以及政府之间存在各种委托代理关系，同时又缺乏相应的激励机制，因此不可避免地产生了一系列代理问题，主要表现在以下几个方面。①

---

① 王晓燕：《我国社会医疗保险费用的合理分担与控制研究——基于系统动力学的视角》，经济管理出版社，2010，第 20 ~ 22 页。

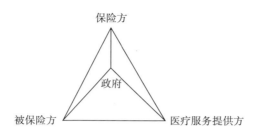

图 2 - 3　社会医疗系统的基本结构

第一，患者与医生之间的代理问题。在医生与患者之间，患者作为委托人委托医生为其治病，医生作为代理人拥有比患者更多的疾病诊疗方案和治疗效果方面的信息，医生为了自身收入的增加可能会利用信息的不对称，向患者诱导需求。这种诱导需求的现象会导致医疗服务的过度供给。

第二，患者与医疗保险机构之间的代理问题。医疗保险机构是患者的代理人，负责进行资金的筹集、以最小的管理费用对医疗保险事务进行组织和行政管理、与医生之间就所提供服务的价格和补偿方式进行谈判、对医方提供的账单进行审查并将有可能节省下来的费用用于扩大受保面或覆盖范围等工作。但由于消费者很难洞察医疗保险机构的行为，因此医疗保险机构可能会使用大量的管理费用。这时，医疗保险系统的设计和如何施加对医疗保险机构的激励就很重要。

第三，患者的道德风险问题。患者的道德风险包括事前道德风险和事后道德风险。事前道德风险是指被保险人不注意、不重视自己的日常行为方式、生活习惯等，有意识地影响对医疗保险的需求。比如，在参加医疗保险之后，被保险人就可能降低自身对规避疾病风险的努力程度，纵容不良的生活习惯，如酗酒、吸烟、暴饮暴食、疏于锻炼健身等。一旦被保险人自身忽略或减少了疾病预防措施，就势必会对医疗保险的需求产生影响，从而降低医疗资源和医疗保险基金的配置效率。事后道德风险则是指由于医疗保险的存在，患者不必承担全部边际成本，从而导致患者在疾病治疗过程中过度消费医疗服务和药品。另外，在传统的按服务付费的结算方式中，患者和医生都可能从医疗服务的过度消费中获得利益，双方还有合谋的可能。这些都会导致医疗费用的不合理增长。

第四，参保人与政府之间的代理关系。在社会医疗保险中，政府作为广大参保患者的代理人，肩负着构建医疗保险制度框架的责任，要制定科学合理的规则以保障医疗保险市场正常有序运行，包括确定社会医疗保险保障的对象、参保资格的审核和确定、医疗保险基金的筹集与管理、相关主体责任分担的要求和缴费比例、医疗保险报销的程序与比例，以及一系列必要的配套措施等。与此同时，政府还要建立与医疗保险相关的法律制度，依法介入医疗保险体系，在社会医疗保险之外，通过大力发展包括商业健康保险在内的多种补充力量来有效化解全体社会成员的疾病风险，并依法对市场主体的活动进行监督管理等。如果政府职能缺失，广大参保人将很难对此进行控制，也不会有相应的激励机制。

第五，医院与药商之间的代理问题。作为患者的代理人，医生应保证消费者能得到既便宜又有效的药物治疗，但医院与药商之间可能出现合谋，如药商通过向医生提供回扣的方式，诱导医生向患者提供既昂贵又疗效差的药品。

第六，医疗保险机构与药商之间的代理问题。医疗保险机构有义务收集信息对医疗服务和药品进行评价，还要与药商针对药品价格和用量等问题进行协商谈判，但不排除医疗保险机构与药商之间也有可能以患者的利益为代价进行合谋。

第七，患者与药商之间的代理问题。患者想从药商那里获得有效且便宜的药品，但缺乏有关产品效用和适用性的信息，而药品生产者可能利用信息和专业优势向患者提供质次价高的产品。

在以上委托代理关系中，最突出的是医疗机构（包括药商）与患者之间以及医疗保险经办机构与参保人之间的关系。在医患关系中，患者是委托人，医生是代理人。医生相比患者掌握更多关于患者病情及治疗措施方面的信息，专业知识水平上的悬殊导致医患之间存在严重的信息不对称。而医生及医院出于经济效益最大化的考虑，往往会采取过度治疗、以药养医等手段，千方百计地增加医疗服务收入。所以，在医患关系中，常常有很多代理问题出现。同时，医疗保险经办机构和参保人之间也是一种委托代理关系。参保人是委托方，将医疗保险缴费委托给医疗保险经办机构管理；医疗保险经办机构则是代理方，代表参保人群体的利益用医疗保险缴费形成的医疗保险基金向医疗机构购买医疗服务。笔者认为，在医保患者在医疗机构就医人群中所占比例日益上升的情况下，医疗机构与患者之间的委托代理关系事实上就转化为了医疗机构与医疗保险经办机构之间的委托代理关系。建立医疗保险谈判机制，要处理好医疗保险经办机构与医疗机构之间、医疗保险经办机构与参保人之间的关系，综合协调三方的利益。

医疗保险经办机构代表的是广大参保人的利益，通过维护医疗保险基金的安全并利用基金从医疗机构中购买到质优价廉的医疗服务，满足参保患者的医疗需求；医疗机构则通过提供医疗服务，追求经济效益最大化。双方的利益存在冲突和矛盾。同时，由于专业上的充分优势，医疗机构也能够在信息不对称的状况下，使自身服务提供行为与医疗保险经办机构控制费用的目标相悖，代理问题由此产生。解决问题的手段，就是通过平等的协商谈判来实现合作，协调双方的利益。通过谈判，使医疗机构及药商和医疗保险经办机构各自的利益要求得到反映，实现既控制医疗费用、满足参保人需求，又能促使医疗机构及药商积极主动地控制成本、重视成本效益，而不再继续通过用昂贵的药、过度治疗等不当方式来获得经济利益。

在信息不对称的条件下，降低医疗保险体系内行为主体道德风险的措施主要有两类：一是激励，二是监督。在医疗保险体系内存在种种违规行为，如参保单位不按规定参保，参保人不按规定就医，定点医疗机构不按规定提供医疗服务，医疗保险机构不按规定运营，等等。为了保证医疗保险的有效运行，就有必要对医疗保险的各个方面进行有力的监督，以在满足参保患者基本医疗需求的同时，能够控制医疗费用的不合理增长，减少医疗卫生资源的浪费。

在医疗保险体系内，存在多种监督关系，如医疗保险经办机构对参保单位、参保人、定点医院以及定点药店的监督等，还存在对代表政府具体行使医疗保险管理功能的医疗保险机构本身的监督等。由于医药服务市场是由供方起主导作用的不完全竞争市场，特别是在我国"以药养医"的体制下，药品销售收入占医院总收入的 40%～60%，广大参保人的药品费月负担沉重。药品费用是由药品价格和药品使用数量两个因素共同决定的，医生的特殊地位决定了医疗机构对不同价格药品的选择和药品使用数量有着举足轻重的影响甚至起到决定性作用。要通过医疗保险控制日益上涨的医疗费用尤其是其中的药品费用，就必须从供方入手，采取有效措施控制医院和医生的行为。

医方的违规行为可能有很多种，除不合理用药之外，还有滥检查、违章记账、乱收费、不坚持出入院标准等。而医方在医疗市场中的主导地位更说明医疗保险经办机构应加强对医方的监督。在具体工作中，应加强对大额医疗费用尤其是其中的药品费用、检查费用的稽核，以及在工作中加大处罚力度，这样可以有效降低监督概率，减少工作量。同时，可以通过强化激励（即使医生承担部分风险，强调医方的费用共担）的方法来减少监督，降低管理费用。

从另一个角度来看，参保人是委托方，把医疗保险缴费委托给医疗保险经办机构管理；医疗保险经办机构则是代理方，代替参保人管理缴费形成的医疗保险基金，并用来向医疗机构及药品供应商购买医药服务。虽然医疗保险经办机构代表参保人的利益，但并不意味着其作为医疗服务购买方一定有动力和积极性去进行谈判，而且由于信息的不对称，参保人也不能直接观察到医保经办机构的工作进程，医保经办机构和参保人之间达成的是一种不完全契约。开展医疗保险谈判意味着医疗保险经办机构的角色要由管理者转变为购买者。对医疗机构和药品供应商而言，医疗保险经办机构代表广大参保人向他们购买医疗服务和药品，供需双方之间的关系需要从长期以来自上而下的强制性行政化管理真正转变为采用平等、竞争的协商谈判方式来平衡各方利益。[1] 对医疗保险经办机构而言，要实现这种角色和管理理念的双重转化，还有一个较长的过程。所以，需要建立起相应的激励和监管机制，促使医疗保险经办机构积极主动地与医疗机构和药品供应商开展谈判，为参保人争取优质的医疗服务和药品。

2.3　新公共管理理论与医疗保险谈判机制

2.3.1　新公共管理理论基本原理

西方传统的公共行政离不开几位重要的学者和他们提出的理论主张。伍德罗·威尔逊和弗兰多·古德诺提出了"政治与行政二分法"，确立了"行政活动的非政治化原则"；马克斯·韦伯则提出官僚科层制理论，确立了"行政组织的非人格化原则"。传统的公共行政在很大程度上适应了工业社会的需要，向社会成员提供了基本的社会服务和相对稳定的社会环境，曾在公共管理中发挥过重要的、积极的作用，主导了西方公共行政领域近一个世纪之久。但随着

---

① 王宗凡：《医保谈判机制的制约因素及政策建议》，《中国社会保障》2011 年第 7 期。

西方各国由工业化社会向后工业社会转变，各国政府普遍出现财政危机，在政府机构不断扩张、冗员众多的情况下，公共行政、公共服务的效率和质量都大大降低，传统公共行政在理论和实践上都受到了普遍质疑和严峻挑战。与此同时，全球化、信息化的潮流势不可挡，大大加剧了国际竞争。在紧迫的形势下，西方各国对公共服务的需求都大大增加，广大民众迫切需要政府提高工作和服务效能。因此，从 20 世纪 80 年代开始，西方各国纷纷对政府进行改革，涉及行政管理体制和政府活动的各个方面，促使传统的公共行政模式向"新公共管理模式"转变。

这场被称为"新公共管理运动"的改革滥觞于英国，在逐渐影响其他西方国家之后，最终对世界各国陆续进行的政府改革产生了巨大影响。改革的主题是对传统的公共行政理论进行批判和否定，对政府和市场两者之间的关系进行重新界定。改革的内容主要可以概括为四个方面：对政府应当具有的功能进行了明确的定位，逐步改变政府向社会公众提供公共服务的方式，改革政府内部原有的管理体制以提高效率，以及将私营机构运用成熟的管理理念、技术和方法引入政府部门。

新公共管理理论的代表学者是美国的戴维·奥斯本和特德·盖布勒，他们在 1992 年发表的《重塑政府》一书中，从十个方面对新公共管理进行了概括，并提出新公共管理的目标是建立这样一个政府：角色是掌舵者而不是划桨者；能够发挥社会组织的积极作用；重视把市场竞争机制引入公共服务之中；不墨守成规，勇于开拓创新；追求公共服务的效率和效果；坚持以顾客的需要为中心；工作人员廉洁勤政、事业心强；有足够的远见卓识；注重分权和授权；根据市场的导向来安排工作和任务。①

新公共管理理论主要有以下几个方面的内容。

第一，主张对政府职能进行变革。新公共管理理论认为，政府的职能应该和以往不同，需要建立起一种新的体制，在这种体制之下，政策制定（"掌舵"）和政策执行（"划桨"）两者是相互分离的。换句话说，由政府负责政策制定、激励和监督等，而对政策的执行则可交由其他力量完成。在政策执行

---

① 〔美〕戴维·奥斯本、特德·盖布勒：《改革政府——企业精神如何塑造公共部门》，上海译文出版社，1996，第 52～56 页。

上，私营化的形式是比较理想的选择，通过发挥市场机制的积极作用，借助社会力量实现公共服务的高效生产和供给。

第二，强调对"管理型"人才的重用。政府应该做到明确以下几个方面的问题：政府自身需要完成什么任务，怎样完成任务，以及应该向谁负责，等等。在政府中，每当考虑部门领导的人选时，应该侧重于选择管理型的人才，而不是专家型的人才。因为根据新公共管理理论的主张，管理工作任务本身就要求很高，担任管理工作的人必须具备完善的管理知识和技能。

第三，吸收企业管理的实践经验。新公共管理理论主张公共部门也要像企业一样重视成本预算、绩效考核、战略管理和顾客至上等，而这些方面的要求事实上都来自学习和借鉴企业管理的实践经验。

第四，绩效管理。即通过一定的绩效目标来要求和规范公共部门提供的公共服务，对其提供服务的全过程保持实时跟进、监督测评并进行系统而全面的绩效评估。在对公共服务开展绩效评估工作时，主要按照"3E"（Economy, Efficiency and Effectiveness，即经济、效率和效益）的标准来进行，全面评估质量、满意度、成本和效率等方面是否达标。

第五，在公共管理中引入市场竞争机制。新公共管理理论主张通过把市场竞争机制引入公共部门，发挥市场机制灵活性、适应性强的优势，使公共部门和私人部门之间能够展开较为充分的竞争，同时在政府各公共部门之间也能够有平等的竞争。在竞争的环境中，公共服务的供给效率能够得到提升，资源也比较能够实现优化配置。

第六，高度关注"顾客"的需要，时刻强调以"顾客"为中心。在一种崭新的视角下，新公共管理理论认为广大社会公众应当是政府的"顾客"，政府各公共部门的工作宗旨都应该是尽量让"顾客"满意，这与传统观念有极大的不同。与此同时，还强调各公共部门对顾客应该尽量做到有求必应；强调政府的行政行为对于社会公众而言应该是可理解的，也有合理的可接近程度；强调政府行政部门应该让社会公众作为"顾客"参与决策，并关注"顾客"参与决策的公开程度高低，以及在参与出现问题的情况下是否有合理的解决措施；等等。此外，政府公共部门在提供公共服务时如何对广大顾客的需求做出反应、反应的速度和效果等都会对整个社会经济效率产生重大影响。

新公共管理在理论和实践两个方面都极大地影响着现代的公共管理。在理论研究层面，新公共管理打破了传统的学科界限，在公共管理的研究之中融入了包括当代西方经济学、企业管理学、政策科学等在内的多学科的原理、研究方法、操作规范等，扩充了公共管理研究的理论基础。新公共管理对公共事务的管理主体进行了重新界定，认为政府是管理公共事务的最重要的主体，但除了政府之外，各种非政府组织、社会团体和私营部门等多元主体的作用也不能被忽视。新公共管理的范式就是以多元主体为特征，最大的亮点是强调从"全能型政府"向"有限政府"转型，对政府与社会、政府与市场的边界进行了重新划分。在对政府行政管理研究的同时，开始注重对非营利组织、中介组织以及社会团体等的研究，扩展了公共管理研究的客体。此外，新公共管理还主张从管理机制、管理方法和管理手段等方面对公共管理部门进行深度变革，通过学习和借鉴现代企业管理实践中科学的管理经验和管理模式来改善公共管理部门的管理机制并提高组织绩效，比如顾客至上、成本控制、合同雇佣制、业绩工资制等。

从实践来看，根据西方发达国家和一些东方国家的经验，采取新公共管理模式，可以明显地改善政府的管理效率，使得国家在全球一体化的趋势中提高竞争力，提升民众对政府的信任度，从而达到缓解国家可能面临的政治、经济危机的目的。被誉为"政府再造大师"的戴维·奥斯本在《重塑政府》中还论述了"企业化政府"必须具备的多项特征。例如，政府对政治、经济的控制应从效率低下的官僚部门逐渐转移到社区；政府应当破除垄断，并保障服务提供者之间的竞争是公平、合法、公开、有序的；政府还应当把效率评估的重心从单纯考量 GDP 投入转向看重经济发展的实际效果；等等。美国著名公共管理大师汤姆·彼得斯在《治理的未来》中论述到，简言之，新公共管理模式下的政府具有三大特点，即市场化、开放式和多元化。此外，新公共管理模式还提出了多项针对政府部门内部管理、机构改革、人事制度的变革措施，部分发达国家也在实践中对此进行了积极的探索，对公共物品和公共服务的提供实现了分权和权力下放，不再沿用原来的管制和垄断手段，从而有效地提升了社会公众对政府的信任度，提高了公务人员的办事效率。

2.3.2　新公共管理理论在医疗保险谈判机制中的应用

基本医疗保障除了给接受者带来收益外，还有巨大的外部经济性，可以给社会带来福利，是介于私人品和公共品之间的准公共品。被社会公认为人人都应该得到且不可或缺的医疗服务和药品，通常由政府和市场共同提供。在维护和促进人民的健康水平方面，尤其是在基本医疗和公共卫生服务领域内，政府必须发挥公共管理职能。政府在医（药）、患、保三角经济关系中处于组织、管理和监督的地位，与医（药）、患、保构成了四方三角关系。其中，被保险人既是医疗保险的需求方，也是医药服务的需求方，① 如图2-4所示。

近年来，随着改革开放的不断深入，我国政府的管理模式也发生了相应的转变。一是从权力型政府转变为服务型政府。即从展示行政权力的威严到提供全方位的公共服务。二是从单向的管制转变为综合的治理。即从单方、自上而下的行政管制（命令、控制）到政府、社会各方的多元参与、协商和合作。三是在公共服务领域内引入了市场机制，以消解官僚制僵化、低效率的弊端，提高管理的弹性、对社会变化的反应性和管理效率。因此，医疗保险管理相应地也需要面临管理理念和管理模式的转变。医疗保险经办机构要加快行政职能的转变，要积极向专业化、职业化管理模式转变，实现真正的内生驱动的转变。

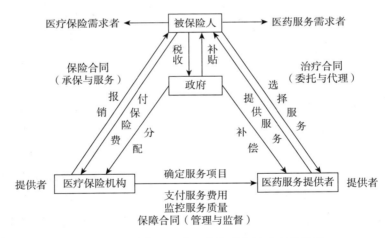

图2-4 政府与医、患、保构成的四方三角关系

当前我国的医疗机构和医疗保险经办机构仍然都带有浓厚的行政色彩，在医疗服务（包括药品）这一准公共品的供给上，还处于既缺乏公平又无高效率的状态。2009年，《改革药品和医疗服务价格形成机制的意见》提出，要建立

---

① 蔡仁华：《医疗保险培训实用教材》，北京医科大学出版社，1999，第62页。

医疗服务供需双方谈判机制，通过医疗保险经办机构与医疗机构（医院协会）、药品供应商之间的协商谈判，合理确定医疗费用及付费方式，制约医疗费用的不合理增长，促进科学合理的医药价格形成。医疗保险谈判机制在协调和平衡医疗服务供需双方的利益关系、合理控制日趋高涨的医疗费用、降低虚高的药品价格以及逐步提升医疗服务质量等方面有着积极意义。医疗保险谈判机制的构建是我国当前新医改的重要任务之一，涉及多方面的关系处理和管理体制层面的问题，比如医疗保险经办机构与行政部门的关系、行政部门之间的关系、公立医院与医疗保险经办机构之间的关系等，以及政府管理职能的转变、医疗保险经办机构改革等问题。因此，新公共管理理论的主张在医疗保险谈判机制的构建中有很大的应用空间。

在医疗保险谈判机制构建的过程中，政府与市场两个方面各自发挥着不同的作用。政府主要在宏观层面发挥管理和监督的作用，市场则以平等的协商谈判方式在微观层面协调医疗保险经办机构、医疗机构和药品供应商之间的关系和利益。政府应把维护社会公平作为开展工作的出发点，树立"顾客"导向和服务意识，从现在的"全能型"政府逐步转变为"有限政府"，通过授权医疗保险经办机构与医疗机构和药品供应商谈判协商的方式，在为参保人争取到质优价廉的医疗服务和药品的同时，也使医疗机构和药品供应商获得合理利润和适当的发展空间。

目前，我国医疗保险管理中并未实现真正的政事分开，医疗保险经办机构仍然是一个参公管理机构，其地位相当于政府部门，承担了大量本应由行政部门承担的政策制定和监督政策执行的工作，在一定程度上发挥了一个行政管理者的功能。医疗保险经办机构由于专业和信息上的弱势地位，不得不对医疗机构和药品供应商实施一定的强制性、命令式的管理，其所确定的管理办法、指标、措施的制定以及日常的监管行为没有与医疗机构和药品供应商平等协商、沟通、讨价还价、妥协的过程，医疗机构和药品供应商的意见和利益常常得不到应有的尊重和吸收，只能被动服从和接受管理。这不仅容易导致医院、医生与药商的反感和抵制，而且行政化管理普遍存在刻板、僵化、缺乏灵活性和适应性的缺陷，导致医疗保险经办机构负担过重，并不能适应复杂、变化多样的医疗服务管理过程。与此同时，医疗保险经办机构能力不足已成为普遍现象，制约着其与医疗机构和药品供应商之间谈判工作的顺利开展。这样一来，医疗保险经办机构不一定有动力为参保人争取利益最大化。所以，应该重视对医疗保险经办机构的改革和能力建设，适时引入竞争机制以提高组织绩效和效率，并通过有效措施提升医疗保险经办机构进行谈判的积极性。当前，政府部门通过适度授权来提升医疗保险经办机构的地位、强化其对医疗服务和药品购买的责任、提高其管理能力和谈判能力是可行的做法。

此外，还要处理好政府不同行政部门如社会保障部门和物价部门、卫生部门之间的关系。根据我国现行价格法的规定，医疗服务和药品有相当部分是实行政府定价的，具有明显的计划经济体制特征，而通过医疗保险谈判机制来确定医疗服务和药品价格则需要在较大程度上发挥市场机制的作用，这与我国现行的价格政策存在一定的冲突。一直以来，我国都是由国家发改委负责医疗服务和药品价格的制定工作，医疗保险谈判机制的建立不可避免地会对国家发改委制定医疗服务和药品价格的工作产生影响，会在一定程度上削弱其权力。在药品集中招标采购制度下，卫生部门是负责药品集中招标采购各项工作的权力部门。医疗保险经办机构与药品生产企业或药品经营企业通过谈判方式来确定药品价格也涉及与集中招标采购制度相关规定的协调问题，也会在一定程度上削弱卫生部门本来的权力。能否处理好政府不同部门之间的关系，避免相互掣肘情况的出现，关乎医疗保险谈判工作能否顺利开展，以及谈判效率的高低和效果的好坏。

第 3 章
药品谈判机制的国际经验^①

医疗保险经办机构通过市场竞争谈判机制为参保人员争取更大利益，是目前许多国家的共同做法，这些国家积累了比较丰富的实践经验。在不同的医疗保障制度体系中，谈判机制的运行也有明显的不同。如国家保障型医疗保险模式的代表国英国，建立了医药服务供需双方的内部市场，以药品价格管制方案下卫生部和制药行业协会谈判达成自愿协议的方式来控制药品费用。在采取社会保险型医疗保险模式的西方发达国家，大多是在市场自主运行的前提下，由市场决定医疗服务、药品的基准价格，再由医疗保险公司、医疗机构、医师行业协会、制药行业协会进行平等协商、座谈，以最终确定实际支付价格；而选择商业保险型医疗保险模式的美国，则基本上采用了完全市场化的谈判。在政府举办的社会医疗保险性质的老人医疗照顾和医疗援助等制度，以及非营利性和营利性的私人医疗保险组织或管理型医疗保险组织中，都运用了谈判机制来实现药品费用控制。研究国外主要国家的药品谈判模式，能够为我国建立健全药品谈判机制、制定相应政策和规范提供启示。

3.1 英国：利润控制制度下的 PPRS 谈判

3.1.1 英国医疗保障制度简介

英国作为欧洲老牌福利国家，其医疗保障制度的核心是通过国民健康服务

---

① 本章部分内容已公开发表，详见龚文君《英国 NHS 制度的理念嬗变及对我国新医改的启示》，《当代经济管理》2012 年第 9 期；龚文君、周健宇：《德国"混合型"医疗保障模式的理念、实践与启示》，《理论界》2012 年第 4 期。

体系（National Health Services，NHS）的运转来实现的，该体系的核心特征是国家调控和医疗服务各个环节的高度公共化。世界卫生组织（WHO）于2018年发布的 *World Health Statistics* 中提到的各国人口预期寿命数据显示，2018年，英国预期寿命为81.4岁，全球排名第22位。

1946年9月，英国政府根据贝弗里奇报告通过了《国民医疗服务法》（*The National Health Service Act*），并于1948年7月正式实施。根据该法律的相关规定，国民健康服务体系在英国建立起来。尽管国民健康服务体系具有高度的福利性和公平性，实施之后，在20世纪五六十年代，运行也基本顺利，但却暴露了不少问题。其在过于强调覆盖的广泛性和服务提供的公平性的同时，缺乏对患者的制约和激励，从而诱发道德风险，而且没有遏制患者费用上涨的激励机制，进一步加重了财政的负担。实行计划管理模式，容易产生官僚主义和对信号判断的失真，使得医生积极性不高、医院运行效率低下。患者不得已转向私人医院就诊又导致国家医疗卫生经费流失、医疗费用变相增长，民众的不满情绪日益加深。1989年1月，为更好地保障患者的看病就医权利、提高医药市场运行的效率，英国政府发表了题为《为患者服务》（*Working for Patients*）的白皮书，成为英国政府对国民健康服务体制进行一系列改革的重要指南。

根据改革法案，卫生公共服务的筹资方式保留不变，经费仍然主要来自税收，但对国民健康服务体系进行了重大改革，将筹措医疗服务资金与医疗服务供给拆分开，建立起一种全新的医疗服务内部运行机制。[1] 改革的主要措施包括以下几点。一是医疗服务买卖双方分开。地区卫生局成为医疗服务的提供者，医院和开业医生成为生产者，提供者向生产者购买服务。二是赋予了公立医院较大的自主权，弱化了公立医院与政府卫生局、区域卫生处之间的从属关系，公立医院有权根据市场需求、经营状况自主设立董事会、成立医院基金；公立医院的开业医生有权像私立医生一样，用自有资金进行自主进货、自主经营、购买服务等。三是地区卫生局的预算与当地人口多少有关，而与医疗服务的购买量无关。但钱随患者走，医院的预算取决于供给的服务量。内部市场政策的目的是提醒地区卫生局谨慎购买医疗服务，在不同医院之间引入竞争，刺激医院提高服务效率。这样一来，在宏观上，卫生保健费用仍由政府公共部门费

---

[1] 《英国医疗保障制度改革引入内部市场机制》，《国际金融报》，2000年12月27日第5版。

用计划决定，保留了卫生服务公平性的优点；在微观上，为提高卫生服务质量、卫生服务效率，引进市场机制，区分卫生服务提供者的责任与生产者的责任。[①]

1997 年 5 月，以托尼·布莱尔为首的工党上台执政，受安东尼·吉登斯"第三条道路"思想的影响，布莱尔以"确保国民的身体健康"为医疗保障制度的基本宗旨，布莱尔政府以此为宗旨进行医疗保障改革，并于 1997 年 12 月发布了《新国民健康服务体系》，该纲领性文件具体包含以下几条改革措施：第一，在财政拨款的基础上，扩充了医疗卫生经费的来源渠道；第二，保障患者的知情权，明文规定患者享有的法定权利种类；第三，为了提高服务质量，减少了不必要的成本，完善现有的市场运行机制和医疗代理机制。具体规定包括：全科医生和社区护士成为提供医疗卫生服务的主体，通过建立初级医疗体系（PCGs），专门代表广大患者购买二级医疗卫生服务和社区医疗卫生服务。总体思路仍是让患者有更多选择医生的自由，促进医生提高自身的医疗技术水平和服务水平，降低医疗卫生费用。改革的这些措施反映出布莱尔政府在注重控制医疗卫生费用开支的同时，也着力于提高对广大患者的医疗卫生服务的质量，即"在增加医疗保障资金来源、扩大筹资规模的基础上，比以往更加重视对医疗卫生服务供给的公平性、可及性和服务效率等方面目标的追求"。

由保守党和自由民主党联合组成的英国新政府开始执政后，提出"公平和卓越——解放 NHS"的核心理念，推进了新一轮医改。2010 年 7 月，联合政府出台卫生新政策《健康白皮书》，提出新一轮医改的目标是：将患者利益放在首位，以病人为核心；改善健康照顾的效果；进一步提高临床工作人员的资质要求，增强其责任感；减少官僚行为，提高效益。[②]

2011 年 1 月 19 日，新的医改草案公布，旨在减少政府在医疗卫生体制中的作用，进一步实现医疗服务需求方和供给方的分离。成立全科医生联盟来承担医疗费用风险是此次改革最大的亮点。[③] 由全科家庭医生代表患者的利益与医院进行谈判，承担患者的医疗费用风险，改善其健康状况，有效控制医疗费用的使用，杜绝浪费现象。这将改变初级卫生保健信托机构这一政府行政部门

---

① 石国亮、张超等：《国外公共服务理论与实践》，中国言实出版社，2011，第 162～163 页。
② 胡玲：《英国全民医疗服务体系的改革及启示》，《卫生经济研究》2011 年第 3 期。
③ 《医保改革：牵一发而动全身》，《国际金融报》2000 年 12 月 27 日，第 5 版。

掌握医疗经费的现状，转变为由全科家庭医生代表患者掌握医疗经费，使全科家庭医生的权利得到增强，有利于提高医疗服务的系统管理质量和效率，节省医疗费用，从而实现医疗经费支付的管办分离。

国民健康服务体系是一种全民医保体制，政府直接经办医院，雇佣医疗人员提供医疗服务，直接采购药品。第三方支付方与医药服务提供方的"委托－代理"关系已经演化成类似行政系统的关系。经过历次改革后的国民健康服务体系运行情况如图3－1所示。

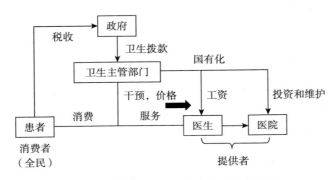

图3－1 英国国民健康服务体系运行机制

据报道，世界药品消费以每年10%的速度快速增长，如何减少药品消费或降低其增速，是当前多国政府面临的共同难题。降低医疗费用需要从多个方面着手，而降低药品费用是其中的关键和重要环节。近年来，英国卫生总费用占GDP的7%~9%，其中药品费用占比在10%以上。《世界卫生统计年鉴2013》（*World Health Statistics 2013*）显示，2011年，英国卫生总费用2321亿美元，占GDP的9.6%，人均卫生费用3705美元。同年，药品费用在英国NHS总费用中占比超过12%。按金额计算，专利药和非专利药之比大约为7：3；按数量计算，专利药和非专利药之比约为4：6。2016财年，NHS运行经费1020亿英镑，其中药品支出为168亿英镑，药品占比不到16.5%。但值得注意的是，销量前20位的药品就已花去26.5亿英镑，几乎全是专利药。

英国对药品价格的管制分为两类，一类是针对非专利处方药，另一类是针对NHS所覆盖的专利处方药。对于非专利处方药，政府采取鼓励使用的措施。根据《药品报销目录》规定，在具有相同功效的情况下，报销目录只认可普通药物而不认可专利药；同时，注重对使用普通药的鼓励和支持，比如，在医学院对医学生的教育以及医院对处方医生的培训中，都普遍鼓励使用普通药。此外，政府还出台了实行动态增补机制的《限制药品目录》，药品一旦被列入该目录，就失去了报销的资格。所以，制药企业为避免其产品被列入限制目录，纷纷对产品价格进行了大幅度的降低。① 自 2000 年 8 月起，政府加强了对药品的价格控制，通过实施最高限价制度，对药品供应商销售给社区药房和处方医生用于国民健康服务体系的药品价格加以明确规定，并依靠国家相关法律法规对最高限价政策的实施进行保障。药品的最高限价是政府根据药品价格调控方案和药品的历史价格，对相关方的利益进行协调之后确定的。对专利处方药价格则进行间接的利润控制。生产专利药的制药企业在药品定价方面拥有较大的自由度，在确定药品价格时，政府只是通过对制药企业的销售利润加以控制，从而实现对专利药品的价格管理，而政府所采取的控制措施常常也需要听取制药企业的意见，在得到制药企业认可之后，才能顺利实施。从对这两类药品的价格管制措施来看，谈判机制的运用主要体现在对专利药的价格管制中。

3.1.2　药品价格管制方案的价格谈判

为了控制持续增长的卫生费用，英国政府早在 1957 年就和药品工业建立了志愿价格管制方案（Voluntary Price Regulation Scheme，VPRS），目的是直接控制药品价格。到 1969 年，该协议的控制重点已从对药品价格的直接管制转变为对制药企业总体利润的控制。1978 年，VPRS 被更名为药品价格管制方案（Pharmaceutical Price Regulation Scheme，PPRS）。

PPRS 是由英国制药行业协会（Association of the British Pharmaceutical Industry，ABPI）作为制药企业代表与英国卫生部（Department of Health，DH）签订的一个自愿协议，此协议仅对专利处方药品适用，通用药品和非处方药品（OTC）则不在此适用范围内。英国政府实施 PPRS 希望达到以下目的：因为药品的安全性是第一位的，所以要确保国民健康服务体系（NHS）支付费用购买到的药品具有较高的安全性和有效性；同时，要能够促进国内的制药产业积极开展新药研发工作，并鼓励药品市场有序竞争和发展。基于 PPRS 的自愿性特征，只要是愿意将本企业的药品销售给 NHS 的制药企业，就可以参加该计划，

---

① 叶露、胡善联：《药品价格及其管理政策的英国经验启示》，《中国药房》2005 年第 9 期。

通过价格谈判的形式与 NHS 签订药品定价协议。加入 PPRS 计划之后，制药企业必须按照相关规定每年在指定的期限之前向政府递交本企业的年度财务报告，再由政府对制药企业递交的年度财务报告内容进行全面的检查和审核。政府对药品价格进行监管的主要手段就是严格控制制药企业总的销售利润水平，这是在双方签订 PPRS 协议的谈判中实现的。制药企业则可以通过制药行业协会要求修改定价规则或者质疑定价措施的合法性。为了促进谈判后降价药品的使用，英国政府对公立医疗机构实行总额预算制，这样一来，医院在采购药品的时候，会尽量购买价格较低的药品。

在确定谈判药品方面，英国仅对新上市的药品进行评价，从而确定价格和报销待遇，在这种情况下，由医保部门制定定价规则和纳入报销目录的规则，由制药企业提出申请，进而进入评价程序。卫生部和由 ABPI 代表的制药业达成谈判协议，即 PPRS，对制药企业出售给 NHS 的专利药的利润加以限制。PPRS 的协议每五年一签，在每期协议的最后一年，卫生部和 ABPI 会进入正式谈判过程，就下一个五年协议的条款达成一致。企业需要提交年度财务报表（AFRS），详细列出该企业在英国市场上的所有收入和成本，计算出资本回报率和前一年的销售额。国家临床规范研究院审查所有递交成本 - 效果分析文件的企业。在文件经独立的专家分析并经过由卫生经济学家和临床医师组成的委员会研究后，决定产品是否能够获得在 NHS 中使用的推荐。

在 PPRS 中，制药企业拥有制定药品价格的自主权，只要确保其销售给 NHS 的所有药品的总利润率水平保持在 17% ~ 21% 即可。每个参加 PPRS 计划的制药企业都要经由卫生部确定一个目标利润，确定目标利润水平的依据是各个制药企业的运营情况、资产负债水平以及其生产药品的创新性大小。一旦制药企业的实际净利润水平超过目标利润水平的 40% 时，该企业就面临三种选择：第一，降低其生产的某一种或几种药品的价格；第二，将获得的超额利润返还给卫生部；第三，对先前已经获得卫生部批准的某一种或几种药品的价格上涨加以延期实施或者从涨价的范围和幅度上进行限制。相反，如果制药企业的实际净利润水平未超过目标利润水平的 40%，则制药企业可以自行对药品价格进行一定幅度的上调。除了利润控制这一间接手段以外，政府通常还会制定必要的降价策略，以直接控制的方式对药品价格加以干预，实现两种方式的有机组合。

此外，PPRS 还对制药企业用于药品研发和市场营销等方面的费用水平做出了明确规定。其中，用于药品研发的费用水平必须在该制药企业向 NHS 销售药品的总销售额的 17% ~ 20%，最高可以达到 23%；而用于市场营销的费用水平则被严格控制在该制药企业向 NHS 销售药品的总销售额的 4% ~ 7%。对于参加 PPRS 计划的制药企业与卫生部之间可能产生的争议，PPRS 成立了独立的仲裁委员会，依靠仲裁委员会的力量和中立地位来解决问题。该仲裁委员会由三名成员组成：一名主席；一名成员须为退休的公务员，由卫生部提名担任；另一名成员是前 ABPI 的总裁，经制药行业推选产生。如果制药企业和卫生部对该企业的年度财务报告或药品价格上涨行为有争议，任何一方都可以提交上诉给仲裁委员会解决。仲裁委员会需要在接到任何一方上诉后的 30 天之内召开听证会，并在另外的 30 天之内做出仲裁决定，而如果需要补充额外的纸质材料，则可以相应地将召开听证会和做出仲裁决定的时间期限都延长为45 天。

在谈判之后，主要采用利润控制合同来控制新药对医保总预算的冲击。政府与制药企业签订合同，以 PPRS 的协议为参照，确定某个产品的利润上限，制药企业可以自主定价。如果利润超出协议限制，企业可以选择向卫生部缴纳相应费用，或者降低药物价格来抵销应缴费用。这种合同一方面避免了新药对医保基金的冲击，另一方面也保证了企业的合理利润。

PPRS 计划具有较强的灵活性和适应性，比较高效地发挥了市场竞争机制的积极作用。通过对制药企业总体利润水平加以限制，PPRS 在一定程度上遏制了英国药品费用的过快增长，使 NHS 购买药品的费用开支保持相对稳定，支出水平基本上保持为分别占健康总支出和国民生产总值的 10% 和 1%。通过制药行业协会和卫生部之间的谈判，实现了制药企业与 NHS 两大主体之间的利益平衡。一方面，NHS 能够以合理的价格为国民购买到优质的药品；另一方面，制药企业也处于主动地位，能够有较高的积极性和充足的资金用于新药研发、优化生产，增大本企业的优势。药品价格制定的过程，也是卫生部与主要制药企业之间展开利益博弈的一个动态的过程。对于卫生部而言，在保证自身所购买药品的质量的同时，希望购买价格尽可能地低，这样能够减少 NHS 在药品费用上的支出。对于制药企业而言，在保证尽快收回成本的前提下，希望利润尽可能地高，这样才能够获得更充足的资金用于新药研发或继续改善现有药品的质量，以增强本企业的市场竞争力。

但是，PPRS 也有其不足之处。在对利润水平进行间接控制的情况下，药品市场真实的供求状况和竞争情况不能得到完全反映。虽然制药企业基本上能够获得一个较为合理的利润水平，但一部分竞争力较强的制药企业想凭借其研发的优势产品赚取高额利润的可能性也受到了很大限制，进而会在一定程度上减弱这类制药企业开展新药研发的积极性和力度，忽视对研发的投入和速度，无法更好地适应变化发展的市场竞争。同时，政府往往不能精确地掌握制药企业的总体利润水平，其采取的直接降价计划也并非针对单个制药企业，而是对所有制药企业生产的药品的平均价格。所以，从实践情况来看，无论是间接的利润控制还是直接的降价计划都没有特别明显的效果，价格所具有的调节、信息和表价方面的基本功能无法得到充分发挥，面对既要促进制药企业进行药物创新，又要提高药物治疗效果的双重目标，往往无法实现较好的兼顾。卫生部和制药行业协会主体双方在谈判时，主要考虑制药企业的生产成本、销售额和销售利润等方面的指标，并未将药品的功能疗效这一非常重要的因素纳入考虑范畴。由于忽视了药品的价值，所以常常出现不公平的结果，即生产不同价值水平药品的制药企业获得的销售利润额度几乎没有任何区别。与此同时，PPRS中的价格削减措施也忽略了这一点，即不同制药企业供给的药品给患者带来的收益是存在差异的。在 PPRS 体系下，政府对性价比不同的药品通常采取相同的降价额度，这就违背了物有所值的基本原则，影响了广大制药企业进行药物创新的积极性和主动性；对处方医生而言，这样的做法不能有效地督促其在临床治疗中坚持理性而科学地用药，因此也就无法确保药品资源得到真正合理和规范的使用。

3.1.3　国家临床规范研究院对药物经济学的应用

1997 年 10 月，英国政府成立了国家临床规范研究院（National Institute for Health and Care Excellence，NICE），该机构对新上市药品尤其是专利药品的疗效运用药物经济学的相关原理进行评价，目的是为医生的处方提供更好的指导，并保证 NHS 在药品上的费用预算得到高效使用。

NICE 在英国药品价格管理中的作用十分关键。大多数发达国家的评判机构是独立的半官方机构，但 NICE 并非独立的机构，而是 NHS 的一个分部。所以，NICE 的评价结果需要经卫生部行政部门或医保行政部门批准后才能成为具有法律效应的文件。NICE 的内部专家是政府雇用的，在进行具体的药品评价的时候，NICE 还会建立一个由外部人员组成的咨询专家小组。该小组的人员包括专科医生、药师、有经验的护理人员、患者代表等。NICE 主要提供药品成本 – 效益方面的建议，其中包括市场反应情况、竞争性产品的情况等。NICE 对药品的评价结果和建议会对 NHS 购买和使用该药品的行为产生显著影响，如果 NICE 没有对某种药品做出较好的成本 – 效益评价，则 NHS 在做决策时，通常不会考虑该种药品。制药企业需要提交的内容包括：说明病人用药计划是基于疗效还是基于低价；详细描述该用药计划所适用的病人群体；给出预计能够满足该计划标准的人口比例；说明 NHS 将如何通过该计划获得折扣；说明如果管理该计划，尤其是需要收集额外的数据和信息时，则要提供数据信息收集的时间和负责部门；清楚解释该计划运行的流程，说明所有的资金流动；给出该计划持续的时间。

NICE 对新上市药品进行的成本－效益评估在控制药品价格方面发挥了重要作用。虽然制药企业在专利药品的定价上有着很大的自由度，但因为 NICE 主要根据质量调整生命年（QALY）这一药物经济学中的重要标准对药品进行成本 – 效益评估，评价结论和提出的建议如何是药品能否被 NHS 购买和使用的关键。制药企业不能忽视 NICE 的作用，一旦对药品进行的定价过高，就可能面临 NICE 的负面评价，进而失去市场份额，无法打开销量。同时，为了更大幅度地减少 NHS 的药品费用支出，英国政府从 2009 年开始实行患者享用方案（Patient Access Scheme，PAS），该方案对 NICE 的评估活动产生了一定积极影响。NICE 在对药品的评估过程中，可以和制药企业进行沟通。如果制药企业同意提供适当折扣或优惠，则 NICE 可以在评估结论和建议中加以酌情考虑。这可以在一定程度上对昂贵药品的报销比例进行控制，促使 NHS 内部资源的利用效率得到提高。截至 2013 年 6 月，英国已有 26 种新药加入了患者享用方案，使这些药品的平均降价幅度在 30% 左右。

PPRS 已于 2013 年底到期，英国政府已确定自 2014 年 1 月 1 日起，对新上市药品采取以价值为基础的定价方法——价值定价机制（Value-based Pricing，VBP）。在此机制中，英国政府与制药企业进行药品费用谈判，谈判的基础就是对药品临床价值和疗效进行的规范而科学的评价。在以价值为基础的定价方

法中，药品价值是确定药品价格的核心要素。在对药品价值的确定上，NICE
的评估和咨询将发挥更为关键和不可或缺的作用。

3.1.4　价值导向定价

"制定出的药品价格应该能够体现对患者本人、医护人员和整个社会的价
值，从经济学角度来讲，其额外成本带来的健康收益能够超出 NHS 或福利经
济学中任何替代项目的相应收益。"换句话说，对某种药品可以制定出的最高
价格应该反映了它与适当参照品相比所具有的增量效果。价值定价机制中的
"价值"包含着多方面的要求：在对药品进行定价时，既要考虑药品给患者带
来的效益、患者对药品的需求状况以及药品的创新程度等因素，也要考虑药品
给其他主体（如医护人员和社会整体）带来的效益。价值定价机制旨在平衡
NHS 和制药企业双方之间的利益，需要遵循一系列原则：药品定价方案应当在
实践中便于实行，工作强度不至于过大；在药企和政府部门两大谈判主体之
间，既要力争降低药品费用的波动性，也要使药品费用能够保持合理的弹性；使
通过谈判对药品进行定价的过程走出"黑匣子"，保障社会公众的知情权。以价
值为基础的 VBP 采用药物经济学的基础理论对拟上市的药品进行成本 - 效果评
估，体现了药物经济学评价与药品定价的有机结合，主要有以下特点。

第一，全部新药在进入市场之前都要接受评估，评估的进程通常是快速且
有效率的；

第二，重视对现有药品的事后审查，保持滚动评审的常态；

第三，如果出现信息缺乏的情况，导致对某种药品的成本 - 效果不能完全
确定，则应该通过签订风险分担协议的方式予以保证；

第四，如果同一种药品对不同患者有不同价值，或者对患者的不同症状有
不同价值，则在定价时需要采取非线性定价的方式；

第五，如果某种仿制药品与其参照药品相比具有一致的药物等效性，则在
由政府负责定价的参照药品价格确定下来之后，该种仿制药品的价格也可以得
到确定。

3.1.5　药品采购中的谈判

英国药品消费以药店为主。2016 财年，NHS 向药店支出的药品费用为 90

亿英镑，同期医院药品支出 77 亿英镑。药店与批发商、生产商协商价格，争取 NHS 所需药物的价格折扣。英国卫生部与医药服务谈判委员会（PSNC）会对折扣进行评估和调整，而且药店还要以一定比例返还 NHS 折扣。公立医院药品销售额尽管有所增长，但市场份额还是少于药店端。英国除了对专利药品和非专利药品在价格管理上采取不同的手段之外，在对这两类药品的采购上也采取了不同的方式。

第一，非专利药品的采购。在英国 NHS 系统内，药品预算开支中约 20% 的份额来自公立医院，70%～80% 的份额来自社区药店。在公立医院的药品使用总量中，非专利药品约占 60%。对需要使用的非专利药品，公立医院通过集中招标采购的方式来购买。在卫生部的规划之下，英国全国被划分为六个大区，每个大区中的所有公立医院组成一个采购团队。在此基础上，由卫生部下属的商业药品处具体负责将各大区域内所有公立医院对非专利药品的需求信息加以收集汇总，然后公布招标消息，邀请合格的制药企业或药品经营企业进行投标。参加投标的全部药企会先对药品进行报价，然后由负责招标的机构将药企报出的药品价格从高到低加以排序，确定价格最低的药品，再由负责药品质量监控的机构对该药品进行评估，如果质量达到规定的标准，则该药企获得授标。商业药品处需要与中标的制药企业或药品经营企业就药品价格、预计的采购数量和供应方式等内容进行谈判，在达成一致意见的基础上签订协议。采购团队中的每家公立医院都应该按照协议的规定来采购所需的非专利药品。相关调查显示，虽然卫生部的政策明确禁止医院与中标的制药企业或药品经营企业再次谈判议价，但在实际的药品采购活动中，很多医院仍会与中标的制药企业或药品经营企业私下谈判，从而达到进一步降低药品采购价格以节约成本的目的。

相对于公立医院药品采购的严格程序而言，英国的社区药店可以根据实际情况非常灵活地开展药品采购。通过与制药企业或药品经营企业的谈判协商，社区药店一般都能获得非常可观的药品价格折扣。

第二，专利药品的采购。英国的专利药品不采取集中采购的方式，公立医院和社区药店都可以根据需要自主采购。例外的情况是，如果某种专利药品经临床验证具有独特的、不可替代的疗效而导致其降价困难，或者制药企业和药品经营企业呈现高度一体化状态，使药品难以在批发环节通过充分而有效的竞争实现降价，隶属于卫生部的商业药品处就可以通过签订类似于非专利药品的谈判协议的方式，促进专利药品采购价格的降低。

3.2 德国：参考定价制度下的集体谈判

3.2.1 德国医疗保障制度概况

德国是世界上第一个实行现代意义上的医疗保障制度的国家。1883 年，俾斯麦政府通过并实施了《疾病社会保险法》，法定的社会医疗保险制度在德国得以建立。德国医疗保障模式是一种"混合型"模式，也被称为俾斯麦（Otto von Bismarck）模式，其核心是对政府和市场在医疗保障中的作用进行合理界定。历经逾百年岁月，制度的运行仍然彰显出强大的生命力，不仅有力地保障着德国民众的生命健康，也以其高度的普适性，超越了不同国家的意识形态、文化传统和发展阶段，成为目前世界上效仿国家最多的医疗保障模式，法国、日本等 100 多个国家都采用了该种模式。[1]

俾斯麦模式不是由国家完全包揽，而是由政府和市场结构性参与的"混合型"模式，其主要有以下典型特征。第一，国家通过立法形式建立医疗保障体制并强制执行。第二，强调社会公正，认可健康作为一种社会权利，具有较广泛的保障覆盖范围，按投保人的需求补偿和分配资源。第三，突出投保者权利和义务的平衡，主要依靠法律的强制力量要求雇主和劳动者按照工资百分比共同缴纳社会保障税，国家再酌情进行适度补贴，以此强调社会成员的义务和应该承担的责任。第四，在提供医疗保险服务方面，按照社会保险模式进行组织管理，既非国家集中化，也非完全商业化，而是混合公、私医疗保健供给，既有法定强制性的社会医疗保险，也有自愿性的私人医疗保险。国家一般不直接参与经营，只起规范、监督和协调的作用，医疗保险机构和医疗机构之间是相互合作的伙伴关系。第五，医疗保险机构组织间相互竞争、自我管理，坚持非营利性。第六，实现了经济负担和社会公正的基本兼顾。[2]

---

① 仇雨临：《医疗保险》，中国人民大学出版社，2001，第 77 页。
② 丁纯：《德英两国医疗保障模式比较分析：俾斯麦模式和贝弗里奇模式》，《财经论丛》2009 年第 1 期。

　　德国医疗保险由两大系统构成：法定医疗保险和私人医疗保险。按照《疾病保险法》规定，凡年收入不超过法定界限的雇员、失业者、大学生、自雇人员和就业前的实习生等，必须参加法定医疗保险。自 1883 年颁布实施《职工医疗保险法》以来，法定医疗保险计划已经覆盖 90% 以上的人口，其余不到 10% 的人参保于商业医疗保险。法定医疗保险是卫生体制最重要的支柱。2009 年 1 月 1 日，德国设立健康基金，医疗保险费涨到 15.5%，年度财政补贴约为 40 亿欧元。法定医疗保险机构从健康基金中按照参保人头领取统一数额的医疗保险费（约 170 欧元/月），然后支付给医疗机构。法定医疗保险支付范围几乎涵盖了所有的保健和医疗项目，参保人个人要承担一部分医疗费用：按照药品包装大小承担一部分药品费用，住院治疗要缴纳 10% 的住院费用，但最高不超过 300 欧元。[①] 政策规定每个人承受的医疗费用最多为其收入的 2%。

　　德国公私结合的医疗保险框架体系如图 3 - 2 所示。在管理上，这种"混合型"的体系采取分散管理的方式，雇主和劳动者双方的共同缴费是医疗保险基金的主要支柱，医疗保险的缴费率并不是在全国范围内采取统一标准，而是由各个法定医疗保险公司和私人医疗保险公司按照本公司的收支预算情况自行确定，报监督机关审批后实施，具有很大的灵活性。

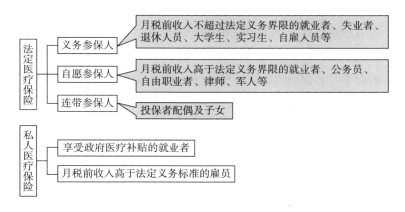

图 3 - 2　德国"混合型"医疗保障体系框架

　　进入 20 世纪 70 年代以来，德国经济增速减缓，而医疗费用却不断上涨。

---

　　① 黄强：《论我国医疗保险制度深层次改革的对策——兼议德国医疗保险制度改革经验的借鉴》，《医学与社会》2005 年第 12 期。

在 20 世纪 50 年代初，德国社会保障总支出为每年 200 亿马克，70 年代上升到 1400 亿马克，80 年代初达到 4000 亿马克。其中，医疗保障费用占据了很大一部分，形成了高工资、高福利、高负担的困局。[①] 为了应对挑战，此后执政的各届德国政府被迫采取了一系列改革措施，控制医疗费用的过快增长，并尽量使医疗保险的缴费率保持相对稳定。

从 1977 年开始，德国通过了《疾病保险——费用控制法》，开始了大规模的医疗保障改革。具体措施有：引进量入为出的支出原则，缩小待遇范围，限制高费用的高技术设备的使用，强调特定情况下家庭护理的义务以减少住院治疗费用，达到一定收入水平的家属不再享受免费医保，以及提高患者药品费用共付比例，等等。1986 年通过的《联邦医院支付调节法》则引进了由医生协会和医院谈判而定的总额预付制度。这时的举措是比较初步的针对医生、患者和医院的费用控制措施，既有对个人自付比例的加大和待遇的缩减，也有新的重要的医院偿付法规——预付制的引进。

1989 年，针对药商的药品定价，引进药品参考价格，超出部分必须自付；重视和扩大了法定疾病保险基金所覆盖的预防服务和健康促进措施的影响范围；一定收入以上的蓝领工人有自由选择医保机构的权利，可以自由挑选疾病保险基金或自行退出。1992 年，《卫生结构法》通过，以此为依据的改革一方面制定了明确的削减费用支出的目标，另一方面确定以竞争促进效率的提高，主要集中在疾病基金和医院两大领域。1996 年和 1997 年，改革总目标仍然是稳定保险缴费率、控制费用，改革措施还是缩减待遇、提高自付比例等，但改革的力度明显加大。

2000 年 1 月 1 日，《法定疾病保险改革法》正式实施。该法规定，对医院和开业医生均实行总额预算制以遏制费用增长，加强全科医生、初级医疗专科医生和医院医疗之间的合作以提高效率、避免浪费，在疾病保险偿付待遇中删除无效或疗效有争议的医疗技术和药品。

2007 年 4 月 1 日，《法定疾病保险——强化竞争法》生效，目的是提高医疗服务供给质量，通过增加透明度和引入更多的竞争机制来节省医疗开支，扩大投保人选择和决定的范围，并更多地依靠税收对全社会性的医疗保险项目进

---

① 高连克：《德国医疗保障制度变迁及其启示》，《社会科学辑刊》2005 年第 6 期。

行融资，通过创建卫生基金，改变传统的筹资方式，减轻雇主的缴费负担。强调增加政府税收对医疗保障制度的支持，提高了公平性；引入更多的竞争机制，则有利于在一定的预算约束下提高医疗服务的提供效率。

　　纵观德国自 1977 年以来延续至今的医疗保障改革，改革的目标从最初的单纯遏制费用增长、稳定缴费率，经过开源节流，最终走向以改善结构、提高效率为核心的全面改造。在"混合型"医疗保障模式中，虽然政府力量很强大，但市场力量从未被忽视，政府和市场两方面的力量实现了结构性组合，如图 3 - 3 所示。① 在宏观层面，政府建立了制度的总体框架，表现为强制性的基本医疗保障；在微观层面，市场的作用和参保人的自由选择权利则得到了充分尊重。在德国，各类疾病基金都是非营利性的第三方，通过签订合同的方式联系着各类医疗机构和众多医生、药商，按照合同付费，为参保人购买医疗服务和药品。利益相关方之间的"委托—代理"关系就表现为根据合同约定所建立的合作关系，各类疾病基金拥有灵活而充分的管理权利。

　　因为有了政府和市场的良性互动，德国的医疗保障制度建设也取得了举世瞩目的成就。德国医疗保健的产出，即公众的健康水平在全世界名列前茅。2018 年，德国人均预期寿命达到 81 岁，世界排名第 26 位。②

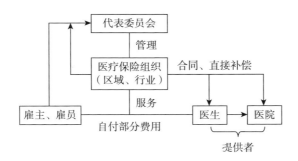

图 3 - 3　德国医疗保障运行模式

　　2011 年，德国卫生总费用 4114 亿美元，人均卫生费用 5030 美元，卫生总费用占 GDP 的 11.5%，介于英国和美国。近几年来，德国药品费用不断上涨。

---

① 胡宏伟、邓大松：《新历史学派、德国实践与我国医疗改革——兼论我国医疗保障改革设想》，《陕西行政学院学报》2007 年第 4 期。

② WHO. *World Health Statistics 2018.*

据有关报道，目前德国的药品费用在卫生总费用中的占比已经超过 20%。面对药品费用不断上涨的趋势，德国陆续采取了一系列措施。

德国涉及药品管理的法律和条例比较完备，达 27 部之多。对药品的生产、销售和价格制定均有明确的要求和规定。比如，《社会法典》中对药品参考定价制度包含的内容、要求等进行了明确规定；《药品定价条例》中则详细规定了药品批发商和零售药店各自可以对药品价格进行加成的比例。

与许多国家有专门的医保药品报销目录不同，德国的社会医疗保险中并没有专门的药品目录，获得市场准入是药品报销的必要条件。所有处方药只要能够获准进入市场，社会医疗保险基本上就会将其纳入报销范围。制药企业在确定药品的出厂价格上有很大的自主权，只要专利药品仍在专利期内，一般就可以制定较高水平的出厂价格；对于仿制药品而言，由于激烈的市场竞争，制药企业通常会根据市场反映的供求状况在药品生产、批发、零售等环节调整价格，采取降价、回扣、让利等手段吸引客户。由于德国政府规定了药品统一的零售价格和最高报销价格，而且医师的收入是由保险公司承担支付责任的，所以药企采取的药品降价、折扣、让利等手段对消费者没有影响。

在德国，药品的价格确定和社会医疗保险的补偿机制实现了有机结合。政府通过规定最高报销价格的方式实现对基本药物价格的控制，而在药品私人交易市场中，药企、药商和零售药店也拥有较为自由的定价权。因为政府在对商品进行价格干预时，往往出现由信息不足、措施不当等引发的商品供给短缺，私人交易市场则恰恰可以弥补政府在这方面的缺陷。所以，这种定价和补偿机制有机结合的方式能够发挥出积极的作用。德国社会医疗保险除了对新上市的药品进行定价谈判以外，对已纳入报销范围的药品也进行谈判，希望获得更多的折扣。谈判机制的运用，可以分别从一般药品和创新药品的定价两个方面来体现。

3.2.2　一般药品的参考定价制度

对于一般药品，德国主要通过参考定价制度来实现价格干预。德国医疗保障制度坚持自治传统，发展出大量小型、分散的基金，曾一度多达 1200 家。在医改中，德国政府鼓励医保基金市场化运作和自由合并，允许参保者在不同基金之间进行自由选择。医保基金在 2005 年前后减少到 200 家左右，且合并还在继续，AOK、TKK 等数家大型医保基金吸纳的投保者已占据参保人群八成以上。1989 年，《药物参考价格体系法案》出台，标志着德国医保基金在政府和协会的组织下开始实施参考定价制度。在德国的实践影响之下，许多西方发达国家也将参考定价制度运用到药品价格管理中。

该制度的具体运作方式如下：接受药品买方委托者按照细则规定的分组方式，将同类的、可替换的药品归为一组，并根据市场情况设定参考价格，本组所有药品的售价均不得超出该上限，否则医疗保险公司对该药品不予报销。在参考价格的形成过程中，谈判机制发挥着重要作用。代表各个医疗保险公司的联邦疾病基金协会与制药企业经过多步谈判，最后才能协商议定某类药品的参考价格。可以说，参考定价不是政府直接干预定价，而是行业协会谈判协商的结果。

参考定价制度主要应用于除了专利药品之外的门诊治疗药品、法定医疗保险制度报销范围内的药品、分子成分相同或相似的药品、有相等的药理作用或能够对患者产生相同治疗效果的所有药品。总体而言，德国有三分之二的处方药（大约 25000 种药品）在参考定价制度的控制之下。

虽然制药企业拥有较大的定价自主权，可以自行确定药品价格并根据实际需要加以灵活调整，但医疗保险公司只会按照药品已经确定的参考价格标准来付费。对实际价格低于参考价格的药品，医疗保险公司按药品的实际价格支付；对实际价格高于参考价格的药品，中间的差价部分则需要患者按一定的共付比例来承担。与此同时，德国法律还明文规定，如果患者需要承担部分费用，则必须由医生对其详细地说明为何需要付费。医生不愿意在向患者解释为何需要付费方面浪费过多时间和精力；而患者普遍不愿意自己掏腰包承担超出部分的费用。这两方面因素的共同作用大大提高了在参考价格水平之上的药品的需求弹性。因此，制药企业通常都把参考价格作为本企业产品价格不可逾越的上限，政府实际上运用参考定价制度实现了对药品价格的间接干预。

参考定价制度不适用于创新性药品，制药企业的主要利润来自价格相对较高的创新性药品，而非参考定价制度下的普通常规性药品。因此，参考定价制度激励制药企业投入人力、物力研发创新性药品。制药企业在价格上充分竞争，降低药品价格，将药品利润让渡给了疾病基金。自 2007 年德国实行医疗保险制度改革以来，疾病基金可以直接与制药企业就返利合同进行谈判。返利合同主要侧重于一般药品和专利即将到期的药品。从实践情况来看，谈判的效果是比较好的，因为这些药品的购买价格与以前相比有所降低。

从整体上看，参考定价制度较好地平衡了效率和公平的关系，调动了各方的积极性，也促使德国的药品费用有了一定程度的下降。据统计，该制度每年可以为德国政府节约 40 亿马克的药品费用开支。但是，该制度也有明显的缺陷，例如，在该制度的运作模式下，政府难以降低那些零售价不高于参考价格的常用药品的价格；该制度在降低药品价格的同时往往也带来其他医疗服务价格的显著提升，从而造成医疗系统其他部门的成本增加、患者的医疗费用负担难以真正减轻的不利后果。

3.2.3　创新药品的谈判定价

德国于 2004 年设立卫生质量和效率研究所（Institute for Quality and Efficiency in Health Care，IQWiG），将药物经济学评估手段正式应用于药品价格规制，并依据评价结果判断药品是否该被纳入法定医疗保险报销范围。制药公司可以自主选择是否提交药物经济学评价报告，政府对此尚无强制要求。

2007 年以前，德国对药品实行全国统一的市场价，2007 年以后允许医疗保险机构和制药企业通过个体化的谈判签约，这样一来，药品的实际价格可能会显著地不同于标价。保险机构可以要求药师尽可能采用谈判后的合同产品替换非合同产品，并且保险机构可以在一定程度上提高合同产品的报销比例。2007 年 4 月，仅仅 4 个月时间，绝大多数保险机构和 50 多家制药企业签订了合同，合同涉及产品有 18000 多个，对仿制药市场造成了巨大的影响。几个月后，合同产品的销售量快速上升，非合同竞争产品的销售量快速下降。然而，这种合同采购的方式也遭到了制药企业的怀疑，某些合同由于被判违反了《竞争法》而被迫取消。

2010 年，为了有效地降低新药成本，德国出台了新法案，规定"新药研发出来的第 1 年，药企有权自主定价，从第 2 年开始，药企必须接受由 IQWiG 组织的成本效益评估，除非 IQWiG 组织的评估证明新药具有前所未有的医疗价值，才允许药企维持该新药的高价，否则药价必须降低到 IQWiG 给出的参考价格范围内"，这一法案的出台意味着德国彻底结束了将定价权完全交给药企的历史。

2011 年 1 月，为了规范创新药品定价机制，德国政府颁布了《医药行业改革法案》（Gesetz zur Neuordnung des Arzneimittelmarktes in detr gesetzlichen Krankenversicherun，AMONG）。该法案为创新药附加价值的确定提供了分类分级的评估方法，进而制定合理、科学的创新药价格，最终平衡了鼓励创新与药品价格控制这对二律背反的价值。此外，为了激励药企增加药品附加值、摆脱低层次竞争，该法案还创新性地试行了药品价格协商谈判，即以经济原理评估药物价值，并以此作为药企与基金谈判的基础。《医药行业改革法案》规定的定价流程如图 3 - 4 所示。

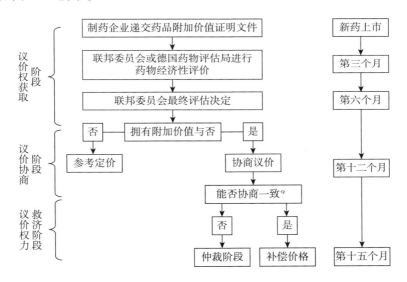

图 3 - 4 《医药行业改革法案》规定的定价流程

资料来源：根据《医药行业改革法案》中的相关内容绘制。

创新药品的定价和报销不受参考价格体系的约束，首先由制药企业自己确定价格意向，再由疾病基金和制药企业谈判确定药品价格和报销机制。① 创新药品的标准由联邦委员会 （Gemeinsamer Bundesausschuss，GBA） 决定，标准为 "与现有药物相比有重大额外治疗效果或更少的副作用"。这个标准界定是比较模糊的，没有明确规定什么是重大额外治疗效果或更少的副作用，自由度

---

① 丁锦希、赵悦等：《德国创新药物定价制度研究及其启示》，《价格理论与实践》2012 年第 4 期。

比较大，对 GBA 的决策工作提出了更大的挑战。德国政府不直接进行价格谈判，仅通过参考价格、利润控制等方式对药品价格的形成进行一定的限制，具体的谈判工作由疾病基金协会与代表制药企业利益的制药行业协会进行。因此，尽管德国法律自 2007 年以来已逐渐允许保险机构与制药企业和医院进行"个体化、保密性"的谈判，但德国的药品谈判主要还是采取基于协会层面的、相对集中化的谈判机制，谈判之后采取的是集体签约方式。[①]

3.2.4　与药品谈判相关的重要机构

在德国，参与药品定价和能否被纳入医疗保险报销体系谈判流程的主要有以下几个相关机构。

第一，联邦委员会（GBA）。GBA 由 13 名代表组成（分别推选自医生群体、医院负责人群体、患者群体、卫生部门公务员群体以及疾病基金人员群体），具体职能为探讨、出台、修订德国的各类药品价格决策。GBA 负责决定药品是否具有报销资格，以及药品是否属于"创新产品"。在德国没有区分高价药品的定价和报销规定，药品是否有医保报销资格由 GBA 决定。根据制药企业提供的信息，GBA 决定是否将某种药品列入限制列表，并随后取消该药品的报销资格，这些决定都是基于 IQWiG 所进行的卫生技术评价做出的。例如，在一组仿制药中，把这些药品当前价格的第 50 分位数作为最高支付限价，即组内只有 50% 的药品价格低于最高支付限价。出于对"绝对权力导致绝对腐败"的考虑，法律规定 GBA 的独立自主权力必须确保在卫生部的监督之下行使。

第二，卫生部（BMG）。卫生部作为德国医疗卫生政策的制定机构，承担了议会的部分职能，具体负责起草医疗保障、医疗服务、卫生防疫的相关法案、行政法规。卫生部作为 GBA 的监督机构，通过指导 GBA 的运行、制定药品定价政策、监督 GBA 制定限价的程序，实现对 GBA 的监督。在 IQWiG 判定某种药品的成本－效果不高后，卫生部还要具体决定是否对这种药品进行报销。

---

① 张晓、胡大洋等：《医疗保险谈判理论与实践》，中国劳动社会保障出版社，2011，第 38 ~ 41 页。

第三，联邦疾病基金协会（SK）。SK 是德国各大公立医保公司与私人医保公司的领导机构和监管机构，SK 的主要职责是起草、出台、修订德国医保的各项规章制度及其细则。此外，SK 还有权代表医保公司与德国各大制药企业谈判药品销售价格、创新药上市价格，也有权根据药品的实际情况，为 GBA 认可报销资格的药品设定参考价格，对于 SK 初步确定的参考价格，制药企业有权在一定时间内（最长 4 周）向医生和医疗保险基金联邦委员会（BAK）提出异议。

第四，疾病基金（Sickness Funds）。德国目前共有 6 大类、129 个市场化运作、职业化管理、充分竞争的疾病基金，因此，德国的医疗保险参保人有着充足的、广泛的自由选择权，可以选择最适合自己的、口碑最好的疾病基金作为保险方。作为法定的医疗保险金支付方和实际的医药服务资金筹集者，所有的疾病基金都是在法律管控下的非营利实体，依靠民主选举出来的管理委员会、理事会从事日常管理工作，雇主和雇员在其中享有平等的代表权。疾病基金可以是全国性的或者区域性的，也可以是基于特殊专业群体的，政府和疾病基金之间是一种典型的"强制自我管理"关系。自 2007 年德国实行医疗保险制度改革以来，疾病基金可以直接与制药企业就返利合同进行谈判。返利合同主要是侧重于一般药品和专利即将到期的药物。从实践情况来看，谈判的效果是比较好的，因为这些药品的购买价格与以前相比有所降低。

第五，卫生质量和效率研究所（IQWiG）：是联邦联合委员会下设的独立科研机构，可接受 GBA 或 BMG 的授权，负责对创新药品的成本、功效、质量与效用进行评判，它做出的技术评价报告对 GBA 最终决定药品是否可以进入医保报销目录具有重要的辅助作用。

2004 年成立之初，IQWiG 不进行成本收益评价，只做临床效益评价，后续的改革将其责任扩展到既要考虑新药的成本，也要评价其收益。与英国的 NICE 一样，IQWIG 的建议没有法律效力，需要卫生部行政部门或医保行政部门批准后才能成为具有法律效应的文件。IQWiG 有 60 多个专业人员，另外还有一个有 100 名专家的网络。此外，与 NICE 一样的是，IQWiG 也设有一个咨询委员会，该委员会的构成包括联邦卫生部代表、医保机构代表、医院和医生代表，以及联邦联合委员会（联邦联合委员会是医保部门和医疗部门之间的协调机构）的代表。IQWiG 的评价内容通过法律的形式规定下来，主要包括五个方面：健康状况的改善、病程的缩短、期望寿命的延长、不良反应的减少，以及生命质量的改善。另外，IQWiG 在评价的过程中会考虑疾病经济负担因素和病人的意见。根据立法规定，IQWiG 提供的结果被用于支持健康保险基金协会（联邦疾病基金的国家级保护伞组织）对特定药物最高价的设定工作，这些药品不能被纳入参考定价类别。此外，他们还支持 GBA 的医学干预效率评价工作。

制药企业通常通过制药行业协会与医保部门进行谈判。如 1994 年，德国把专利药纳入医保最高支付限价政策，遭到制药协会的反对后，1995 年的专利药就不再实行最高支付限价政策。2003 年，经谈判后再次把专利药纳入医保最高支付限价政策。开展药品谈判的依据是制药企业必须向 GBA 提交的一份数据表单（daten dokumentation），其中包括药品本身的信息，如作用方式、针对适应证、替代治疗方案、疗程以及药物动力学信息、副作用和药物相互作用等。提交的谈判信息都是保密的，且被认为是商业敏感信息。

医保部门制定谈判药品的最高支付限价，制药企业可以把价格定在医保最高支付限价之上，两者的差价由患者支付。由于患者自付额的增加会影响药品的销售量，因此大多数制药企业将医保最高支付限价作为制定市场价格的基础。在德国，医保机构为了鼓励制药企业把价格定在最高支付限价之下，规定如果患者使用价格低于最高支付限价的药品，将免除法定的个人自付部分。最高支付限价政策较好地促进了同类药品之间的价格竞争。

除了制药企业外，医疗机构也是谈判中的重要主体。在德国，2007 年以后引入了"合同产品"替换政策。一旦医保部门与制药企业签订了某个产品的谈判合同，医保部门就会要求医生和药师尽可能用具有谈判合同的药品替换没有谈判合同的药品，而不用考虑药品的市场价格。此外，医保部门与地方医师协会通过谈判签订合同，确定区域内每个医生的处方预算份额，对于超过预算份额的医生予以经济处罚，而对于节约预算的医生给予一定的补助。

如果谈判双方希望通过降价来交换优惠的支付政策，则需要医保方与制药企业签订谈判合同。目前，德国使用的谈判合同协议主要有以下几种类型。一是均摊成本协议，涉及整体预算上限或人均成本。二是风险分担协议。在此种情况下，如果病人在一年内旧病复发，则制药企业必须偿还具体药物的费用。随后，参与此协议的疾病基金会从医生的药品预算控制清单上将该药物删除。三是增值合同。例如，制药企业同意为药品的早期检测提供一系列信息，实行价格折扣，以换来药品的优先使用权。

3.3　美国：市场自主定价制度下的个体谈判

3.3.1　美国医疗保障制度简介

美国拥有当今世界上最独特的医疗保障制度，该制度是公共部门、私人部门和非营利性提供者的混合体，是全世界最复杂的。[①] 与世界头号经济强国的实力不相称的是，美国至今仍然没有一个覆盖全体国民的医疗保险体系，其现行的医疗保障制度采取的是以商业保险为主体的、纷繁复杂的模式。美国是发达国家中唯一没有覆盖全民的医疗保险体系的国家，在 OECD 国家中也是三个未实现全民医疗保险的国家（美国、墨西哥和土耳其）之一，因而被称为"富人俱乐部的独行侠"。

由其特殊的多元移民历史背景所决定，美国社会是充满文化活力、没有主流意识形态、多种价值观混杂、多民族兼容并包的"大熔炉"。在崇尚平等自由、独立奋斗的信条和理念基础上建立起来的政治、经济社会体制，加上利益集团错综复杂的斗争，深刻地影响和制约着美国医疗保障制度的实践。在以自由竞争为基础的市场经济框架之下，个人自我承担健康保障责任的，以私人商业保险为主体、辅以政府公共医疗保险与医疗救助的，以及没有覆盖全体国民的基本医疗保障体系在美国应运而生。

继德国在 19 世纪末建立世界上第一个强制性的疾病社会保险制度后，20世纪初，欧洲大陆已经初步建立政府主导的全国范围内的强制性疾病保险制度。美国经济学家们也意识到，鉴于疾病的无法预知、医疗市场的"黑匣子"效应、患者存在道德风险等问题，为了更高效、合理地配置医疗服务资源，政府不得不介入医疗改革。从这个时候开始，扩大医疗保障覆盖面和控制医疗费用就始终是美国医疗改革的核心问题。

1912 年，担任过两届共和党总统的西奥多·罗斯福首次提出建立全国性医

---

① 〔美〕约瑟夫·E. 斯蒂格利茨：《公共部门经济学》（第三版），郭庆旺等译，中国人民大学出版社，2005，第 256 页。

疗保险制度的主张，但是其改革方案被参议院否决。第一次世界大战爆发后，美国人反德情绪空前高涨，加上以美国医学会（American Medical Association，AMA）为代表的医疗利益集团的竭力反对，引发了对强制性医疗保险制度的抵制，全民健康保险的计划没有能够实现。此后，多位执政者为全民健康保险做出了巨大努力，但均收效不大。

2009 年，奥巴马执政后提出的医改理念是：医疗保险既是每一位美国公民的法定权利，又是政府、社会、雇主和雇员的法定责任和义务。医疗改革计划要达到 3 个目标：给已有保险的人提供更多安全保障；给没有保险的人提供在他们经济支付能力范围内的选择；缓解医疗保健体系给美国家庭、企业和政府带来的开支增长压力。此次医改最重要的目标之一就是努力扩大医疗保障的覆盖面，规定每一名美国公民必须投保，使美国的无健康保险人口下降到 1400 万人以内，保险覆盖率从 85% 提高到 95%。2010 年 2 月 22 日，奥巴马公布了新的医疗改革方案。2010 年 3 月 3 日，奥巴马公布了经过修改的最终版本的医改提案。2010 年 3 月 23 日，奥巴马签署了《平价医疗法案》。由于改革通过向富人征税和严格控制保险公司行为等措施来保障低收入者的健康医疗权利，不可避免地会触动包括富裕阶层、商业保险公司和药品企业、医师协会等方面的利益，势必招致他们的竭力反对，改革注定是一个政治斗争和利益博弈并存的任重而道远的过程。可以说，医疗改革是奥巴马执政以来重点发力的方面，但也遭遇了共和党的重重阻挠。幸运的是，最高法院在 2012 年和 2015 年两次驳回了共和党对医改法案的法律挑战，让医改法案得以继续执行。

美国现行医疗保障系统构成的复杂性可谓世界之最，被学者公认为"无系统""复杂多元化"。归纳起来，大体可以分为公共计划和私立计划两大类，如图 3-5 所示。

第一，公共计划即公共医疗保障计划。这是以美国政府五个权利法案为基础的公共医疗保障体系，又可分为社会医疗保险和特殊群体免费医疗保险。具体包括针对老年和失能者的医疗照顾计划（Medicare），针对贫困、失业、伤残者的医疗援助计划（Medicaid），针对没有资格享受医疗援助计划但又需要医疗救助的贫困家庭儿童的儿童健康保险计划（State Children's Health Insurance Program，SCHIP），针对联邦所有全职工作人员、家属及符合条件的退休人员的联邦雇员医疗保险（Federal Employees Health Benefits Program，FEH-

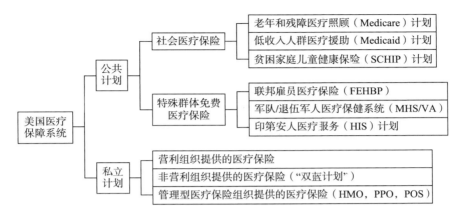

图 3 - 5　美国医疗保障制度基本框架

BP)，针对现役军人及其家属的军队医疗保健系统（Military Health System，MHS)，针对退伍军人的医疗保健系统（Veterans Administration，VA)，以及印第安人医疗服务（Indian Health Service，HIS）计划。在上述政府为各类特殊人群分别设立的保险体系中，Medicare 和 Medicaid 覆盖面最广、支出规模最大，是美国公共医疗保障体系的核心。

第二，私立计划即私立医疗保险计划。这一般是由雇主和雇员共同出资，向医疗保险公司集体购买医疗保险，既包括在职的雇员，也可以包括退休的雇员和雇员家属。该计划有着最多的覆盖人数和最好的医疗服务，在美国的医疗保险系统中居于主体地位。根据相关法律规定，参保者拥有较大的自主选择权，可以自主选择就医地点、医疗服务、医生类别。私人医疗保险体系主要包括营利组织和非营利私人医保组织，后者的主要代表有"蓝十字""蓝盾"（"双蓝计划"）医疗保险。管理型医疗保险组织提供的医疗保险有健康维护组织（Health Maintenance Organization，HMO)、优先服务提供者组织（Preferred Provider Organizations，PPO)、服务点（Point of Service，POS）计划等。此外，还有雇主在公司内部成立的自行为员工提供医疗保险的内部保险计划（或称"自保计划"，Self Insured Plan)。

在公共计划和私立计划之外，还有由各州及地方政府卫生机构提供给低收入者、失业者和无保险者的带有救助性质的医疗服务保障系统，这是美国医疗保障系统中水平最低的组成部分。但鉴于其救助性质，这类医疗服务机构普遍存在候诊时间长、提供的医疗服务差、药物种类少、缺乏固定的医生等问题。

从覆盖人群上看，医疗保险计划覆盖了人口的 80% 以上，其中政府主导的公共医疗保险计划覆盖了约 46% 的人口，私营保险覆盖了约 35% 的人口，不足 20% 的人口是自己支付医疗费用。

美国医疗保障体系的运行机制如图 3-6 所示。

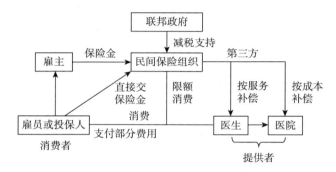

图 3-6 美国医疗保障体系的运行机制

美国是全球卫生费用最高的国家，其卫生总费用和人均卫生费用都位居世界第一。根据经济合作与发展组织（OECD）于 2012 年发布的健康数据，2011 年美国的卫生健康支出占 GDP 的 17.6%，比 OECD 国家平均水平高出 8 个百分点；美国的人均卫生健康支出高达 8516 美元，比 OECD 国家人均水平超出 1.52 倍。2012 年，美国的卫生总费用突破 2.73 万亿美元，占 GDP 的 17.0%（见表 3-1）。与每年排名世界第一的卫生费用形成鲜明对比的是，美国的卫生保健产出并非最优，甚至在发达国家的序列中排名靠后。在最常用的评判指标即人口平均预期寿命上，1960～2010 年，美国的人口平均预期寿命仅从 69.3 岁提高到 78.2 岁，同期，OECD 国家的人口平均预期寿命提高了 11 岁。美国国家卫生统计中心发布的报告显示，2017 年，美国人的寿命平均预期是 78.6 岁，比上一年的统计数据下降 0.1 岁。这是美国人口的平均寿命预期连续第二年下降。上一次数据出现连续下降是在 1962 年和 1963 年。2018 年，美国人口平均预期寿命为 78.5 岁，全球排名第 34 位。[①]

---

① WHO. *World Health Statistics 2018*.

表 3 - 1　1960 ~ 2012 年部分年份美国卫生费用情况

年份	卫生总费用（亿美元）	人均卫生费用（美元）	卫生总费用占GDP 比例（%）	与上年相比增长（%）	
				卫生总费用	人均卫生费用
1960	267	143	5.1	10.1	9.5
1970	749	356	7.2	10.9	9.5
1980	2534	1100	9.1	13.0	11.9
1990	7141	2814	12.3	10.9	9.8
2000	13529	4789	13.6	6.6	5.5
2003	16789	5671	15.3	7.5	5.8
2005	19825	6701	15.7	8.7	8.7
2006	21125	7071	15.7	6.6	5.5
2007	22397	7423	15.9	6.0	5.0
2008	23387	7681	16.2	4.4	3.5
2009	24835	7954	17.3	6.2	3.6
2010	25376	8233	17.4	2.2	3.5
2011	26565	8516	17.6	4.7	3.4
2012	27358	8673	17.0	3.0	1.8

资料来源：根据 *World Health Statistics 2013* 整理绘制。

美国是药品研发大国。根据 2013 年全球制药企业排名，在世界制药前 10 强企业中，有 5 个在美国，包括辉瑞（Pfizer）、强生（Johnson&Johnson）、默沙东（MSD）、雅培（Abbott）和礼来（Lilly）。除了凭借强大的药品研发能力领跑全球之外，美国的药品价格也堪称世界之最。2013 年，《健康事务》（*Health Affairs*）杂志上刊登了由伦敦经济学院、约翰霍普金斯大学的三位研究人员撰写的一篇文章。他们对 2005 年、2007 年和 2010 年的数据进行研究，得出结论：美国品牌处方药价格远超其他西方发达国家，部分价格的超出幅度甚至高达 198%。事实上，从 20 世纪 90 年代中期开始，美国的处方药费用就开始迅猛增长，速度总体上远远快于医疗服务费用的增长，明显地拉动了卫生总费用水平的提高。进入 21 世纪后，美国的药品费用仍然呈上升趋势，对卫生总费用增长的贡献率一直保持在 10% 以上，如图 3 - 7 所示。

图 3 - 7　2000～2012 年美国药品费用增长率及其对卫生总费用增长的贡献率

药品费用由两个方面决定：药品价格和药品使用量。美国的巨额药品费用也是在高昂的药品价格和不断增加的药品使用量的共同作用下形成的。美国高昂的药品价格与其高昂的研发成本和市场推广费用有密切联系。从美国审计总署（General Accounting Office）提供的统计数据可以看出，药企研发费用占销售额之比已从 20 世纪 70 年代的 11% 上升到 20 世纪 90 年代早期的 18%。美国最大的几家制药企业的研发成本已超过其收入的 12%。比如辉瑞公司，2011 年研发支出达 91 亿美元，占其收入的 13.5%；而市场推广费用又占制药企业收入的 20%，直接生产成本仅占销售额的约 25%。美国是最大的新药生产国，世界上 60% 的新药来自美国。药物创新的风险主要在于研制产品的高失败率、新药上市审批的严格管制、产品缺少多样性及药品开发的科学基础由化学向生物技术发生转移等。这些风险的客观存在，使得美国新药上市的成本居高不下。与此同时，个人负担药品费用比例的大大降低使得药品使用量急剧上升。自 20 世纪 60 年代以来，美国的药费的负担方式发生了重大变革：从患者自行承担 90% 以上的药品费用，变为各类保险组织负担患者 70% 以上的药品费用。奥巴马政府医改中扩大医疗保障覆盖面的举措将进一步降低个人自付药品费用的比例，在一定程度上会继续增加美国的药品使用总量。因此，保险覆盖面的扩大在无形中也成为药品费用上涨的原因之一。

如前所述，美国的医疗保障体系是以私人商业保险为主体、辅以政府公共医疗保险与医疗救助，是典型的商业保险型模式，且管控式商业保险占据主导地位。为了与这样一种医疗保障体系相适应，美国的医疗保险谈判机制也选择了带有鲜明市场化特色的个体谈判模式。个体谈判模式以效率优先为原则，以控制成本为重点，可以比较好地保证医疗服务供给的优质高效，但容易忽视制度的公平性，而且谈判的成本也比较高。但是，这并不意味着美国的医疗保险中只有个体谈判。事实上，美国和其他很多国家一样，在实践中采取的是复合式的谈判机制。除了个体谈判模式之外，协会层面的集体谈判模式也一直对国家医疗保险制度的改革发挥着巨大的影响作用。

3.3.2 公共计划中的药品谈判

Medicare 和 Medicaid 是美国公立医疗计划的代表，拥有保险市场 30% 以上的份额。美国政府通过 Medicare 和 Medicaid 计划支出的处方药品费用占到全美处方药品费用的 84%。作为有强大购买力的药品费用支付方，Medicare 和 Medicaid 可以与药品生产企业和供应商展开谈判，以尽可能降低药品价格。因为 Medicare 和 Medicaid 项目都由联邦政府和州政府两级供款，所以联邦政府和州政府均有开展谈判的权利，联邦政府与制药企业谈判确定保险目录，州政府与制药企业谈判确定保障范围及报销水平。

美国现行的"老年和残障医疗照顾"（Medicare）是依据 1965 年国会通过的《社会保障法》修正案建立的，由联邦政府举办，面向 65 周岁以上老年人，或者满足相应条件的残障人士。在 Medicare 中，药品谈判机制的应用主要体现在"第四类医疗费"——处方药计划中。"第四类医疗费"（Part D Premium，PDP）是美国联邦政府对于参加老年和残障医疗照顾的受益人进行处方药补贴的措施。2003 年，在美国国会通过《老年人和残障健康保险处方药、完善与现代化法》后，"第四类医疗费"计划从 2006 年 1 月 1 日正式开始实施。2008 年，美国有 1824 个单独的"第四类医疗费"计划，地区间差别很大。① Medicare 没有制定详细的医保药品报销目录，每个保险公司都有自己的药典，规定哪些药品属于医保报销范围，以及报销标准。州政府的卫生部门通过与药商协商、谈判，确定各个种类的药品、医疗服务的报销比例，从而控制药费。患者

---

① Hoadley, Jack et al., *Medicare Prescription Drug Plans in 2008 and Key Changes since 2006：Summary of Findings*, Menlo Park, CA, Kaiser Family Foundation, April 2008, pp. 28 – 30.

自然会在医疗保险报销比例高低有别的激励下，理性地选择低价的药品和医疗服务。Medicare 在联邦政府层面没有和药商谈判的机制，而联邦政府的有些机构有这种机制安排。比如，美国退伍军人管理局通过谈判制定了药典，平均比"第四类医疗费"计划的药费支出低 58%。[①]

"第四类医疗费"计划并不能满足受益者所有的处方药报销需求。一般情况下，处方药计划不包括美国食品药品管理局（Food and Drug Administration，FDA）未审定通过的药品、非对症药品、在美国采购不到的处方药，以及不符合美国联邦政府对各州医疗援助资助报销标准的药物。此外，Medicare 和 Medicaid 还通过强大的议价能力，制定了药品价格规则，制药企业报送的价格不能超过折扣一定比例后的平均出厂价格。任何与其签约的制药企业的药品价格必须满足以下两个条件：第一，药企提供的药品批量折扣率至少要达到该药企所公布药品批发价格的 15.1%；第二，如果发现该药企以低于这个折扣的价格水平将药品销售给任何私人购药者，Medicare 和 Medicaid 就会自动适用那个更低的折扣价格水平。[②] Medicare 和 Medicaid 的相关法律要求各州必须对签订批量折扣协议的制药企业生产的药品进行报销。协议由联邦政府和制药企业协商达成，目的是为 Medicare 和 Medicaid 患者的门诊用药提供价格批量折扣。这些批量折扣在各州是相同的，并且是基于购买的数量形成的。据统计，品牌药厂商向 Medicare 和 Medicaid 提供的批量折扣通常超过 15.1%。通用名药的批量折扣为每单位平均出厂价的 11%。

从 1975 年开始，美国部分州政府陆续出台了药物援助计划（State Phamaceutical Assistance Programs，SPAP），为本州符合法定条件的中下层居民提供基本药物保障，该计划的目的在于有效缓解患者的药费负担。该项目旨在强化联邦医疗服务计划的药品保障作用，弥补 Medicare 和 Medicaid 在药品保障上的不足，扩大 Medicare 和 Medicaid 的保障范围。药品援助项目保障范围中的药品多为处方药或 Medicare 和 Medicaid 目录内的药品。各州根据自身的经济发展水平，自主设定援助的药品种类和比例，且州政府与药品供应商谈判尽可能地降低

---

① *Medicare Part D Patients Pay more for drugs than Veterans*，http：//www. azstarnet. Com/news/163911，July 2008.

② 李秀娟、孙利华等：《美国药品价格政策——促进研发与保障消费之间的权衡取舍》，《中国药物经济学》2009 年第 6 期。

药品价格。截至 2011 年 7 月，美国已经有 48 个州试点了 SPAP，其中 38 个州已经正式颁布了药物援助的相关法律。[①] 此外，鉴于仿制药品价格低、替代性强，因此，近年来，使用仿制药品已经成为美国促进药企竞争、降低药价的主要手段之一。据 IMS 医疗保健信息研究发布的《美国用药情况：2010 年回顾》，2010 年美国专利药支出下降 0.7%，品牌和非品牌仿制药支出则分别增长 4.5% 和 21.7%；在所有零售渠道配售的药品中，仿制药占 78% 的份额；在 25 个处方量最大的药品中，仅有 3 个为专利药；市场上 10 大最受欢迎的药物都是仿制药。

3.3.3　私立计划中的药品谈判

在美国，药品价格的形成往往与药品成本无关，主要是制药企业与各类医疗保险组织谈判的结果，是不同利益集团市场化博弈的结果，市场竞争在其中发挥了极其重要的作用。活跃在美国保险市场上的各类医疗保险组织，无论是营利组织，还是非营利组织，为了自身的利益和信誉，对采取各种手段控制药品价格上涨都有很高的积极性。由于美国制药企业集中度高，在医药产业链中盈利能力最好，所以在通常情况下，制药企业在谈判中占据优势地位。在这种形势下，为了符合保险机构的报销标准，各类医疗保险组织会积极渗透到药品价格制定以及药品采购的每一个过程中，逐步使医生、医院、药企和药品供应商的行为符合报销标准。为了自身利益，在确定药品价格时，各类医保机构都会选择与药企谈判，争取在最大程度上控制药价；在零售环节中，各类医保机构都会鼓励药店通过调换低价通用药的方式来降低药费。

药品福利管理组织（PBMs）是介于医疗保险机构、药品生产企业、药品供应商以及零售药店的管理协调组织，一般由独立的药物福利机构或大型商业保险公司组建。其宗旨是凭借其专业优势和集团购买优势，有效地控制医疗服务费用和药品费用。在不影响医疗服务和药品质量的基础上，PBMs 与医保机构、药企签约，通过医保机构、药企制约医生、药剂师开具处方的行为，进而避免药费过快增长。[②] PBMs 运用管理型医疗保健的原则和程序来控制药品费用

---

①　National Conference of State Legislatures, *State Pharmaceutical Assistance Programs*, July 2011.

②　杨莉、周顺华等：《美国药品福利管理者浅析》，《中国药房》2006 年第 2 期。

并提高药品效益，通过与保险机构共同制定药品的报销种类、报销比例等，确保治疗某些疾病时优先使用低价药品，进而促使制药企业为扩大产品市场占有率、增大产品销量而自愿降低药价。PBMs 会与专利药生产企业进行积极的价格谈判，以获得比保险机构直接与药企谈判更低水平的药品价格。如果专利药生产企业制定出的药品价格水平过高，药品报销目录就不会接纳该药品，哪怕酌情考虑让其获得了报销资格，也会被目录放在靠后的序列。[①] 根据"蓝十字"和"蓝盾"组织的测算，采用非专利药的患者每增加 1%，就可以节省 1700 万美元。非专利药的价格一般仅为专利药的 50%，PBMs 也采取措施鼓励患者使用非专利药。对使用非专利药和专利药的患者规定不同的负担比例，可以促使患者理性地控制自己的药品使用行为。同时，通过与零售药房谈判，以较高的边际收益激励零售药房销售非专利药品。

健康维护组织（HMO）也是控制药品价格的重要力量。HMO 产生于 20 世纪 20 年代到 30 年代的经济大萧条时期，是预付费形式的医疗保险机构，大部分是非营利组织。1973 年，《健康维护组织法案》（*Health Maintenance Organization Act of 1973*）通过，更加鼓励了健康维护组织的发展。HMO 通过连锁医院的形式来运行医疗保障，提供服务的主体可以是与 HMO 签约的医生协会，可以是医疗机构，可以是医生个人，还可以是这三种形式的结合。[②] HMO 下辖的医疗机构制定了用非专利药替代专利药品的规则，用一系列激励措施引导患者选择价格较低的非专利药品。患者如果选择非专利药品，就能享受到最为低廉的药品费用共付率，从而极大地减轻患者的经济负担，并有效地控制药品费用。为了控制医疗成本，HMO 公布了专业的药物目录供医生参考，进入该目录的药品意味着能获得较高的销售量。即使是创新性的药品，HMO 也会通过与制药企业谈判，确定较低的价格；制药企业为了尽快扩大销售量、占领市场，也只能积极参与到谈判中来。

3.3.4　药品采购谈判

在药品采购环节，谈判机制也不可或缺。药品采购方会根据采购总量的不

---

① 李秀娟、孙利华等：《美国药品价格政策——促进研发与保障消费之间的权衡取舍》，《中国药物经济学》2009 年第 6 期。
② 刘静：《美国药品价格浅析》，《世界临床药物》2006 年第 7 期。

同，以及选择采购治疗同种疾病的同类药品中的哪一种药品来支付不同的价格。支付的价格根据药品的已知价值谈判获得，药品生产商根据采购总量在一个采购周期结束后直接返点给采购方。由于私立医疗保险计划在美国的医疗保险系统中居于主体地位，商业保险高度发达，任何一家保险公司都无法包揽所有保险的药品采购工作，所以药品多是通过专门的药品采购组织进行采购。比如药品集中采购组织（Group Purchasing Organizations，GPOs）。这类组织由若干个保险机构、医疗机构组成，代替多家保险机构或医疗机构同制药公司或药品批发商谈判，以获得更低的价格。[①] 美国的医院通常会联合起来以集体的方式与药品企业进行谈判，通过大规模的团购获得更低的价格。平均每家医院会参加 2 ~ 4 个联合采购组织，通过 GPOs 的采购方式获得药品。不仅可以将委托方从烦琐的采购事务中解脱出来，节省劳动力成本，而且可以获得质优价廉的药品，为患者提供更好的服务。通过这种团购的形式，获得了比分散采购更低的价格。

此外，医院药房在采购药品时，通常都不会与制药企业建立直接联系，而是与药品批发商签订买卖药品合同。各医院严格依照药品的库存量、日常需求等基本信息向批发商发出药品的进货要求，批发商采购药品后，直接将药品送至医院，医院按照法律规定只能获取相应的差价。在医院总收入中，最主要的来源是诊疗费用，药品销售获得的收入占比仅为 5% 左右。政府虽然没有权利对药品价格进行直接干预，但可以通过间接的方式与制药企业谈判，获取一定的药品折扣，从而为力量强大的购药组织如 PBMs 争取有利条件。

3.4　各国药品谈判机制的模式总结及启示

3.4.1　药品谈判机制的模式总结

在传统的价格干预方式中，按成本定价属于直接价格干预，而利润控制和同类药品的报销价格控制政策则属于间接价格干预。从总体上看，传统的价格干预方式，无论是直接定价还是间接价格干预，都以行政手段为主，缺乏精细

---

① 苏涛、常峰等：《对美国药品集中采购组织的解析》，《上海医药》2011 年第 6 期。

的谈判过程：一是缺乏精细的价值评估体系，对评估标准缺乏共识；二是缺乏市场化、个体化的议价过程，难以形成价格竞争。在价格干预过程中，无论是医保机构还是药品供应商，参与都非常有限。一旦政府公布了价格或报销限价，医保机构和药品供应商就都必须执行，在交易过程中几乎没有继续谈判的余地。因此，以上价格干预措施更多地显示了行政干预的力量，而缺乏供需双方平等谈判的要素。

医保方与药品供应商之间的谈判有三种情况：一是直接价格谈判；二是间接价格谈判；三是集中采购。

直接价格谈判是指医保部门与药品供应商进行谈判，仅仅把价格作为药品进入医保报销目录的条件，而不保证药品利润或使用量。

间接价格谈判是指医保部门并不干预药品供应商的药品价格，而是通过对药品供应商的利润控制、销售总额控制，或医保支付标准的控制，促使药品供应商主动调整价格。直接定价法限制了企业自由定价的权利，使制药企业的研发和生产面临很大的政策风险，影响了企业研发的积极性。为了鼓励企业创新，在药品研发企业集中的美国、英国和德国等，都没有实行政府直接定价，而主要采用了间接价格谈判的办法来实现对药品价格的调控。

集中采购是指医保部门让在谈判中与之达成一致的药品供应商在一定时间或地域范围内占领市场，以销量上的优势达到降低药品价格的目的。集中采购通常用于竞争性产品较多的仿制药市场。值得注意的是，在市场经济国家，为了防范社会保险机构滥用垄断权，一般不允许保险机构使用集中采购的方式。但是，在德国等国家，社会医疗保险机构之间已经引入竞争机制，即让医疗保险机构成为独立的、相互竞争的保险公司，法律逐渐允许医疗保险机构与制药企业、医院进行"个体化的、保密性"的谈判，集中采购也逐渐得到了许可。

英、美、德等发达国家在制定药品价格和报销比例及药品采购方面有各自的程序和要求，而谈判机制在其中都是一种重要的确定机制。尽管谈判在不同国家药品价格及报销比例确定和药品采购环节发挥的作用有很大的差异，但谈判机制涉及的几个要素是每个国家都涉及的。

第一，谈判主体。从狭义上看，医疗保险谈判的主体包括医疗保险经办机构、医疗机构、药品（包括医用耗材）生产企业和经营企业；从广义上看，还应该包括相关政府部门（如物价、监管部门），医学、药物经济学学者和参保人代表等。在药品谈判中，谈判主体包括医疗保险部门、药品提供方（包括制药企业和药品经营企业）和医疗机构。一是医疗保险部门。代表医疗保险部门进行药品价格谈判的机构可以是中央政府的医保行政主管部门、地方政府的医保行政主管部门、医保经办机构，也可以是半官方的医保协会等。这种差异主要是各国医保体系的筹资模式和管理模式的差异造成的。二是药品提供方。药品价格谈判的结果对药品提供方的利益至关重要，直接影响药品的价格、市场规模，甚至影响药品在国际市场上的价格。所以，药品提供方要直接参与谈判环节。根据国际经验，参与药品价格谈判的提供方可以是制药企业或制药企业协会，也可以是药品经营企业。三是医疗机构。在谈判中，药品供应商之所以愿意接受降价，是因为药品得到医保报销后其预期销售量将上升。然而，决定药品销售量的不仅仅是医保报销比例，医疗机构及医生也在很大程度上决定了药品的销售量。所以，医疗机构也应该被包含在谈判主体之中。

从谈判主体的特征来看，医疗保险谈判机制有两种基本模式：个体谈判和集体谈判。个体谈判模式是基于个体层面的、分散化的谈判，谈判主体通常是独立的保险组织、医院、药品生产企业、经营企业及药店。独立的保险组织与医院、药品生产企业、经营企业及药店针对医疗服务和药品的范围、支付价格、支付方式等事项进行谈判，谈判双方以实现自身效用最大化为目标。集体谈判模式则通常是基于协会层面的、相对集中化的谈判，相对于个体谈判而言，集体谈判更容易协调不同谈判群体之间的利益关系。

第二，协调机制。药品谈判需要一套严格的协调机制，以保障谈判的公平、公正和合理。

（1）谈判依据

谈判的科学依据可以分为两大类，一类是系统化的药物价值评估，包括药物在同一治疗类别内的相对安全性、疗效及成本效果；另一类是药物市场潜力及预算影响预测。这些数据资料主要来源于监管机构文件（regulatory agency documents）、同行评议的学术出版物（peer reviewed academic publications）、研究报告（research reports）以及制药企业呈报的材料。近年来，由于药物经济学评估技术的发展和实践经验的积累，发达国家在谈判依据和谈判程序两个方面都取得了重大进展，推动了谈判双方协调机制的建立。这个协调机制包括一个中立的、权威的评估机构和一套公认的、科学的评估程序。一般来说，各国的药品评价机构都在政府资金的支持下运行，但是它们的机构性质和法律地位各有不同。

（2）评价机构

协调机制首先需要一个专业的评价机构发挥作用。从国际经验来看，评价机构一般设有两个小组。一个为由专业人员组成的核心专家组，直接负责评估工作；另一个为代表比较广泛的咨询小组。两个小组协调工作，维护评价结果的科学性和权威性。根据评估内容的不同，可将评价机构分为两大类，一类是药物疗效的评估，另一类是药物经济性的评估。由于两类评估所需的知识、技术和专业人员迥然不同，因此这两部分工作往往由不同的机构分别完成。但目前的发展趋势是，很多国家在同一机构下设立不同的部门来进行这两项评估工作，或由同一机构进行评估内容的扩展。比如，美国各州的药物和治疗委员会（Pharmacy and Therapeutics Committee，P&T Committee）就负责为 Medicare 和 Medicaid 的处方药物政策提供评估和建议。华盛顿州的药物和治疗委员会是评估处方药物在同一治疗类别中的相对安全性（Security）、效力（Efficacy）、有效性（Effectiveness）和成本效果（Cost-Effectiveness）的独立机构，由它来提出华盛顿州优选药品目录部门（如医保）更新目录的建议。该委员会每月召开一次会议，探讨由俄勒冈州健康与科学大学的循证实践中心（OHSU/EPC）发布的最新循证药物评论，对循证的临床和药物经济数据进行评估。同时，也会基于药物相对的治疗优势、安全性和成本对先前的决策进行评估和建议更正。

评价机构主要从三个方面提出建议：药品价格、是否进入报销目录、合理的处方。各国评价机构的职责可能存在差异，但确定药品是否进入报销目录则是各国评价机构共同的职责。

（3）谈判程序

进入具体谈判环节，国外许多国家有一整套谈判程序。首先，确定谈判药品。谈判药品可以由医保部门来确定，也可以由医保部门制定谈判药品的要求，由制药厂商提出申请。其次，专家小组基于现有的资料进行评价，这就需要广泛收集相关的资料。资料主要来自三个方面：一是制药企业递交相关的资料，包括药品安全性、疗效、成本–效果、预期销量等资料；二是相关的科学文献；三是医生、护士、药师、患者的意见和建议。专家小组根据客观的评价标准，评估收集到的文献的科学性和可靠性，并根据评估结果，对这些文献进行遴选。再次，公开评价结果。根据各国的经验，为了保证评价结果的客观、公正和有效，尽可能地减少外界干扰，专家小组的评价过程通常采取封闭的形式进行。一旦评价活动有了阶段性的进展，就会公开评价结果，同时还公开一系列评价的基础资料和依据，包括：一是评价所选择的资料，以及资料遴选标准和过程；二是评价模型的结构和评估指标；三是模型参数的选择；四是各位专家的主要意见，包括会议录音。最后，医保部门可以根据专家小组的评价结果单方面制定支付政策，或与药品生产企业、药品经营企业签订谈判合同。

（4）协议类型

谈判结束后，医保方将与制药企业或药品经营企业签订合同。谈判结果的应用有多种方式，需要根据当地有关市场竞争的法律、医保管理方式、定价制度，以及药物经济学评价技术等多种因素来综合应用。根据协议目的和本质的不同，可以将谈判协议分为两种类型，即量价协议（共享利润）和风险分担协议（共享健康价值风险）。在这两大类协议中，又可以区分不同的模式和做法。各种购买协议和机制在实施过程中各有利弊，并且对谈判双方掌握药品健康价值信息的多少，以及医保机构（付款人）和制药企业的实施能力要求也有所不同。

第一类是量价协议。量价协议又被称为价格销量协议或总额控制协议。量价协议的一般做法是，医保方与制药企业在谈判过程中不制定固定的药品价格，而是根据不同的用量制定不同的价格协议。为了避免复杂的协议制定，更常用的一种做法是，在协议中规定一定价格下可销售的药品数量，如果数量突破了限额，厂商要向购买方支付补偿金，或者按厂商的市场份额目标给予折扣。在这种方法中，保险机构利用购买方的市场力量，通过高购买量压低价格，进而维持医保基金的收支平衡。

从本质上看，量价协议是一种利润分担合同，而不是卫生服务领域中新兴的绩效合同。它的优点是，通过与制药企业共享销量风险，减少高销量药物对医保基金的冲击。量价协议基于一个固定的假设，即药品费用和药品费用的增长是多方决策的结果，但主要受处方者的影响，而处方者常常受患者和制药商的影响，对特定药物开较多的处方，所以药品利用（数量）和费用在很大程度上受制药厂商的影响。费用是通过平均价格乘以数量得到的，如果价格是事先设定好的，则费用的事后控制（以及费用的偏离）主要与数量相关，而使用数量受制药企业的营销策略导致的医生处方行为变化的影响。因此，这种做法限制了制药企业超越一定限制水平的过分销售激励（如营销新的非核心适应证）。从另一个角度来看，由于药品存在边际成本低的特点，制药企业可能也愿意谈判整体销售额，而不是每单位价格。由于这种做法对药品的名义销售价格没有影响，因此，对于低收入国家来说，这是提高药品可及性的机会。这种做法可能促使跨国制药企业在一些药价较低的国家保持较高公开（名义）价格的同时，降低实际药价，以避免发生或加重平行贸易，使跨国制药企业不用牺牲其在其他国家或地区的利益。

量价协议的原理清晰易懂，但实际操作复杂而烦琐。发达国家的医保部门在此进行了有益的实践和探索，产生了量价协议的不同实施方案。折扣协议是其中一种。由于在实际操作中对不同的销量设定不同的价格是复杂而难以操作的，所以在现实中更可行的解决方案是根据实际销售量进行收益返还或者定期结算。从本质上看，返还是一种财务制度或费用控制方法，它要求制药企业（个体或通过行业联盟形成的群体）在销售额超过预先设定目标（或协议目标预算）的情况下，返还一定比例的年收入或提供一定的折扣给政府购买方，以此来缩小与购买方预算的偏离。它为医保药品购买方提供了一个促进实际花费与预算估计相符的可行途径，并减小了医保支付方在未来费用水平上的不确定性。这种制度确保药品费用能够被控制在预先设定好的预算水平内。当费用超过预算时，可以通过后期修正对费用进行控制。

第二类是风险分担协议。如果制药企业有足够的理由来维持原来较高的价格，同时这种药品又是临床必需的，那么医保方可能与制药企业签订风险共担合同，避免该药品进入报销目录，进而对医保基金造成重大的冲击。风险分担协议又被称为以疗效为基础的风险共享模型。具体做法是，在产品上市（或进入医保目录时）时协商一个初步价格，然后在实际使用中根据治疗反应和结果采取不同的报销价格。若药品并未在个体病人或人群中显示出所描述的效果（如根据临床试验），则制药厂商需要支付修正价格与初始价格之间的差价或无效患者的全部药品价格。

一种是总额控制合同（价格－数量合同）。医保方与制药企业在谈判过程中可以确定药品价格，但是药品的使用数量无法确定。总额控制合同规定了在一定的价格下可销售的药品数量，如果数量突破了限额，提供方要向购买方支付补偿金，并在将来对药品进行削价或降低销售数量。这种合同主要是为了保护医保基金的安全。

一种是利润控制合同。政府与制药企业签订合同，以制药业的平均利润为参照，确定某个产品的利润上限，制药企业可以自主定价。经过一段时间后，对制药企业的利润进行评估，如果利润超出了限额，就要求制药企业对政府进行补偿，或接受降价。这种合同一方面避免了新药对医保基金的冲击，另一方面也保证了制药企业的合理利润。

还有一种是疗效预期合同。制药企业向医保方提供反映新产品预期疗效的信息，双方根据预期疗效确定相应的价格，经过一段时间后，对该产品的疗效进行评价。如果达到或超过原来预期的疗效，那么可以保持原来的价格不变；如果没有达到原来预期的疗效，那么提供方就得接受削价，并且向购买方补偿已经支出的费用。通过疗效预期合同，医保方和制药企业共担新药疗效不确定的风险。这种合同实际上是以疗效为基础的定价方法，有赖于药物经济学评价技术的发展。

风险分担协议追求的目标与政府作为支付方的目标是相同的，即通过药品购买实现健康收益最大化。通常情况下，双方在做决策时还不能获得关于药品使用后所产生的结果的可靠信息，尤其是那些健康结果不确定或者花费可能较大的药品，因此，"结果保证"或者风险共担计划是值得考虑的方法。在风险共担协议下，制药企业和医保支付方会就某一药品在特定适应证下的预期结果（根据患者的治疗指征、治疗史和风险因素）达成共识。当药品正常使用却没有达到预期结果时，制药企业要偿还（部分）费用给医保支付方。风险分担协议在降低药品健康价值不确定的决策风险时，促使病人和医生更多尝试疗效可能更好但价格也更昂贵的药品，这促进了制药企业对具有较好成本效果比药品的销售。

因此，风险分担协议是一种以分担治疗风险为基础的健康收益最大化模式，属于以临床结果为依据、按绩效支付的购买协议（共享健康价值风险）。它明确了健康收益不确定因素导致的潜在风险由制药企业和支付方共同分担。

3.4.2　对我国的启示

综合来看，英、美、德等主要发达国家药品谈判机制对我国的启示主要有以下几点。

第一，谈判主体是中央部门与地方部分结合。以英国、德国为代表的欧洲主要国家的药品谈判都是由国家层面的医保机构主导进行的，美国的药品谈判则以州为单位。由哪一级政府负责谈判是与一国政府在医疗保险体系中的统筹职能相关的，换句话说，取决于医保资金的来源。在大多数国家，公立医保资金是在国家层面通过税收等形式筹集的；而在少数国家，医保资金在州（地方）政府层面筹集，从而形成了中央和地方两个不同层次的谈判主体。

除资金来源外，与地方层面的谈判机构相比，国家层面的谈判机构还具有两大优点：一是强大的议价能力，二是有能力建设技术支持部门。国家层面的谈判机构代表的是更庞大的医保覆盖人群。此时，药品生产企业希望通过将产品列入国家医保目录来获得巨大的市场份额。反之，如果其产品没有被列入目录，则其会损失整个国家的医保人群。因此，国家医保部门相对于地方分散的医保部门而言具有更强大的议价能力。比如，美国退伍军人健康管理局（VHA）在与药品生产企业谈判价格时，VHA覆盖的广大人群为谈判提供了很大的杠杆效应。在1997年之前，VHA都是分散运作的，各个分支机构分别采购药品，分别采购谈判能力较低，并且药品采购价格差异大。1997年实施集中采购后，VHA明显降低了谈判价格，并改善了谈判效果。

药品采购谈判所需的技术力量支持非常复杂，地方（省）层面可能没有能力建设并维持这样一股技术支持力量，并且会造成地方资源的重复建设和浪费。英国临床优化研究所、德国卫生服务质量和疗效研究院等均为在国家层面建立的药物技术评估部门。

我国医疗保险体系分为中央、省（自治区、直辖市）、统筹地区三个层次，每个层次又由行政部门和经办机构组成。鉴于我国的《基本医疗保险药品目录》一直是在中央层面被确定（经办部门根据政策掌握资金平衡），所以在中央层面建立统一的技术支持部门是一种比较可行的做法。同时，省级统筹是目前我国医疗保险统筹的方向，因此探索中央与省级结合的谈判模式是符合我国国情的现实路径。

第二，运用药物经济学，发挥专业机构在药品评价中的作用。1998年之前，欧美发达国家主要依据药物价格制定医保支付政策，侧重于鼓励使用低价药品。1998年之后，这一情况发生显著变化，这些国家开始将药物疗效放在首位，其次才考虑药价，最后还要考虑药物对患者生命质量有无负面作用，采用药物经济学的理念制定医保支付政策。

从欧美发达国家的经验来看，药物经济学在医保政策中的应用集中在以下方面。一方面，为制药企业的生存、发展提供战略性指导。例如，研发某种创新药的价效比如果低于同类非创新药，出于投资亏损的考虑，则需要谨慎地研发，这就需要用药物经济学的原理进行成本－效益分析。另一方面，医疗保险机构要维护医保基金的收支平衡，并在此基础上保障参保人对药品的可及性，也需要全面把握药品的价值，并以此为基础确定药品的支付价格和报销比例。[1]

影响医疗保险机构药物支付决策的因素很多，比如一国现行的政策法规，药物的安全性、有效性、经济性、价效比，医保基金预算的影响，等等。在上述若干因素中，医疗保险机构关注最多的项目无疑是药物的价效比。

为了彻底治愈我国药价虚高的顽疾，使药品的价格真实地反映其价值，应将上述药物经济学的评价方法引入药品定价制度中。[2] 中国药学会、中国医师协会和中国科学技术协会等相关机构历时三年制定完成了《中国药物经济学评价指南》，并已于 2011 年正式实施。这标志我国已经日益重视对药物经济学的研究，相关机构和学者也正在努力提高研究的水平和质量，运用药物经济学的原理和方法对药品进行科学的评价，并将研究结果加以推广。按照新医改方案的要求，药物经济学在新药和专利药品上市之前的评估中将发挥重大作用。与此同时，我国应加快成立卫生技术评价中心，作为第三方对制药企业递交的药物经济学报告进行全面评估，把推荐定价、是否纳入医保报销目录等建议提供给相关的部门，供他们在决策时作为依据。评价中心应制定具有可操作性的药品评价指南，提供对药物以及诊疗技术的综合评价，包括循证医学和有效性的评价。除了进行药物经济学的评价外，还要做出预算影响分析，以确保医疗保险基金的收支平衡。

第三，根据不同种类的药品确定相应协议类型。针对核心适应证的量价协议是比较理想的协议类型，但因其实施成本很高，在实践中很难执行，所以较

---

①　孙利、刘玉聪：《对药物经济学评价方法的思考》，《中国药房》2010 年第 28 期。

②　刘明、刘国恩：《药物经济学在我国药品定价中应用的定位分析》，《中国药物经济学》2012年第 6 期。

少国家采用。在现阶段，我国药品使用评价和跟踪信息化建设仍存在诸多不足，针对核心适应证的量价协议较难被效仿，折扣协议则可参考借鉴。量价协议的管理方式并未体现药品的临床价值，也并未将药品的经济学价值与合理用药相关联。创新性较低的药品（包括仿制药品或通用名药品）更适合用当前应用较多的折扣协议。在此种协议中，谈判双方根据预期的使用数量来确定药品价格以及折扣，或者根据国家医保基金预算的赤字额来确定制药行业的返还金额，因此，折扣或返还力度较大。此时，药品的各种疗效和成本效果信息较为明确，协议较易执行。

风险分担协议是一种以协议双方追求健康效果最大化为目标的购买方式。它既能降低医保采购无效药物的风险，又能提高患者对创新药物的可及性，是非常值得探索的一种协议类型。但目前其实际应用还比较少，在保险机构和制药企业之间达成共识、寻找有效的谈判依据方面仍存在许多困难。创新性较强的专利药品或疗效及成本效果信息不确定性较大的药品更适合应用风险分担协议。在这种情况下，药品的疗效和成本效果信息相对匮乏，不确定性很大，不易测算和确定药品价格折扣。风险分担协议可以在双方共担疗效风险的情况下，避免对药品创新产生较大的负面影响，从而促进社会健康价值最大化。

第四，信息公开。各国的实践经验显示，为了保证评价结果的客观、公正和有效，尽量减少外界干扰，药品谈判机制的专家小组的评价过程是封闭式的，但是当评价活动有了阶段性的进展时，就会公开评价结果、评价资料和依据以及专家意见等内容。公布详细的评估依据可以保证评估结果的客观性、科学性和权威性。公布各位专家的主要意见则是为了让每位专家接受同行和公众的监督，避免了评估小组可能产生的腐败行为。综上，我国在建立健全药品评审制度和药品谈判机制的过程中，应该重视加强药品研究申报和批准公告制度。

第4章
我国药品价格管理制度概述

药品价格管理是一项复杂的系统工程，贯穿于药品生产、流通、销售等各个环节，涉及卫生、发改、药监、医保、财政等多个部门，也联系着药品供应商、医院、医生、患者等利益相关方。我国的药品价格管理制度改革经历了以下历程：全面管制—基本放开—管制与适度放开相结合。大致表现为三大阶段：第一阶段是新中国成立至改革开放以前，从 1949 年到 20 世纪 70 年代后期，由政府统一确定出厂价格及各个环节的加扣率；第二阶段是改革开放、市场经济时期，从 1984 年至 20 世纪 90 年代中期，国家自上而下地逐步放开出厂价格和各个环节的加扣率；第三阶段即 1996 年至今，是国家管理药品价格与适度放开相结合时期。在这个过程中，药品定价、采购等方面暴露了一系列问题，给广大群众和医疗保险基金乃至社会许多方面造成了消极影响，迫切需要新的机制发挥作用，解决问题并帮助药品价格管理制度走出困境。

4.1 药品定价制度

4.1.1 药品定价的实践

受指令性计划经济体制的影响，我国的药品价格管理带有鲜明的行政性计划管制特色。从传统的计划经济体制时期开始，国家卫健委就对药业管理有很大权限，不仅与药政机构一起负责管理药业的行政工作，还全面负责对药品质量的把关工作。化工部、商业部等部门负责管理药品的生产和流通。在政府主管部门的严格管理之下，药品能否获准生产、生产多少、价格水平以及采取何种方式补偿等各个环节都是根据计划的要求按部就班地进行的。在这种全面控制的管理模式之下，政府负责对药品价格进行审定，并通过对药品出厂价、批发价和处方价等几项价格的规定，实现利润在药品生产企业、经营企业、医院和零售药店等各环节之间的分配。[①] 在流通领域，批发环节实行的是在中国医药公司这一国有企业垄断之下的三级批发体制，零售环节实行的是以医院、卫生院和零售药店等为销售终端的一级零售体制。政府对药品价格批零差率也进行了明确规定：从药厂到一级批发站的差率是5%，一级批发站到二级批发站的差率是5%～8%，三级批发站到医院、零售药店的差率是15%，总的批零差率是25%～28%。[②] 这一时期的药品价格管理方式与我国当时实行的国有制药企业、国有药品销售公司和国有医院三位一体的体制是相适应的，但由于计划管制在一定程度上违背了市场规律，药品价格并未反映出药品的真实价值，没有发挥出药品价格调节供需的积极作用，制药企业生产研发的主动性也受到影响，降低了卫生资源配置的效率。

1984年，《中共中央关于经济体制改革的决定》出台，其中包含了有关价格体系改革的一系列规定。自此，政府开始改革药品价格管理体系，逐步缩小国家统一定价药品的范围。药品主要由医药企业按规定自主定价，政府只对极少数用量大的基本药品实行价格管理，对这些药品的出厂价、批发价和零售价进行规范。此外，政府也开始引入市场机制，原有的严格分级的批发体制被打破，各级批发站可以同时从药品生产企业进货，一、二级批发站也可以直接与医院建立联系，进而销售药品。然而，由于缺乏统一的政府定价目录，相关部门对药品价格要不要管理、如何管理等问题在认识上并不统一，在管理标准上也没有协调一致，除了几十种基本治疗药物之外，绝大多数药品的价格处于失控状态，同时滋生了大量腐败现象。政府放开药品价格的改革措施并没有达到预期的效果，药品价格问题也逐渐成了社会关注的热点。

为了抑制药价的继续攀升，从20世纪90年代中期开始，政府加强了对药品的价格管理，并加大力度整顿药品价格秩序。按照《价格法》和《药品管

---

① 马特：《我国药品价格虚高成因分析及综合整治方案》，博士学位论文，天津大学公共管理学院，2004，第26～32页。

② 谢丹：《药品限价令遭遇尴尬》，《南风窗》2002年第4期。

理法》的相关规定，根据我国医疗卫生体制改革提出的要求，国家发改委等部门制定了一系列药品价格管理文件，构成了我国的药品价格管理政策体系，如表 4 - 1 所示。

表 4 - 1　我国主要的药品价格管理政策（1996～2014 年）

颁布日期	文件名称	主要内容
1996 年 8 月	药品价格管理暂行办法	初步规定药品定价原则、范围、方法等
1997 年 2 月	药品价格管理暂行办法的补充规定	各类药品价格的制定办法
1998 年 11 月	关于完善药品价格政策，改进药品价格管理的通知	销售利润率的控制方法等
2000 年 4 月	卫生部关于加强医疗机构药品集中招标采购试点管理工作的通知	规定招标采购的主体、形式、原则等问题
2000 年 7 月	医疗机构药品集中招标采购试点工作若干规定	规定招标采购的程序，明确各参与方的基本行为要求
2000 年 7 月	关于改革药品价格管理的意见	规定实行政府定价和市场调节价的管理形式
2000 年 11 月	药品政府定价办法	明确药品政府定价的原则、方法和程序等
2000 年 11 月	药品政府定价申报审批办法	规定企业如何申请药品定价、调价
2000 年 11 月	国家计委关于印发《国家计委定价药品目录》的通知	规定列入政府定价目录的药品种类、定价环节的要求等
2000 年 11 月	关于乙类药品价格制定调整有关问题的通知	要求乙类药品逐步实行省级政府定价
2001 年 1 月	国家计委关于单独定价药品价格制定有关问题的通知	明确药品单独定价的范围、申请程序、审批、专家论证等问题
2001 年 3 月	国家计委办公厅关于确定集中招标采购药品价差分配比例问题的通知	如何确定招标采购药品降价的价差分配比例
2001 年 7 月	关于进一步做好医疗机构药品集中招标采购工作的通知	进一步明确招标采购的主体、组织形式、品种范围、评标标准等
2001 年 11 月	医疗机构药品集中招标采购工作规范（试行）	详细规定招标采购行为主体的行为准则、评标指标等
2001 年 11 月	医疗机构药品集中招标采购监管管理暂行办法	详细规定监管机构的职责、监督管理的具体要求

颁布日期	文件名称	主要内容
2004 年 9 月	关于进一步规范医疗机构药品集中招标采购的若干规定	扩大集中招标采购范围、合理确定中标药品价格、简化招标程序等
2004 年 9 月	集中招标采购药品价格及收费管理暂行规定	中标药品保持合理比价、零售价格的制定方法等
2005 年 1 月	药品差比价规则（试行）	明确差比价概念、规定各类差比价的计算公式等
2005 年 3 月	关于贯彻执行药品差比价规则（试行）有关问题的通知	规定差比价规则的适用范围、实施要求等
2005 年 6 月	国家发展改革委关于印发《国家发展改革委定价药品目录》的通知	明确国家发改委及省级定价机构的药品定价范围、定价形式和内容等
2006 年 5 月	关于进一步整顿药品和医疗服务市场价格秩序的意见	进一步降低药品价格，核定药品出厂价格，推行在外包装上标示建议零售价制度等
2007 年 2 月	医药价格工作守则（暂行）	明确制定药品价格要遵循的程序
2009 年 7 月	药品价格管理办法（讨论稿）	详细规定政府制定和调整药品价格的基本方法、程序，经营者购销行为及法律责任，等等
2010 年 7 月	药品价格管理办法（征求意见稿）	规定药品期间费用率、销售利润率及流通差价率的最高核算标准
2014 年 4 月	国家发展改革委关于改进低价药品价格管理有关问题的通知	改进低价药品价格管理方式，确定低价药品日费用标准，建立低价药品清单进入和退出机制，加强市场价格行为监管
2014 年 11 月	推进药品价格改革方案（征求意见稿）	取消原政府制定的最高零售限价或出厂价格，除一类精神、麻醉药品，以及低价药之外，其他药品充分运用谈判机制形成市场交易价格

从 2015 年开始，建立药品价格谈判机制的文件陆续出台。2015 年 2 月，《国务院办公厅关于完善公立医院药品集中采购工作的指导意见》出台，其中提到，对于部分专利药品、独家生产药品，将建立公开透明、多方参与的价格谈判机制。2015 年 3 月，《建立药品价格谈判机制试点工作方案》出台，详细说明了药品价格谈判的具体操作流程，并指出将成立国家药品价格谈判指导委员会来组织开展药品价格谈判工作。

2015 年 5 月，国家发改委会同国家卫计委、人力资源和社会保障部等部门联合制定了《推进药品价格改革的意见》，决定自 2015 年 6 月 1 日起，除麻醉药品和第一类精神药品外，取消药品政府定价，完善药品采购机制，发挥医保控费作用，药品实际交易价格主要通过市场竞争形成。对于专利药品、独家生产药品，要建立公开透明、多方参与的谈判机制以形成价格。该文件和此前出台的《建立药品价格谈判机制试点工作方案》《国务院办公厅关于完善公立医院药品集中采购工作的指导意见》《推进药品价格改革方案（征求意见稿）》等文件一脉相承，共同推动了我国药品价格谈判机制的诞生。

2015 年 10 月 27 日，国家卫生计生委、国家发展改革委、财政部、人力资源和社会保障部、国家中医药管理局印发《关于控制公立医院医疗费用不合理增长的若干意见》（国卫体改发〔2015〕89 号）。文件指出，自新一轮医药卫生体制改革实施以来，医院次均费用上涨幅度得到一定控制。但总体上看，医疗费用不合理增长问题仍然存在，突出表现在部分城市公立医院医疗费用总量增幅较大，药品收入占比较大，等等。应采取综合措施控制医疗费用，其中包括降低药品耗材虚高价格。此外，贯彻落实《国务院办公厅关于完善公立医院药品集中采购工作的指导意见》（国办发〔2015〕7 号）。实行药品分类采购。对临床用量大、采购金额高、多家企业生产的基本药物和非专利药品，发挥省级集中批量采购的优势，由省级药品采购机构采取双信封制公开招标采购。对于部分专利药品、独家生产药品，建立公开透明、多方参与的价格谈判机制。

2017 年 2 月，国务院办公厅印发《关于进一步改革完善药品生产流通使用政策的若干意见》。其中强调，在药品生产环节，关键是提高药品质量和疗效；在药品流通环节，则需重点整顿流通秩序，改革完善流通体制，包括推动药品流通企业转型升级，推行药品购销"两票制"，使中间环节加价透明化，落实药品分类采购政策，逐步扩大国家药品价格谈判品种范围，降低药品虚高价格等举措。

2018 年 8 月 20 日，国务院办公厅印发《深化医药卫生体制改革 2018 年下半年重点工作任务》（国办发〔2018〕83 号），提出大力推进药品供应保障制度建设。国家医保局、国家卫生健康委、国家药监局要负责配合抗癌药降税政策，推进各省（自治区、直辖市）开展医保目录内抗癌药的集中采购工作，对医保目录外的独家抗癌药推进医保准入谈判。开展国家药品集中采购试点，明显降低药品价格。

2018 年 8 月 27 日，国务院在北京召开全国医改工作电视电话会议，会上李克强总理做出重要批示，指出要持续加大医疗、医保、医药联动改革力度，努力在降低虚高药价、深化公立医院改革、完善基本医保和分级诊疗制度、发展"互联网 + 医疗健康"等方面取得新突破，更有效缓解群众看病难、看病贵问题。国务院副总理、国务院医改领导小组组长孙春兰发言指出，各地各有关部门要坚持以大卫生大健康理念为统领，加强健康促进，坚持"三医"联动，推进基本医疗卫生制度建设，着力解决看病难、看病贵问题。在降低虚高药价方面，要加快进行抗癌药降价、国家药品集中采购试点、完善基本药物制度以及强化监管等工作，挤出药价中的水分，确保质量安全。

纵观自 1996 年以来政府药品价格管理政策的发展，可以归纳出以下几个特点。第一，政府定价药品的范围发生了较大的变化。从 2000 年开始，政府定价或指导定价的药品范围逐渐扩大，从原来仅有的 200 种扩大到目前的 2700 余种。2014 年 11 月，《推进药品价格改革方案（征求意见稿）》又明确要求全面取消药品政府定价，通过运用谈判机制，形成药品价格。第二，对中央医保部门和地方医保部门各自的权限进行了划分。2005 年，《国家发展改革委定价药品目录》按照处方药和非处方药的分类标准，对中央医保部门和地方医保部门的权限加以明确规定和区分。第三，政府定价的方式有所调整。2000 年之前，政府要对药品的出厂价、批发价和零售价进行全面的严格管理；2000 年之后，则放开了药品出厂价和批发价，只制定国家医保目录范围内药品的最高零售价格。第四，在药品采购上，省级药品集中招标采购制度取代了以往医院对药品的自主采购。在集中招标采购制度中，药品零售价格采取顺加作价的方法，在中标价基础上加价 15%。第五，对单独定价进行了规定，制药企业可以对政府定价的药品申请单独定价。① 第六，在药价虚高的现实情况下，日益重视将政府和市场两个方面的力量相结合，并更加注重凸显市场机制的作用。其中，最为重大的举措是 2015 年在国家层面加以明确的建立药品价格谈判机制的试点工作。

长期以来，我国药品价格管理制度的核心都是成本定价法，采取政府和企业定价相结合的方式，药品价格形成过程如图 4 - 1 所示。

---

① 沈洪涛、梁雪峰等：《中国药品价格治理困境与改进建议》，《中国软科学》2012 年第 2 期。

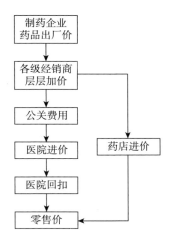

图 4-1 药品价格形成过程

在"低进低出、高进高出"的顺加作价机制之下，药品生产企业可能通过虚报成本提高药品的出厂价格，各级经销商可能在流通环节中对药品进行层层加价，医院和医生可能更青睐高价药品，各个环节的合力共同推高了药品价格。

4.1.2 存在的主要问题

我国的药品定价制度在实践中暴露了许多问题，主要有以下几个方面。

（1）药品价格有所降低，但药品费用持续上升

从 1997 年开始，国家发改委就多次采取措施降低药品的最高零售价格，截至 2013 年 2 月，已经多达 31 次。1997 年以来我国主要药品的降价情况如表 4-2 所示。

表 4-2 1997 年以来我国主要药品的降价情况

单位：%，亿元

降价时间	降价范围	平均降价幅度	年降价总额
1997 年 10 月	15 种抗生素，32 种生物制剂药品	15	20
1998 年 4 月	38 种解热镇痛类中管药品	10	15
1999 年 4 月	21 种头孢类中管药品	20	20
1999 年 6 月	头孢呋辛酯片等 150 种进口药品	5	8

续表

降价时间	降价范围	平均降价幅度	年降价总额
1999 年 8 月	降纤酶等 2 种生化药品	15	1.2
2000 年 1 月	人血白蛋白等 12 种中管生物制剂药品	10	3.4
2000 年 6 月	头孢拉定等 9 种药品	15	12
2000 年 11 月	氨苄西林等 21 种抗感染药品	20	18
2001 年 5 月	医保目录内 69 种抗感染类药品	20	20
2001 年 7 月	医保目录内 49 种中成药	15	4
2001 年 12 月	抗肿瘤、循环系统用药、神经系统及治疗精神障碍等医保目录内 383 种化学制剂药品	20	30
2002 年 12 月	消化道、血液系统及诊断用药等 199 种化学药	20	20
2003 年 3 月	医保目录内 267 种中成药最高零售价，其中甲类 67 种，乙类 200 种	14	15
2003 年 4 月	枸橼酸芬太尼等 3 种特殊药品	—	—
2004 年 5 月	阿莫西林等 24 种抗感染药品	30	35
2005 年 10 月	抗生素、生物制品、维生素等 22 种药品	40	40
2006 年 6 月	67 种抗肿瘤药品，共涉及 300 多个剂型规格	23	23
2006 年 8 月	青霉素等 99 种抗生素药品	30	43
2006 年 11 月	32 种中成药、肿瘤用药	14.5	13
2007 年 1 月	心脑血管等 10 类 354 种药品最高零售价格	20	70
2007 年 3 月	278 种中成药、内科用药	15	50
2007 年 4 月	188 种中成药	16	16
2007 年 4 月	吡喹酮等 260 种药品	19	50
2009 年 10 月	制定基本药物（基层版）最高零售价格，共 307 种药品，其中 45% 降价	12	—
2010 年 12 月	头孢曲松等部分单独定价药品的最高零售价格，涉及抗生素、心脑血管等 17 大类药品	19	20
2011 年 3 月	治疗感染和心血管疾病的抗生素和循环系统类药品最高零售价格，共涉及 162 个品种，近 1300 个剂型规格	21	100
2012 年 5 月	部分消化系统类药品最高零售价格，共涉及 53 个品种，300 多个剂型规格	17	30

续表

降价时间	降价范围	平均降价幅度	年降价总额
2012 年 10 月	部分抗肿瘤、免疫和血液系统类等药品的最高零售限价，共涉及 95 个品种、200 多个代表剂型规格	17	—
2013 年 2 月	呼吸、解热镇痛和专科特殊用药等药品的最高零售限价，共涉及 20 类药品，400 多个品种、700 多个代表剂型规格	15	—

资料来源：中华人民共和国国家发展和改革委员会网站，http：//www.ndrc.gov.cn。

在国家发改委历次降低药价的基础上，各省发改委也根据当地的药品价格水平和集中招标采购的现状，按照国家层面的药品定价要求，对一部分省管药品的零售价格进行了较大幅度的下调。可见，国家降低药品价格的力度很大，药品零售价格有了明显下降。与此同时，药品消费额不断提高，患者支付的药品费用不断上涨，但人民群众仍然觉得药品价格太贵，难以承受。我国 2009 ~ 2011 年的药品费用情况如表 4 - 3 所示。

表 4 - 3　我国 2009 ~ 2011 年的药品费用情况

指标	2009 年	2010 年	2011 年
总费用（亿元）	7457.7	8373.1	9468.0
医疗机构药品费用	5798.4	6324.3	6978.6
门诊药品费用	3047.4	3270.3	3505.5
住院药品费用	2751.1	3054.0	3473.1
零售药品费用	1659.3	2048.9	2489.4
人均药品费用（元）	558.7	624.4	702.7
药品费用/卫生总费用（%）	40.4	40.3	37.6

资料来源：根据《2013 中国卫生统计提要》绘制。

近年来的统计数据表明，在非营利性医院的总收入中，药品收入占据了很大比例，如图 4 - 2、表 4 - 4 所示。

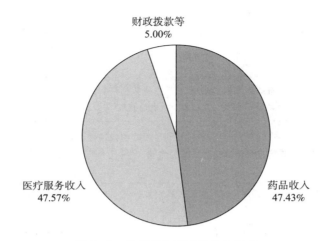

图 4 - 2 非营利性医院总收入组成

表 4 - 4 2012～2016 年我国公立医院收入与支出情况

指标	2012 年	2013 年	2014 年	2015 年	2016 年
机构数（个）	12979	12971	12897	12623	12302
平均每所医院总收入（万元）	10950.5	12666.8	14610.2	16498.5	18915.7
医疗收入	9795.7	11361.5	13149.0	14612.4	16721.5
门诊收入	3410.5	3934.1	4548.3	5048.3	5703.5
药品收入	1750.4	1975.7	2242.3	2441.1	2664.1
住院收入	6385.2	7427.4	8600.7	9564.1	11017.9
药品收入	2638.4	2945.2	3306.4	3529.3	3814.7
财政补助收入	892.8	1006.3	1125.9	1480.1	1727.0
平均每所医院总费用（万元）	10438.5	12085.4	13939.8	15996.5	18386.1
医疗业务成本	8408.2	9931.3	11596.6	13263.2	15333.8
药品费	3715.1	4241.5	4861.0	5322.1	5916.2
门诊病人次均医药费（元）	193.4	207.9	221.6	235.2	246.5
药费	99.3	104.4	109.3	113.7	115.1
检查费	36.2	38.7	41.8	44.3	46.9
住院病人人均医药费（元）	7325.1	7858.9	8290.5	8833.0	9229.7
药费	3026.7	3116.3	3187.1	3259.6	3159.6
检查费	565.4	629.8	685.2	753.4	805.2

资料来源：根据《2017 年中国卫生和计划生育统计年鉴》绘制。

在一些中小医院中，药品收入在医院总收入中的占比高达 70% ～ 80%。[1]药品费用不是简单地由药品价格一个因素决定的。有学者曾经对公立医院进行过一项专门调查，结果发现，由于长期以来医院发展在很大程度上依赖于药品收入，因此仅仅简单地降低药品零售价格并不能抑制医院和医生的"卖药"动机。[2]仅靠药品降价措施来解决流通领域的高回扣问题无异于杯水车薪，无法从根本上改变中间环节的利益分配格局。同时，单纯地降低药品价格还会使降价药遭受市场的非正常淘汰。根据价格加成政策的规定，药品的价格越高，相应的价格加成也越高。在利益的驱动之下，医方的道德风险问题层出不穷。医院和医生有强大的动力和热情凭借自身专业优势向患者推销高价药品，有些甚至可能无视患者病情的实际需要。这样一来，市场上质优价廉的药品逐渐被淘汰。中标低价药品或降价药品由于利润空间小，制药企业不愿生产，药品经营企业不愿经营，医院和医生也不愿使用，这又会造成临床必需药品的短缺。有学者总结了博弈的典型过程：药价高—老百姓强烈反对—媒体大肆报道—药价主管部门发布红头文件—药价下降—药企对降价药进行停产—药企更换名称、剂量后申请"新药"—药监部门批准"新药"—"新药"高价上市—老百姓强烈反对—药价主管部门再次发布红头文件……如此循环，必然导致药价上升，[3]使得药价主管部门降低药价的努力收效甚微。

国家食品药品监督管理总局南方医药经济研究所主办的米内网统计数据显示，我国的三大药品销售终端分别为公立医院终端、零售药店终端、公立基层医疗终端，其中公立医院终端一直拥有最大的市场份额。2017 年，我国三大终端市场药品销售额 1.61 万亿元，同比增长 7.6%。如果加入未统计的终端市场（民营医院、私人诊所、村卫生室），我国药品终端总销售额约 1.90 万亿元。在药品销售的终端市场上，2017 年公立医院终端依然居首，占比达 68.0%，较 2016 年下降 0.4 个百分点；零售药店终端市场份额达 22.6%，较 2016 年上升 0.1 个百分点；公立基层医疗终端市场份额达 9.4%，较 2016 年上升 0.3 个百

[1]　徐海燕：《药品价格问题成因及对策探讨》，《江苏价格》2007 年第 6 期。

[2]　Q. Y. Meng et al. , "The Impact of China's Retail Drug Price Control Policy on Hospital Expenditures: A Case Study in Two Shandong Hospitals," *Health Policy and Planning* 20 (2005): 185 – 196.

[3]　刘世昕、白雪：《药品购销腐败屡禁不止　20 年博弈难管药价虚高》，《法制与经济（上旬）》2011 年第 12 期。

分点（见图4-3）。从历年数据来看，公立医院终端市场和零售药店终端市场占比变化不大，公立基层医疗终端市场占比正在逐年提升，变化趋势较明显。

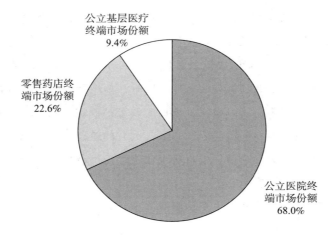

图4-3 药品销售三大终端销售份额

资料来源：米内网，http://www.menet.com.cn/。

从《中国卫生统计年鉴》2010～2017年数据来看，公立医院终端市场占比升降趋势不明显，如图4-4所示。2017年我国公立医院终端药品销售额达10955亿元，同比增长约7.0%，较2016年的增速下降了0.6个百分点，增速持续放缓，如图4-5所示。我国公立医院终端主要分为城市公立医院市场（占比74%）及县级公立医院市场（占比26%）。城市公立医院市场销售额达到8120亿元，同比增长5.8%；县级公立医院市场销售额达到2835亿元，同

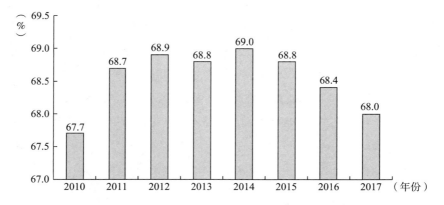

图4-4 2010～2017年公立医院终端市场占比变化情况

资料来源：根据《中国卫生统计年鉴》历年数据绘制。

比增长 10.5%。

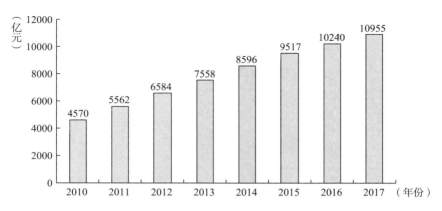

图 4-5 公立医院终端 2010～2017 年销售额

资料来源：根据《中国卫生统计年鉴》历年数据绘制。

我国公立医院改革从 2010 年开始试点，截至 2015 年，县级公立医院综合改革在全国 1977 个县（市）实现全覆盖；2017 年，地级以上城市公立医院综合改革全面推开。"以药补医"现象是中国既有医药体制的一大痼疾，也是公立医院改革着力破解的难题。在公立医院综合改革持续拓展深化的过程中，医药分开是关键的一环。长期以来药占比一直居高，公立医院取消药品加成对财政和医院管理者而言都是一个巨大的挑战。我国 1991～2015 年部分年份公立医院药占比情况如图 4-6 所示。

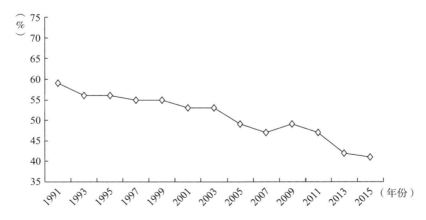

图 4-6 我国 1991～2015 年部分年份公立医院药占比情况

资料来源：根据《中国卫生统计年鉴》历年数据绘制。

在我国"三医"联动的改革过程中，政府在降低公立医院药占比、取消药品加成以及推进医药分开、处方外流等方面也做了很大努力，相关政策如表4-5、表4-6所示。

表4-5 降低公立医院药占比及取消药品加成的政策

时间	部门及主要文件	主要内容
2006年5月	国家发改委发布《关于进一步整顿药品和医疗服务市场价格秩序的意见》	降低药品价格，县及县以上医疗机构销售药品，要严格执行以实际购进价为基础、顺加不超过15%的加价率作价
2012年4月	国务院办公厅公布《深化医药卫生体制改革2012年主要工作安排》	加快推进县级公立医院改革试点，调整医药价格，取消药品加成政策
2015年5月	国务院办公厅发布《国务院办公厅关于城市公立医院综合改革试点的指导意见》	取消药品加成，力争到2017年试点城市公立医院药（不含中药饮片）占比总体降低到30%左右，改革试点城市增加到100个
2015年11月	国家卫计委公布《关于印发控制公立医院医疗费用不合理增长的若干意见的通知》	公立医院药品收入占医疗收入比例逐年下降，力争到2017年试点城市公立医院药（不含中药饮片）占比总体降到30%
2016年9月	国家卫计委、财政部联合发布《关于做好2016年县级公立医院综合改革工作的通知》	所有县级公立医院取消药品（中药饮片除外）加成
2016年11月	国务院办公厅发布《国务院深化医药卫生体制改革领导小组关于进一步推广深化医药卫生体制改革经验的若干意见》	所有公立医院取消药品加成
2017年1月	国家卫计委	国家卫计委在2017年1月的全国卫生计生工作会议上要求2017年实现公立医院改革在所有城市推开，全部取消药品加成
2017年1月	国务院医改办、国家食品药品监督管理总局发布《关于进一步改革完善药品生产流通使用政策的若干意见》	强调进一步破除以药补医机制，严格控制医药费用的不合理增长，强化医保规范行为和控制费用的作用
2017年4月	国家卫计委、财政部、中央编办等七部门联合发布《关于全面推开公立医院综合改革工作的通知》	通知要求，2017年7月31日前，所有地市出台城市公立医院综合改革实施方案；9月30日前，全面推开公立医院综合改革。所有公立医院全部取消药品（中药饮片除外）加成。2017年，全国公立医院医疗费用平均增长幅度控制在10%以下
2017年5月	国务院办公厅发布《关于城市公立医院综合改革试点的指导意见》	力争到2017年，试点城市公立医院药（不含中药饮片）占比总体降到30%左右

表4-6 推进医药分开、处方外流的政策

时间	部门及主要文件	主要内容
1997年1月	国务院公布《关于卫生改革与发展的决定》	提出要实行医药分开核算、分别管理的制度
2000年2月	国务院体改办、国家计委、国家经贸委等八部门发布《关于城镇医药卫生体制改革的指导意见》	指出医药应分开核算、分别管理、统一上交、合理返还。强调解决当前存在的以药养医问题，必须切断医疗机构和药品营销之间的直接经济利益联系。要把医院的药房改为药品零售企业，独立核算，照章纳税
2007年2月	卫生部公布《处方管理办法》	明确规定：除麻醉药品、精神药品、医疗用毒性药品和儿科处方外，医疗机构不得限制门诊就诊人员持处方到药品零售企业购药
2009年3月	国务院办公厅发布《中共中央国务院关于深化医药卫生体制改革的意见》	明确提出了"四个分开"，即政事分开、管办分开、医药分开、营利性和非营利性分开
2010年2月	《关于公立医院改革试点的指导意见》	提出要坚持公立医院的公益性质，实行政事分开、管办分开、医药分开、营利性和非营利性分开
2013年11月	《中共中央关于全面深化改革若干重大问题的决定》	提出"取消以药补医，理顺医药价格，建立科学补偿机制"
2014年9月	商务部、国家发改委等6部门发布《关于落实2014年度医改重点任务提升药品流通服务水平和工作效率的通知》	明确提出采取多种方式推进医药分开，即在公立医院改革试点城市探索由规模较大、质量控制严格、执业药师药事服务制度完备、诚信记录良好的零售药店承担医疗机构门诊药房服务和其他专业服务的多种形式的改革
2015年5月	国务院办公厅下发《关于全面推开县级公立医院综合改革的实施意见》	明确要求破除以药补医机制，所有县级公立医院推进医药分开。鼓励患者自主选择在医院门诊药房或凭处方到零售药店购药
2016年3月	国务院公布《中华人民共和国国民经济和社会发展第十三个五年规划纲要》	提出全面深化医药卫生体制改革，实行医疗、医保、医药联动，推进医药分开
2016年4月	国务院办公厅公布《深化医药卫生体制改革2016年重点工作任务》	提出采取多种形式推进医药分开，禁止医院限制处方外流，患者可自主选择在医院门诊药房或凭处方到零售药店购药
2016年7月	国家发改委发布《关于促进医药产业健康发展的指导意见重点工作部门分工方案》	明确指出充分利用省级药品集中采购平台信息资源，构建全国药品信息平台，建立信息共享和反馈追溯机制，并禁止医疗机构限制处方外流

续表

时间	部门及主要文件	主要内容
2016 年 8 月	柳州市属 5 家医院	开始试点处方外流工作，成为国内第一个公开试点处方外流的城市
2016 年 12 月	国务院	通过了《"十三五"卫生与健康规划》，并部署了今后五年的深化医药卫生体制改革工作，并提出健全药品供应保障体系，扶持低价药、"孤儿药"、儿童用药等生产。加快推动医院门诊患者凭处方到零售药店购药
2017 年 1 月	国务院发布了《"十三五"深化医药卫生体制改革规划》	明确提出完善国家药物政策体系，调整市场格局，使零售药店逐步成为向患者售药和提供药学服务的重要渠道
2017 年 1 月	国务院发布《"十三五"国家信息化规划》	提出到 2018 年，信息技术促进医疗健康服务便捷化程度大幅提升，远程医疗服务体系基本形成
2017 年 2 月	国务院办公厅发布《关于进一步改革完善药品生产流通使用政策的若干意见》	明确指出门诊患者可以自主选择在医疗机构或零售药店购药，医疗机构不得限制门诊患者凭处方到零售药店购药。同时指出，积极发挥"互联网＋药品流通"的优势和作用，方便群众用药

自 2009 年新一轮医改以来，我国逐步取消药品加成，公立医院的药占比由 2009 年的 46％ 下降到 2016 年的 40％。这 6 个百分点的变化反映了中国医药改革的艰难性与复杂性。随着健康中国上升为国家战略，中国医药改革让世界看到"啃下硬骨头"的希望和出路。截至 2017 年 9 月底，全国所有公立医院都如期实现了"药品零加成"的改革阶段性目标，预计为群众节省药品费用 600 亿～700 亿元。医药费用过快增长的势头得到初步遏制，公立医疗机构收入增幅由 2010 年的 18.97％ 降至 10％ 左右；医院收入结构持续优化，全国公立医院药占比从 2010 年的 46.33％ 降至 40％ 左右；个人卫生支出占卫生总费用的比例下降到近 20 年来的最低水平。2018 年，医药卫生体制改革继续深化。严控医药费用不合理增长的举措持续推进，对部分专利药品、独家生产药品继续由国家开展价格谈判，药品购销"两票制"全面推开。

"两票制"即药品从生产企业到流通企业开一次发票，从流通企业到医疗机构再开一次发票。2016 年 12 月 26 日，国务院医改办会同国家卫生计生委等八部门联合下发《关于在公立医疗机构药品采购中推行"两票制"的实施意见（试行）的通知》（国医改办发〔2016〕4 号），明确综合医改试点省（区、市）和公立医院改革试点城市的公立医疗机构要率先推行"两票制"，鼓励其他地区执行"两票制"，争取于 2018 年在全国全面推开。

前述关于医药分开、取消药品加成及增加药店销售比例的政策将积极支持药店的发展，未来处方药的主要销售渠道亦有望从医院转向以药店为代表的非招标市场。上述医改政策已初步取得效果，近年来，药店的处方药销量增速快于非处方药的增速，体现出处方药销售已逐步从医院向药店转移，如图 4 - 7 所示。在政策指导及市场趋势下，药店对医院药品销售的替代作用将越来越明显，在以社会药房为医药分开主力的前提下，未来十年，药品零售终端的市场规模将达到 1.72 万亿元（不变价），约占整个药品终端市场的 65%。

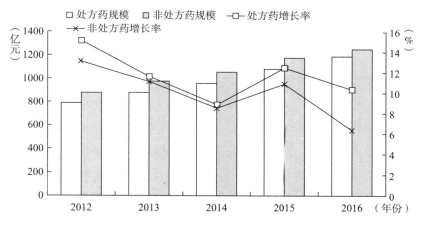

图 4 - 7　2012 ~ 2016 年药店等零售终端处方药、非处方药规模及增长变化

资料来源：米内网，http://www.menet.com.cn/。

（2）信息不对称，药品成本核定困难

药品的种类复杂、品种繁多。据统计，全世界有 20000 余种药品，我国有中药制剂 5000 余种、西药制剂 4000 余种。药品作为一种特殊商品，与医学紧密结合、相辅相成，具有极强的专业性，医药行业也是技术密集型的高科技产业。与政府物价部门相比，制药企业具有明显的专业优势。信息的不对称使物价部门对药品成本的核定存在很多困难。

根据我国现行的药品定价政策规定，确定药品价格需要测算出药品的社会平均成本，同时对药品实行最高零售价格的限制。药品的零售价格等于药品含税出厂价加上流通过程中产生的差价。在含税出厂价中，生产成本和期间费用两个因素是定价时需要考虑的最为关键的内容。但是，目前全国范围内有 4000 多家药品生产企业，生产出的药品高达几十万种，而且药品生产企业之间的成本是普遍存在差异的，在信息高度不对称的情况之下，物价部门无法掌握数量巨大的药企的真实成本，测算社会平均成本的工作就面临极大困难。在核定药品价格时，物价部门通常只能基于药品生产企业提供的申报资料，无法采取有效措施加强审查和监管，从而给药品生产企业留下了虚列成本和费用的空间，致使药品定价缺乏科学依据，随意性很大。这样一来，经物价部门核定的药品价格或制定的药品最高零售价格常常高于药品在市场上的实际价格，给药企、医院和医生等利益链条上的主体留下了过大的价格折扣空间。

（3）顺加作价方法仍有很大改进空间

顺加作价方法的原理如下：药品的出厂价格是基于制药企业的生产销售成本价，加上规定的利润率来确定的，出厂价格再加上规定的差率就形成了药品批发价格和零售价格。这使得制药企业为了追求利润最大化，常常虚报成本，药价在出厂价格这个环节就已经开始出现虚高，让药品回扣行为有了可乘之机。对医院而言，"高进高出、低进低出"的政策规定具有很强的负面激励效应。因为药品进价越高，医院获得的差价收入就越高，处方医生就倾向于更多地开高价药，从而进一步推高药品费用，加重医疗保险基金的负担。不仅如此，这种作价方法还会在一定程度上导致药品市场出现价格混乱。因为进药的时间或渠道各不相同，不同的医院、不同的零售药店即使购进的是同一种药品，也经常会有不同的购入价格和销售价格，这让广大患者无所适从。对此情况，国家也采取过相应的措施试图解决问题。在 2008 年 10 月公布的《关于深化医药卫生体制改革的意见（征求意见稿）》中，对基层医疗卫生机构提出了"药品零差率销售"的管理办法，以政府补贴的方式，要求基层医疗卫生机构在向患者销售药品时，必须严格按照购入价格，不得进行任何中间环节的加成。但是，从实践情况来看，该政策并不能有效地遏制药企对医疗机构和医生的返点和回扣行为，对医疗机构和处方医生青睐高价药品的态度和行为仍然无法较好地控制，不仅药企、药商、医院、医生、零售药店等各个方面对"零差率"政策颇有微词，广大患者对该政策也没有表现出较高的满意度。

与此同时，顺加作价还增加了流通环节，扰乱了药品市场应有的正常秩序。如前所述，药品生产企业通过虚列成本可以获得虚高的药品出厂价格，使药品回扣行为有了空间，同时也让众多的药品经营企业加入药品流通领域，导致流通环节不断增加。在过多的流通环节中充斥着虚高定价、扩大折扣等种种不正当竞争手段，扰乱了药品市场的正常秩序。[①] 我国的药品生产经营企业均早已出现数量过剩的问题，但企业规模普遍偏小，药品在生产领域和流通领域呈现"小、多、散、乱、低"的状态，行业市场集中度过低，流通环节过多，导致行业整体竞争力不强，给管理和规范带来了极大困难。我国 2008 ~ 2017 年药品生产经营企业数据如表 4 - 7 所示。

表 4 - 7 我国 2008 ~ 2017 年药品生产经营企业数

单位：个

指标	2008 年	2009 年	2010 年	2011 年	2012 年
药品生产企业数	4749	6807	7039	5926	4747
药品经营企业数	380855	404135	414842	440248	443125
药品批发企业数	13292	13593	13463	13853	16295
药品零售企业数	367563	390542	401379	426395	426830
零售连锁企业数	1985	2149	2310	2607	3107
零售连锁企业门店数	129346	135762	157073	146703	152580
零售单体药店数	236232	252631	261996	277085	271143
指标	2013 年	2014 年	2015 年	2016 年	2017 年
药品生产企业数	4875	5000	5065	4176	4376
药品经营企业数	451129	452460	466546	465618	472000
药品批发企业数	14900	13274	13508	12930	13000
药品零售企业数	436229	439186	453038	452688	459000
零售连锁企业数	3570	4266	4981	5609	5000
零售连锁企业门店数	158244	171431	204895	220748	229000
零售单体药店数	274415	263489	243162	226331	225000

资料来源：根据国家食品药品监督管理总局历年统计年报绘制。

[①] 颜少君、陈文玲：《我国公立医疗机构药品价格虚高及体制原因探析》，《中国卫生经济》2011 年第 7 期。

（4）政府监管力度弱

在我国现行的药品定价制度中，政府对药品价格的控制基本没有达到预期效果，其中一个很重要的原因是政府的监管力度太小，对药企、医院、医生以及相关责任部门没有进行有效的监督。

比如，在单独定价的政策规定之下，药品一旦获得单独定价的资格就意味着可以不受最高零售价格的限制而取得高价格。制药企业为了抢占市场、获取更多的利润，会想办法把生产出来的药品划入单独定价的行列。制药企业的通常做法就是放弃生产那些利润率低的药品，简单地改变药品的包装、剂型、规格、名称，获得单独定价的资格。新药标准定得过低，加上审定新药技术含量的机构、专家和评审人员把关不严格、监督不到位，导致新药审批很容易通过。① 在政府对药品的监管力度较弱的情况下，药品注册审批存在寻租空间，对我国制药企业的低水平仿制"新药"起到了推波助澜的作用。比如，昔日国家食品药品监督管理总局的"铁三角"郑筱萸、郝和平、曹文庄掌控新药审批大权，却腐败受贿，导致我国的新药专利很少，但各种剂型的"新药"却层出不穷。目前，我国每年开发新药1000多项，能申请专利的仅20项左右。据有关统计，我国完全拥有自主知识产权的创新药仅30余种，而在我国批准上市并得到国际认可的只有7个，这说明我国药品的创新能力不足，对药品领域的研发投入力度不够。

此外，对于和药企处在同一利益链条上的医院，政府的监管也力度过小、效果较差。许多实力雄厚的医院在购入药品时，普遍体现出对单独定价药品的偏好，这些药品无一例外地都有着高价格，而且基本上不在医保目录的范围之内。患者在这些医院就诊时，无法获得疗效与之类似的低价药，不得不为这些高价药买单。② 因此，政府在监管上的不足无形中也为制药企业和医院之间的种种违规行为留下了空间。

如前所述，2014年11月，国家发改委发布了《推进药品价格改革方案（征求意见稿）》。该方案中提到，自2015年1月1日起，取消政府原来的药品定价。此次国家发改委全面取消药品政府定价意味着2700余种、占据我国药

① 曹阳、邵明立：《我国药品价格管理体系的问题与优化研究——基于国际比较的视角》，《南京社会科学》2010年第6期。
② 陈文玲：《药品价格居高不下竟原因何在——对药品价格问题的调查研究与思考（上）》，《价格理论与实践》2005年第1期。

品市场 23% 份额的实行政府定价和政府指导价的药品将正式摆脱"计划定价"模式，正式改为由谈判机制发挥关键作用的"市场定价"模式。这意味着政府的角色将从直接定价中淡化出来，而在谈判机制发挥不可或缺作用的药品价格形成过程中发挥明显的强化监管作用。

4.2　药品集中招标采购制度

4.2.1　药品集中招标采购的进程

为了从根源上遏制药品购销中的不良风气，解决该领域内长期存在的腐败问题，通过市场机制的作用，实现药品资源的优化配置，降低虚高药价，减轻患者用药负担，1999 年 9 月，我国开始试点药品集中招标采购制度，这是我国药品流通领域中一次举足轻重的改革。从 2000 年开始，该制度在全国推开。

根据卫生部文件的解释，药品集中招标采购即多家医疗机构通过药品集中招标采购组织以招投标的形式采购所需药品的方式，[①] 确保中标药品与同类药品相比价格更低。集中是指采购制度，现行政策要求县级以上公立医院必须参加药品集中招标采购；招标是指药品采购方式，包括公开招标和邀请招标。[②] 2000 年 2 月，国务院下发《关于城镇医药卫生体制改革指导意见》，第十一条规定，"规范医疗机构购药行为，进行药品集中招标采购工作试点"。2000 年 4 月，卫生部印发了《关于加强医疗机构药品集中招标采购试点管理工作的通知》，对试点工作中需要注意的相关事项进行了规定。

2001 年 11 月 12 日，卫生部、原国家计委、原国家经贸委、国家药监局、国家中医药管理局、国务院纠风办六部门发布《医疗机构药品集中招标采购工作规范（试行）》（卫规财发〔2001〕308 号），卫生部发布《医疗机构药品集中招标采购和集中议价采购文件范本（试行）》（卫规财发〔2001〕309 号），对药品集中招标采购的流程体系做出具体规范。

药品集中招标采购具有以下特点：①主体平等，法人或其他组织都有权参

---

① 《医疗机构药品集中招标采购和集中议价采购文件范本》第二条。
② 马燕、骆智宇等：《西药药品采购新模式探索》，《中外健康文摘（医药月刊）》2007 年第 4 期。

与招投标；②资金，招标人自有资金；③采购药品范围，以基本医疗保险目录内的药品为主；④代理机构，经认定的中介组织，接受招标人的委托办理有关事宜；⑤签订购销合同；⑥数量较大；⑦以省级采购为主。①

2004年9月23日，卫生部、国家发改委等六部门联合出台《关于进一步规范医疗机构药品集中招标采购的若干规定》（卫规财发〔2004〕320号），要求规范、有序地继续开展药品集中招标采购工作。2006年，国家将药品集中招标采购制度的目标正式确定为"治理虚高药价、杜绝商业贿赂、减轻患者负担"。各地开始了对政府主导下以省为单位的网上集中采购的探索和创新，四川、广东、上海等省市相继出现了数十种药品集中招标采购模式。2009年，新医改拉开大幕，对药品集中采购重新进行了规范。2010年7月，两个重要文件出台。卫生部出台《医疗机构药品集中采购工作规范》（卫规财发〔2010〕64号），取代了被多次修正和增补的308号文件；卫生部、国家发改委等七部门联合发布《药品集中采购监督管理办法》，进一步加强对药品集中采购的监督管理。同年，国务院印发《关于建立和规范基层医疗卫生机构基本药物采购机制指导意见》（国办发〔2010〕56号），该意见要求基层医疗机构基本药物实行以省（区、市）为单位的集中招标采购、统一配送，省级卫生行政部门建立集中采购机构，全省基层医疗机构必须委托省级集中采购机构采购基本药物，集中支付货款。

因此，对药品集中招标采购的要求也体现在药品"零差率"政策中。"零差率"政策就是选择社区卫生服务中心（站）中常见病、多发病需要的基本药物，由政府提供一定比例的补贴以维持社区卫生服务中心（站）的正常运营，取消药品加价销售制度，改为实施政府采购药品和零利润销售药品政策，让参保患者真正获得实惠。就当前阶段而言，结合我国的经济、社会发展现状，可以参照相关的药品目录和政策要求，在充分了解社区卫生服务中心（站）实际用药情况的基础上，选择部分常见病、多发病的必需药品，试点由政府采购并由基层医疗机构向参保患者零利润销售的做法，以严格的制度确保社区卫生服务中心（站）不再从药品销售中获利。

根据卫生部64号文件的规定，药品集中招标采购应坚持"质量优先、价格

---

① 《医疗机构药品集中招标采购和集中议价采购文件范本（试行）》（卫规财发〔2001〕309号）。

合理"的原则，科学展开药品评价，主要按以下工作流程进行。① 如图 4 - 8 所示。

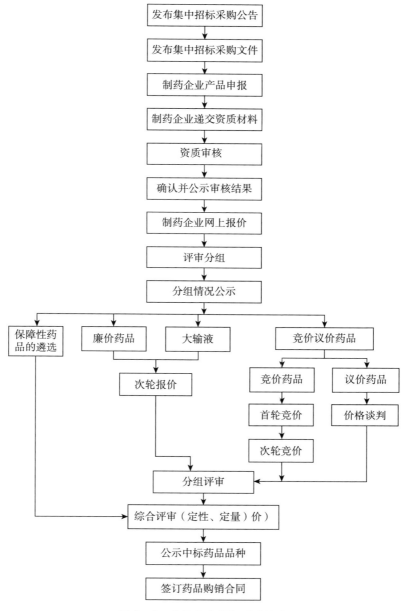

图 4 - 8 药品集中招标采购流程

---

① 《医疗机构药品集中采购工作规范》（卫规财发〔2010〕64 号）。

药品集中招标采购制度作为政府降低药价、让利于民的政策手段，借鉴了西方发达国家先进的药品采购经验，对医院采购药品方式、用药范围进行了规范，明确了药品交易规则，并通过广泛应用现代信息网络技术，推动了医疗机构药品采购管理的技术进步。[①] 招标采购的方式促使药品价格得到了广泛调整，通过市场竞争降低了部分药品的采购价格；提高了药品市场的集中度，通过缩减药品流通的中间环节，避免了销售过程中的层层加价，有利于节约流通成本；提高了药品采购的透明度，在一定程度上规范了公立医疗机构的药品采购行为；优化了医疗机构进药渠道，加强了药品管理；促进了医药产业的结构调整，推动了药品生产和经营的优胜劣汰，使具有品牌优势和良好资质的药品生产企业和经营企业能够脱颖而出，获益匪浅，极大地增强了企业竞争力。

但是，药品集中招标采购本身存在制度设计的缺陷，在实施过程中出现了政策目标的偏离。各地在实践过程中普遍存在自行确定招标采购的规则和流程等不规范现象，招标体系混乱。虽然招投标制度在一定程度上降低了部分药品的采购价，但鉴于制药企业药品种类有限、零售价虚高等，患者实际支出的药费并未显著下降。15 年来的实践证明，该制度未能解决药价虚高的问题，未能达到减轻患者过重负担的目的，反而在具体操作过程中引发了许多新的问题。

4.2.2　存在的主要问题分析

如前所述，按照现行定价制度的规定，药品采取成本加成法来定价，极有可能导致制药企业采取虚报成本的方法，以保留自身的高利润和药品营销费用。当流通链条中增加集中招标采购这一环节时，制药企业就要付出不菲的投标成本，招标中介机构这一新的利益主体也参与到药品利润的分配中。因此，药品成本大幅度上升，药品回扣和药价虚高等问题不仅未得到解决，反而愈演愈烈。从药品集中招标采购制度试点的经验来看，鉴于招投标主体混乱、信息透明度不高、"暗箱操作"、招投标程序繁杂、地方保护主义泛滥等因素，药品采购难以实现市场化，反而提高了药品流通成本、加重了制药企业负担，造成社会资源的巨大浪费，与制度设计的初衷背道而驰。

---

① 李思杨：《药品集中招标采购存在的问题与对策》，博士学位论文，山东大学政治学与公共管理学院，2008，第 12 页。

第一，招标主体不清，政府职能错位。目前，各地在药品集中招标采购实践中普遍存在招标主体不清的情况，卫生行政部门往往在招标采购中承担举办和监管的双重职能，以行政干预的手段替代市场调节的功能。可以说，这既导致招标采购过程中的监管漏洞百出，又给腐败的滋生提供了温床。这种模式不仅难以治理返点、回扣现象，导致药价继续虚高，而且使权力寻租现象在招投标环节愈演愈烈。部分政府官员可能利用自己对价格的审批权和招标采购的管理权与制药企业达成默契，共同抬高药品价格。制药企业为了能够中标，可能通过公关和贿赂，以多报成本、费用和支出等方式获得高的定价许可，使高价药品能够进入医院的药品采购目录。大量价高利厚的药品进入医院，势必加重患者的药品费用负担。此外，不少地区在药品集中招标采购过程中表现出明显的地方保护主义。部分地方政府出于地方保护主义，为了提高本地 GDP、保护本地制药企业或药品批发企业的利益，采取歧视性的招标标准以排斥外地企业，甚至内定招标代理机构，保证制药企业或药品批发企业中标，不仅完全违背了"阳光采购"的基本要求，也破坏了药品市场应有的公平竞争环境。

第二，制度设计缺陷促使药品高价中标。由于制度设计上的缺陷，药品集中招标采购并没有真正动摇医疗机构对药品的采购权，实施该制度 15 年来，招标采购逐步演变成一种单纯的行政价格控制方法。按照国务院 2010 年 56 号文件的要求，开始实行药品省级集中招标采购。省级集中招标采购仍然将控制药品价格放在首位，只确定药品的中标价格，由于省级招标覆盖的医院和药品品种太多，招标药品的品种规格太过复杂，采购数量问题越来越容易被忽略，因而将中标药品的采购权留给医院：某种药品中标，仅仅代表该药品取得了进入医院的资质，而该药品是否可以按照中标价在医院销售、销售额如何，则取决于医院的采购和医生的药方。制药企业大多在药品招标采购中故意虚报高价，以预留回扣空间，使得省级药品集中招标采购在控制药价方面的作用大打折扣。[1] 由于药品的实际进货量只能由医院自己掌握，一些医院对高价药品的偏好必然使得低价中标的药品处于销售困境之中。最终导致通过招标进入医疗服务市场的有很多是高价药，容易把质优价廉的低利润药品挤出医疗服务市场。

---

[1]　李宪法：《"看病难、看病贵"与药品集中招标采购的关系》，《科学决策月刊》2008 年第 1 期。

第三，"唯价是取"的评标标准不科学。与普通商品不同，药品的基本特性包括安全性、有效性和经济性三种。在药品集中招标采购中，评标标准理应充分考虑上述三种药品的基本特性。虽然《医疗机构药品集中招标采购试点工作若干规定》《医疗机构药品集中招标采购和集中议价采购文件范本（试行）》均有"质量价格比优化""质量优先、价格合理""不保证最低价格中标"等原则性的规定，但是，这些规定无一例外地显得过于笼统，可操作性不强，反而增强了评标操作工作的不透明程度。

在实践中，大多数地方采用的是"以价评药"的规则，中标单纯考虑价格因素，忽视了药品的质量优劣、安全程度、运输经济性等问题。在上述评标标准下，药业间的不正当竞争愈加激烈，常常导致"劣币驱逐良币"的现象出现。那些质量保证体系完善、内部控制标准严格的制药企业常常很难中标，而那些质量低下、水平有限的制药企业反而如鱼得水。一味地要求制药企业降价，不考虑药品安全性和有效性，会导致我国制药企业原本就落后的研发能力雪上加霜：目前我国制药企业的研发费用原本就只占售价的不到3%，而国外制药企业的研发费用平均在销售额的12%～15%。[1] 这是我国大部分制药企业自主创新能力低下、缺乏国际竞争力的重要原因。有的制药企业为了降低成本，在药品的原料投入、生产加工等环节大打折扣，不可避免地造成药品安全隐患。有的企业以低于生产成本的价格恶意竞标，一旦中标则以成本为由拒绝生产和供货，继而与医院协商用本企业生产同类药品替代，而这些同类药品无一例外都是高价药。上述现象使已中标药品从医院中消失，造成医院临床药品断档脱销，加剧了药品市场秩序的混乱。

在不科学、不合理的评标标准下，药品招标成了淘汰低价药品的"猫鼠游戏"：政府对药品进行降价后，医院觉得收益不大，就会减少对该药品的采购，制药企业觉得不能够获得期望利润，也会淘汰这些低价品种。因此，常常出现低价药品"一招就死"的情况。制药企业又会钻国家药品注册审批把关不严的漏洞，通过变换药名，简单改变规格、剂型或包装等方式，将低价药品包装成高价新药，通过"寻租"获得新药证书，谋取不正当利益。因此，药品集中招标采购不仅没有起到有效规制药品价格的作用，反而成为制药企业和医疗机构

---

① 顾希钧：《对药品招标工作的看法》，《上海医药》2003年第24期。

淘汰低价药品的工具，直接激发了医疗机构和各个流通环节加价销售高价药的热情，没有能够改变医疗机构在药品购销中的逐利倾向，造成药品价格虚高，并最终转嫁到患者身上。

第四，招标人加重制药企业负担导致其规避招标。虽然国家发改委于 2004 年 9 月颁布的《集中招标采购药品价格及收费管理暂行规定》规定，只允许招标人、委托代理机构向投标人收取招标文件费、代理服务费两项费用，严禁收取其他费用。但这项政策在各地的招投标实践中并未得到落实，招标人、委托代理机构将投标企业、中标企业视作"唐僧肉"，要求其缴纳预交保证金、风险保证金、质检费、专家评审费、中标服务费、场租费等。此外，招标人、委托代理机构还强制要求投标企业提供大量的材料，除了常规的企业营业执照、组织机构代码证、药品生产许可证、经营许可证之外，还要求企业提供财务会计账簿、财务报表、纳税表、银行开户证明等不必要的材料，导致企业在招标过程中耗费大量的人力、物力和财力。招标中介机构的存在，也增加了新的中间环节和费用。按照卫生部、原国家计委、原国家经贸委、国家药品监管局、国家中医药局于 2007 年 4 月出台的《医疗机构药品集中招标采购试点工作若干规定》，同品种药品集中招标一年最多 2 次。但在现实中，有的医疗机构为了谋取额外收入，一年多次招标，手续极其烦琐，使制药企业不堪重负。如前所述，招标人加重制药企业负担，加之"低价优先"等不当评标规则，使得制药企业的利润大幅度降低，导致制药企业不得不采取各种手段规避招标。

第五，医疗机构垄断地位强化，助长药价虚高。我国在药品管理上照搬西方发达国家的分类标准，将药品简单地区分为"处方药""非处方药"，并做出如下规定：购买、使用任何一种处方药，均需凭正规医疗机构医师开具的处方；如果没有医师处方，消费者仅可以自行购买、使用非处方药。一则我国知名医院、大医院在处方药的销售中拥有 80% 以上的市场份额，在医疗服务市场中拥有难以替代的垄断地位；二则我国制药企业、药品经销企业众多，药品同质化严重，使得制药企业、药品经销企业依赖大医院生存，较之医院处于弱势地位。因此，知名医院、大医院完全可以借助自身的优势地位向制药企业、药品经销企业索取回扣、返点。

此外，由于种种历史原因，我国医务人员的技术劳务价格、医疗服务价格一直处于较低水平，医院仅靠提供医疗服务难以维持日常运作。为了保证医院的生存和发展，政府赋予了医院溢价销售药品的权力，这就导致医院（特别是公立医院）长期以来几乎全部采取以药补医的经营模式。医院的日常运作依靠药品销售收入，加之医院相对于制药企业、药品经营企业的买方垄断地位，以及面向处于弱势地位的广大患者群体的卖方垄断地位，三者的综合作用无疑使医院同时具备了依靠药品销售收入实现利润最大化的动机和能力。[1]

我国实行药品集中招标采购制度之后，医院相对于制药企业、药品经营企业的买方垄断地位愈加稳固，而制药企业、药品经营企业的弱势愈加明显，只能依靠恶性竞争、返点回扣维持生存。现行的招标采购政策对处于强势地位的医疗机构缺乏充分有效的制约，导致各种腐败现象屡禁不止。主要表现在两个方面。

一方面，按照现行政策，部分药品可以不通过药品集中招标采购渠道。根据《关于进一步规范医疗机构药品集中招标采购的若干规定》规定，将医疗机构药品采购支出中80%以上的品种（中药饮片除外）纳入集中招标采购，这意味着有20%左右的药品可能被"暗箱采购"。有些医院出于利益需求，对用量大、价格虚高、回扣多的药品（比如国家发改委单独定价的药品、进口或合资企业专利药品、原研药品等）通过暗箱操作的方式进行采购。一些低价药品"中标即死""降价即无"，药品流通领域的利益分配格局更加扭曲，药费仍然虚高。

另一方面，现行招标采购制度存在漏洞，可能出现若干家制药企业生产的某种药品同时中标的评标结果（这类药品仅仅是品名、剂型、规格、包装存在细微差异）。[2] 由于药品同质化严重、竞争力弱，中标的制药企业会采用种种公关手段，打通医院这一强势的垄断买方，以维持药品销量。这一过程正是导致药价虚高的关键环节。第一，药企作为理性经济人，必须把公关费用加入药价；第二，药企难以确定供货数量，难以测算供应成本，可能导致不必要的成本上升。在这些不正之风下，药品集中招标采购这一"阳光工程"黯然失色。

由于以上五点因素的存在，我国药品集中招标采购制度的试点效果严重偏

① 王悦、孙利华：《对医疗机构药品集中招标采购的思考》，《中国药房》2007年第18期。
② 李宪法：《阳光工程为何低于社会预期？对药品集中招标采购的回顾与建议》，《医院管理论坛》2004年第5期。

离了政府的美好预期，药价虚高、药费连年增长的状况依旧存在，药品流通环节中的腐败现象屡禁不止。

4.3 药品谈判机制

4.3.1 现有协议管理的实践

从我国药品价格管理的实践历程可以看出，无论是药品定价机制还是药品集中招标采购制度，均在很大程度上存在问题和不足：既有药品定价规则不科学的实操层面原因，也有"以药养医"的体制性根源；既有制度本身设计的缺陷，也有各地在执行过程中对政策的扭曲和消极应对。

在长期以来形成的医疗服务模式中，医疗保险经办机构不能直接参与医疗服务、药品价格的核定过程，而是仅仅由医院与制药企业、药品销售企业进行价格谈判，且这一谈判过程缺乏监督。一些医院以药品集中招标采购的"二次议价"为幌子，私下与制药企业、药品销售企业商谈进货协议价格，一味压低药品进价，再加价卖给患者，这种以医院为利益核心的谈判模式虽然压低了药品价格，但参保患者难以得到实惠，药品价格得不到有效监管，导致药价虚高，参保患者看病贵。

在我国基本医疗保险制度建立后，政府借鉴西方发达国家的实践经验，立足我国医疗服务国情，逐步探索出了一套简称"三二一"的管理范式，即医疗保险药品、诊疗项目、医疗服务设施标准"三个目录"，定点医疗机构、定点零售药店"两个定点"和医疗费用支付结算"一个办法"。其中，"两个定点"是"三二一"管理范式的重要环节，通过协议管理来体现医疗保险经办机构与医疗机构和药品经营单位之间的契约关系。"两个定点"在运行实践中积累了一套较为丰富的经验，典型的有定点准入、协议管理、监督考核奖罚等机制。[①]例如，《社会保险法》第三十一条规定，"社保经办机构根据需要，可以与医疗机构、药企签订服务协议，规范医疗服务行为"。第八十七条则规定，"社保经办机构、医疗机构、药企以欺诈、伪造材料或其他手段，骗取社保基金，由

---

① 王东进：《"两定"不可废，协议须完善》，《中国医疗保险》2013 年第 11 期。

社保部门责令退回，并处以骗取金额 2 倍至 5 倍的罚款；属于社保服务机构的，解除服务协议"。

协议管理是谈判的初级形式，谈判的过程及结果体现在定点医疗机构及定点零售药店的协议管理中。《社会保险法》中的相关规定可以理解为是对现行医疗保险经办机构与医疗机构、零售药店签订定点协议的确定，在这一环节需要进行谈判，其实质是医疗保险经办机构与医院、药店等商谈定点补偿的方式、补偿的标准等。此外，江苏、成都、广东等地区在通过谈判进一步完善协议管理的基础上，还积极探索了支付方式的谈判、医疗服务的"量"和"质"与价格的谈判、非基本医保药物的谈判、药品进入医保报销目录的谈判等。

但是，"两个定点"管理模式也并非完美无缺。"两定"本应为医疗保险经办机构与医疗机构和药品经营单位之间的契约关系，但现实中基本上还是实行审查批准制度；协议管理的实际性质是行政协议，双方地位难以平等，经办机构在协议管理中履行了一定的行政监管职能；协议管理中的谈判机制运用尚不充分，协议的签订常常缺乏充分的协商谈判，蜕化成单方强势要求签字的模式；准入容易退出难的"被迫定点"现象也比比皆是；相关部门的责任意识不强、执行力度不够，对"两定"机构的日常监管还存在漏洞；等等。[①] 可见，这种管理方法和模式还是有明显不足，与我国医疗服务市场化的改革趋势逐渐不相适应。

4.3.2 谈判机制对药品价格管理的意义

卫生部、人社部于 2009 年出台的《关于印发改革药品和医疗服务价格形成机制的意见的通知》（发改价格〔2009〕2844 号）提出，"探索建立供需双方谈判机制。在政府制定药品、医疗服务价格的基础上，……积极探索医保经办机构与医院协会、药品供应商协商谈判、合理定价、确定支付方式"。根据以上规定，谈判机制是在政府制定药品价格的基础上，通过医疗保险经办机构与药品供应商双方协商确定药品费用及付费方式，而不是去改变政府的定价机制。因此，谈判机制与现行的有关药品价格管理法规的基本关系是，在国家药品价格管理的框架内对药品费用的协商，而不是对药品价格管理制度的改变。

---

① 晓前：《做优"两定"管理》，《中国医疗保险》2012 年第 6 期。

　　2014 年 11 月，国家发改委向 8 个医药行业协会下发了《推进药品价格改革方案（征求意见稿）》，其中提到：自 2015 年 1 月 1 日起，取消政府对药品的定价。今后，我国药品将采取以下定价机制：对医保目录内的药品，由人社部门负责确定医保支付标准，以医保支付标准为依据，定点医院采购时可以与药品供应商展开谈判，发挥医院的主动性；对专利药和中成药独家品种等类别，则通过多方参与的谈判机制协商确定价格；对血液制品、全国统一采购的药品等类别，要通过集中招标采购或谈判协商形成市场价格；对一类精神、麻醉药品，以及低价药品基本仍沿用现行政策。据国家发改委介绍，2015 年内，我国还将对药品价格和医疗服务价格进行改革。与以往的药品价格改革措施相比，此次改革特点非常鲜明：政府对药品定价的范围被极大地缩小，对谈判协商方式的高度重视和强调将彻底革新传统的定价机制及规则，从而更好地实现药品定价公开、公平、透明、高效的目标。因此，此次国家发改委全面取消药品政府定价意味着 2700 余种占据我国药品市场 23% 份额的实行政府定价和政府指导价的药品将正式摆脱"计划定价"模式，正式改为由谈判机制发挥关键作用的"市场定价"，谈判机制的重要地位将得到进一步肯定和强化。

　　2015 年 5 月，国家发改委会同国家卫生计生委、人力资源和社会保障部等部门联合制定了《推进药品价格改革的意见》，决定自 2015 年 6 月 1 日起，除麻醉药品和第一类精神药品外，取消药品政府定价，完善药品采购机制，发挥医保控费作用，药品实际交易价格主要通过市场竞争形成。对于专利药品、独家生产药品，《推进药品价格改革的意见》明确提出，建立公开透明、多方参与的谈判机制以形成价格，国家药品价格谈判机制应运而生。

　　2015 年 3 月 17 日，由国家卫计委负责起草的《建立药品价格谈判机制试点工作方案》（以下简称《方案》）正式结束了在国家相关部门间的意见征集工作，对价格谈判的具体操作流程进行了详细说明，我国药品价格改革中带有鲜明市场化特色和先进管理思维的药品价格谈判机制已正式进入立法程序。

　　从《方案》来看，我国将专门建立 3 个机构负责具体实施药品价格谈判机制。①由国家卫生计生委牵头，国家发改委、人社部、商务部等多部门联合领导的国家药品价格谈判指导委员会，其主要职责为确定谈判品种、谈判实施方案和采购价格等重大事项。②由驻国家卫生计生委纪检组监察局、利益方代表、人大代表、政协委员组成的国家药品价格谈判监督委员会，其主要职责为全程监督谈判工作，受理检举和投诉。③建立国家药品价格谈判专家库和药品价格信息库，在每次谈判前，从专家库中随机抽取专家，且同一位专家只能参加药品价格谈判的一个环节。以药品采购和谈判相结合为核心，使用以市场占有率换低价的策略，由各专业谈判组通过谈判议定临床用创新性药品的采购价格；由中国疾控中心采用预算谈判、带量谈判等方式，议定公共卫生领域的创新性药品的采购价格。

《方案》有以下几大亮点。

第一，建立健全中央和省（自治区、直辖市）的药品价格谈判机制，采用分类谈判的方式，将临床用、公共卫生用等创新性药品的价格限制在合理区间内。

第二，制定了谈判的基本策略：在医保支付标准中适当考虑制药企业、医疗机构的市场占有率等因素，采取以市场份额换低价、以采购量换取适当折扣、以税收优惠补偿药企合理利润损失等方式，使得谈判结果能最大限度地惠及广大参保患者。

第三，以疗效好但价格昂贵、社会舆论和公众广泛关注的若干创新药品和垄断药品为突破口，实施价格谈判。重点将肿瘤用药、心血管用药、儿童用药、中成药和公共卫生用药中的专利药品和独家产品纳入谈判范围。因此，开展靶向药物谈判工作，将"高精度、高剂量、高疗效、低损伤"的靶向药物纳入医疗保险基金支付范围成为必然趋势，有利于减轻肿瘤患者的经济负担，提高医疗保险基金的使用效率。

第四，医院严格依据谈判结果与制药企业签订买卖合同，合同中必须注明药品名称、剂型、采购数量、采购金额、付款方式和付款时间等内容。

第五，在国家药品供应保障信息系统上向社会公众公开谈判实施方案、谈判参与人、谈判流程、谈判结果等节点信息，保障公众知情权。

第六，确保药品谈判、采购整个流程的公开、公正，杜绝谈判过程中出现"黑匣子"。

建立药品谈判机制是完善医疗保险制度的内在要求。引进药品谈判机制，积极探索谈判原则、谈判程序、谈判方法，并使之系统化、流程化、规范化，有助于完善医疗保险制度的微观机构，发挥制度"修正器"的作用。药品谈判机制也是进一步规范药品价格的客观要求，可以起到完善我国药品价格管理制度的积极作用。一方面，创新药物的定价要能够确保医药企业有合理的利润空间用于创新和研发；另一方面，将药品价格谈判作为药品集中招标采购制度的补充，可以起到调节药品价格、挤压药品价格不合理空间，从而减少医保基金压力、让利于民的作用。

从国家发改委连续 31 次降低药品价格的效果，以及药品集中招标采购制度重价格轻数量的不良影响可以看出，单纯地降低药品价格并不能解决"看病贵"的问题。实践研究表明，药品价格（增长贡献率 24%）只是影响药品费用的一个因素，药品费用更多地受使用数量（增长贡献率 48%）和使用种类变化（增长贡献率 28%）的影响，因此单纯控制药品价格产生的效果并不理想。越来越多的国家已经放弃了直接降价的规制手段，而是更多地与制药企业互动，运用战略性购买的策略实现对药品种类、价格和数量的多重控制。药品谈判机制正是通过医疗保险经办机构与药品生产企业和经营企业协商谈判的方式，实现对药品价格、种类、数量和质量的全面控制。药品集中招标采购旨在降低药品价格，但针对性并不强，适用范围是全部采购品种。对于一些高价格的和长期使用的药品，没有其他特别的方法用于价格控制，而且现有的药品集中招标采购实际是在某种程度上保护独家品种的高价药品。建立药品谈判机制，将有助于控制长期以来的高价药品的费用。药品谈判可以让一些价格昂贵、暂时没有能够进入医保目录的创新药品得到报销，起到鼓励新药创新、增强制药企业自主创新能力的作用，同时可以满足多层次的用药需求，提高医疗保障水平，让广大参保人享受到药物科技创新的成果。

目前，我国的医疗保险谈判机制尚处于初创阶段，还存在很多问题。

第一，中央政府、省级政府亟须颁行规范性文件，并授权相关部门实施监督。谈判机制的构建需要有"合法性"的前提，"有法可依"才能够保障医疗保险部门名正言顺地要求医疗机构、医药企业等参与到谈判工作中来。近几年来，权威的、明确的规范性文件的缺位或不足是我国医疗保险部门推进谈判机制构建工作的短板。鼓舞人心的是，2015 年 3 月，《建立药品价格谈判机制试点工作方案》正式结束了在国家相关部门间的意见征集工作，对价格谈判的具体操作流程进行了详细说明。我国将成立国家药品价格谈判指导委员会，药价改革中最具市场化和国际化管理思路的药价谈判机制已正式进入立法程序，这将给我国药品谈判机制的建立提供强有力的保障，推动试点工作的开展。

第二，由于"三医"还未真正实现联动改革，医疗机构和医药企业的数量众多，特别是医疗机构的体制改革还面临很多困难和问题，医疗机构控制成本、提高质量效益的自觉性不高，对谈判并不主动，医疗保险经办机构单独行动难以发挥作用，这无疑会使得医疗保险谈判机制的构建面临很大的阻力。

第三，作为谈判主体的医疗保险经办机构的经办能力、谈判能力、谈判动力（即争取获得性价比高的医疗服务和药品的动力）都还有所欠缺，亟待增强与提高。无论从加强监督还是提高激励方面来看，都有必要通过一系列措施来促进医疗保险经办机构的能力建设和积极性增强。

第四，医疗保险经办机构长期以来习惯于利用强制性的行政管理手段来运作，方式方法僵化、缺乏灵活性，往往诱发医院的反感和医生的抵触。用平等的协商谈判方式来替代原有的行政化管理方式，意味着医保经办机构的角色转换，这个过程不可能一蹴而就，需要医保经办机构及工作人员在观念和行动两个层面上的双重转变。

第五，医药谈判机制包含的内容庞杂精细，医疗保险经办机构要顺利地组织和开展谈判工作离不开信息数据获取、经济评估和标准研究等方面的技术保证。现阶段，我国医保经办机构在这些方面还面临一系列困难，这也在较大程度上影响了谈判机制工作的推进。

第 5 章
国内药品谈判实践

照国际通行的做法，国家药品谈判是采取统一谈判的方式，把药品价格降至合理区间内。这是一种以量换价的方式，以一个国家的市场大份额与药企进行谈判，为患者换来更合理的药品价格。这对药企而言也是一次机遇，因为被纳入谈判的药品将直接进入公立医院采购目录，与医疗保险衔接，等于一举攻克了药品进入药品市场的两大难关。

早在 2009 年国务院发布的《关于深化医药卫生体制改革的意见》这一新医改文件中，就提出了通过谈判调控药价的要求。紧接着，国家发改委开始制定《药品价格管理办法征求意见稿》，对我国现行的药品价格管理办法提出改革意见。在国家政策的要求下，一些经济发达的省、市已率先开展了以降低药价为目的、以纳入医保报销为筹码的药品价格谈判试点，如江苏省、浙江省、江西省、青岛市、成都市等，为国内药品谈判工作的推进提供了宝贵的经验。目前，地方层面开展的药品谈判主要由地方人社部门主导，主要针对临床必需、疗效确切、治疗重特大疾病、临床使用费用高的药品，通过谈判将其纳入医疗保险补偿范围。

江苏省人力资源和社会保障厅于 2013 年发布了《关于建立谈判机制将部分特殊药品纳入医疗保险基金支付范围的通知》（苏人社发〔2013〕72 号）和《关于将甲磺酸伊马替尼片和尼洛替尼胶囊纳入医保基金支付范围的通知》（苏人社发〔2013〕127 号），并颁布了《关于印发〈江苏省城镇医疗保险特药管理实施方案〉的通知》（苏人社发〔2013〕278 号），规定自 2013 年 1 月起实施特药政策。截止到 2015 年 12 月，完成了 5 种高价药物的谈判工作，包括注射用曲妥珠单抗（赫赛汀）、甲磺酸伊马替尼片（格列卫）、尼洛替尼胶囊（达希纳）、甲磺酸伊马替尼片（昕维）、甲磺酸伊马替尼胶囊（格尼可）。通过与药品企业、药品供应商的谈判，将临床使用较多的几种抗癌靶向药物纳入医保支付范围，按照医保乙类目录标准支付报销，解决了部分重特大疾病患者医疗费用个人负担过重的问题。

浙江省在 2013 年通过谈判首次将浙江贝达生产的盐酸埃克替尼片（商品名凯美纳）纳入该省医保基金支付范围，这也是国内首个被纳入省医保范围的国产靶向肿瘤治疗药物。2014 年 12 月，浙江省根据《关于加快建立和完善大病保险制度有关问题的通知》（浙政发〔2014〕122 号），通过各设区市人力社保、卫生计生等部门及部分权威医疗机构推荐和两轮咨询专家小组论证，将 31 种治疗癌症等大病的高值药品纳入全省大病保险特殊用药谈判范围，经过与数十家国内外药企的谈判，最终有 15 个中选，分别是格列卫、力比泰、易瑞沙、里葆多、爱必妥、晴唯可、ATG-Fresenius S、赫赛汀、诺其、美罗华、类克、福斯利诺、泰欣生、索马社林和复泰奥。自 2015 年 1 月 1 日起，浙江省将这 15 种治癌药纳入医保范围，且药价平均降低 19.27%，其中药价直接降幅最大的达 54%。截至 2016 年底，全省总共有 28.5 万名大病患者，累计报销金额达到 15.8 亿元。2017 年 12 月，浙江省进行了第二次大病保险特殊用药谈判，并在省人社厅官网发布了《关于浙江省大病保险特殊药品谈判结果的公示》，来自辉瑞、默克、正大天晴、海正辉瑞等企业的 28 个品种入选。

江西省人力资源和社会保障厅于 2014 年 2 月发布《江西省人力资源和社会保障厅关于启动谈判机制将部分特殊药品纳入大病医疗保险基金支付范围有关事项的通知》（赣人社字〔2014〕116 号），正式拉开了谈判工作的序幕。2014 年 12 月出台了《关于将甲磺酸伊马替尼等五种特殊药品纳入城镇大病医疗保险基金支付范围的通知》（赣人社字〔2014〕436 号），该政策自 2015 年 1 月起正式实施，将包括甲磺酸伊马替尼胶囊（片）在内的 3 种靶向药物纳入城镇职工和城镇居民大病医疗保险基金支付范围。各医疗保险经办机构按照谈判确定的医保结算价格报销药品费用，其中城镇职工报销 75%，城镇居民报销 70%，报销标准与结算价格的差额部分由参保人员个人负担。通过启动谈判机制，江西省大幅减轻了白血病、肺癌、乳腺癌等大病医保参保患者的医药费负担。在谈判前，特药费用全部由个人负担。通过谈判，将特药费用纳入大病保险支付范围并无条件享受慈善援助。特药谈判价较中标价平均下降 32.58%。经测算，参保患者的特药费用较谈判前按江西省中标价计算净下降幅度在 4% ~ 35%（扣除大病保险职工医保、居民医保分别按 75%、70% 纳入报销因素），平均净下降 15.74%。结合特药纳入大病保险支付范围，参保患者的特药费用将下降 85.74% ~ 90.74%。

青岛市人民政府办公厅于 2012 年 6 月 19 日发布《关于建立城镇大病医疗救助制度的意见（试行）》（青政办字〔2012〕92 号），规定自 2012 年 7 月 1 日起实施大病医疗救助制度，从此展开了对目录外高价药品及高值耗材的谈判工作，使特药救助和特材救助得以顺利运行。青岛市特药救助项目规定，对于治疗重大疾病、罕见病，临床使用费用较高、疗效显著，且难以使用其他药品替代的药品，经专家论证后确定为特药。特药救助项目由人社局医保部门管理，由财政专项资金承担部分补偿费用，不纳入医院的总量控制与药占比管理。符合条件的参保患者使用特药，可以在最高费用限额内按个人自付费用的 70% 获得救助。自 2015 年 1 月起，青岛市实施医疗保险城乡统筹，建立了城乡一体的医疗保险制度，并在该制度框架下建立了新的覆盖城乡全体参保人员的大病医疗救助制度，将医保范围外的特药特材救助拓展到广大农村参保居民。截止到 2015 年 12 月，通过青岛市社会保险事业管理局主持的两个批次的谈判工作，共有 24 种高价药物和 2 种高值耗材被纳入青岛市特药特材救助目录，主要包括治疗恶性肿瘤的靶向药物、治疗罕见病的特效药物、治疗致残性疾病的生物制剂和治疗其他类重大疾病的药物。

这些省、市在对国家药品目录乙类部分进行调整的过程中均引入了谈判方式，由医疗保险方与药品企业直接就复合西药药品进行价格谈判，在进入乙类目录之前预先商定好进入后的医保支付价格优惠。在这些试点地区，已经基本形成了较为完善的谈判工作运行模式，且社会各方面普遍对谈判机制的整体效果评价较高。但是，可以看到，以一个省或市的市场为筹码还不够大，效果还不够显著，必须在国家层面与药品企业谈判，才有可能使药品价格真正降下来。本章以成都市为例，具体介绍地方试点情况，并在此基础上介绍国家层面药品谈判工作的实践情况。

5.1　成都市药品谈判[①]

成都是四川省省会，是我国中西部地区最大的城市之一。从全国范围来看，成都市是率先开始医疗保险谈判机制探索的地区之一，这与该市基本医疗保险的发展状况和医改进程是密切相关的。作为全国统筹城乡综合配套改革的试验区，成都医疗保险事业坚持改革发展，逐步破除了基本医疗保险的城乡户籍壁垒。成都市基本医保的覆盖面不断扩大，目前城镇职工基本医疗保险和城乡居民基本医疗保险的参保率已经突破99%，基本实现了对城乡群众的"应保尽保"。从2010年开始，成都市城镇职工基本医疗保险、城乡居民基本医疗保险的最高支付限额分别提高到上年度全市职工年平均工资与城乡居民可支配收入的6倍。2015年，职工和居民住院费用政策范围内的报销比例达到84.74%和71.38%，加上大病医疗互助保险，最高可分别报销68.59万元和57.98万元。[②]可见，成都市城镇职工、城乡居民的基本医疗保险全覆盖参保率、各种医保险种每年每人基金支付最高合计限额方面，在全国都很靠前。与此同时，药价虚高、医保基金支出不合理增长、参保群众医疗负担重等问题也日益突出。进入2010年下半年以来，成都市通过发挥市场机制对医药资源配置的基础性作用和"集团购买"的效率优势，开始了对医保药品和医疗服务价格谈判的探索，实现了医疗保险从行政管理向协商谈判的转变。

5.1.1　建立医疗保险谈判机制的战略规划

根据成都市医疗保险管理局文件（成医函〔2010〕15号），2010年，在调查的成都市377种药品数据中，医疗机构销售价格高于零售药店销售价格的药品共计291种，其中有33种的医疗机构销售价格和零售药店销售价格的平均价差率均在100%以上，与药品批发价相比，高出实际更多。这说明成都市药品的现行价格与应有的合理价格相比，存在成倍的虚高水分。

2009年11月9日发布的《成都市深化医药卫生、体制改革总体方案》第

---

① 本小节部分资料来源于成都市社保局、成都市医疗保险管理局提供的相关文件、数据资料等。

② 苏伟、苏航等：《医保药品和医疗服务价格谈判机制探析》，《中国医疗保险》2015年第6期。

十三条明确提出，要重视对基本医疗保险经办机构的建设，采取有效措施加强对医保基金的监管，建立健全医疗保险经办机构与医疗机构、药品供应商之间的谈判机制，不断提高服务能力。这一纲领性文件的出台，旨在有效制约医疗费用的过快增长，缓解医保基金供不应求的突出矛盾，防范并杜绝再生性医保医药价格虚高新问题的持续产生。该文件对成都市基本医疗保险经办机构建设与基本医保谈判机制改革创新要求提出了四层含义：一是加强基本医疗保险经办机构的建设工作，包括人员能力建设和组织建设；二是采取措施实现对基本医疗保险基金的有效监管；三是基本医保要积极探索部分专业管理与服务外包等多种发展路径与服务实现方式，实现制度创新；四是科学运用市场法则，建立健全基本医保谈判机制。

成都市对建立医保谈判机制进行了明确的战略规划，拟定了时间表，与经济社会的"十二五"规划期相结合：前两年试点，中两年推广，后一年定型。

（1）前两年试点

将"十二五"规划期的前两年，即 2011 年、2012 年两年与过去的 2010 年共计三年时间作为成都市建立基本医疗保险医保医药价格谈判机制与开展医保医药谈判工作的试点期。前两年试点期的主要工作任务是本着先易后难的原则，对医药价格严重虚高且已经曝光、目标明确的项目与药品启动谈判机制，优选多重降价方式进行谈判降价，为建立医保医药谈判机制寻求突破口，摸索新路子。

（2）中两年推广

将"十二五"规划期的中间两年，即 2013 年、2014 年两年作为成都市建立基本医疗保险医保医药价格谈判机制与开展医保医药谈判工作的推广期。这两年的主要工作任务是对本市基本医疗保险涉及的全部医与药的价格、服务质量标准、费用结算支付方式全面建立谈判机制与开展谈判工作，实现谈判机制全覆盖。推广期全覆盖的要求和标准是谈判机制政策制度的全面建立，涉及基本医疗保险的全部药品价格与医疗费用价格升降调整须全部通过谈判机制确定，价格不需调整的药品与医疗费用现行价格每年必须通过谈判机制确认一次方能继续使用，医保供需双方之间的一切重大事项均需依靠谈判机制妥善解决。推广期在谈判机制的全面作用下，必须收到基本医疗保险所涉及的药品价格与医疗费用价格基本实现合理的实际工作成效。

（3）后一年定型

将"十二五"规划时期的最后一年，即 2015 年作为本市健全完善基本医保医药价格谈判机制的规范定型年。这一年的主要工作任务是规范、完善、定型本市的基本医保医药价格谈判机制，用谈判机制调整基本医保全部医药价格全面实现比较精确，即把价格的不合理误差全面控制在 10% 以内。

5.1.2　相关部门的准备工作

成都市政府在了解医保谈判机制起步没有任何操作层面的政策依据的困难之后，以改革创新的精神想方设法创造起步条件，强力推进医保谈判。对医保药品谈判机制涉及的相关人员就建立医保药品谈判机制面临的问题和可能路径进行了调查。其中，含医保局副局长和处室负责人共 17 人，医院院长、科室主任共 25 人，制药企业代表共 28 人。调查结果如图 5 - 1 所示。

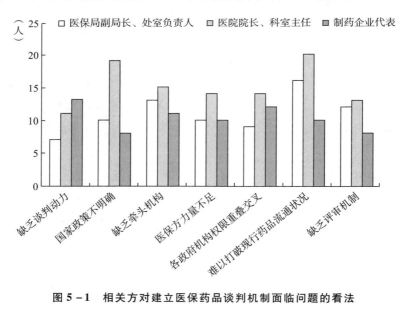

图 5 - 1　相关方对建立医保药品谈判机制面临问题的看法

调查结果显示，相关方认为建立医保药品谈判机制所面临的问题主要有以下几个方面：缺乏谈判动力、国家政策不明确、缺乏牵头机构、医保方力量不足、各政府机构权限重叠交叉、难以打破现行药品流通状况、缺乏评审机制。其中，参加调查的医保局副局长、处室负责人以及医院院长、科室主任都认为最突出的问题是"难以打破现行药品流通状况"，制药企业代表认为最突出的问题是"缺乏谈判动力"。

经过调查，医保部门初步形成了综合意见：第一，谈判流程应该是了解需求—出台制度流程—谈判—成功团购—指导用药—纳入协议管理—评价、监督；第二，由职能部门牵头支持，也要接受第三方监督，所有程序公开化，只有在药监、物价、卫生部门支持下，谈判才能成功；第三，要建立医保药品谈判目录，定期进行评价，并与医院沟通，在三方谈判成功之后，按谈判结果实施；第四，要提高谈判层次，除了有药品价格法规支持外，还要建立常态化的药品目录调查机制，并进行严格的评审鉴定。制药企业、药品经营企业和医院的综合意见是：第一，由真正代表医院利益的医院管理协会和制药协会代表医、药利益，与医保部门及卫生行政主管部门谈判，最好有媒体参加；第二，由行政部门牵头建立谈判机制，医保部门负责，医院、药企参与。

2010 年 6 月，由成都市委常委、常务副市长在市政府主持召开会议，专题研究解决成都市定点医疗机构药品价格虚高问题。市委、市政府秘书长，市发改委、市统筹委主任及市医改办、市物价局、市人社局、市商务局、市卫生局、市食品药品监管局、市医管局、市医保局等有关负责人参加会议。会议议定了"积极探索建立我市定点医疗机构药品诊疗谈判机制和定价机制"与"先期启动我市定点医疗机构药品价格谈判和听证工作"等重要决策事项，并最终形成了《成都市人民政府研究解决我市定点医疗机构药品价格虚高问题的会议纪要》，实际上是向全市相关政府部门、医保经办机构与医保"两定"单位首次发出了医保谈判的"动员令"。

2010 年 11 月，成都市发改委会同市人社局等七个相关职能部门联合颁布了《关于建立基本医疗保险药品和医疗服务费用谈判机制（试行）的通知》（成发改社会〔2010〕1304 号）（以下简称《通知》），明确了所有相关部门的职责、分工与当前的具体任务。《通知》颁布的目的是通过谈判机制的构建，让医保经办机构发挥出团购优势，从而减轻参保人员的医药费用负担，解决药价虚高的问题。

《通知》最大的积极作用是对医保经办机构开展谈判工作进行了"授权"，使之可以要求卫生局、食品药品监管局等其他相关部门积极参与到建立谈判机制的工作中来。按照要求，成都市医疗保险管理局根据该市基本医疗保险药品和医疗费用谈判总体工作思路，拟定了开展谈判工作的初步方案，负责具体的谈判工作，并在谈判结束之后根据谈判结果与医疗机构和药品供应商签订协议。在《通知》出台的当月，医疗保险管理局又根据要求发布了《关于做好基本医疗保险药品和医疗服务费用谈判工作的通知》（成医发〔2010〕21号），对主要的问题进行了明确：医疗保险谈判的主体是市医疗保险经办机构和医药服务提供方；谈判的重点任务包括团购医药服务、改革付费制度、完善协议管理等方面。

为了寻找谈判筹码和切入点，成都市医保局首先通过食品药品监督管理局掌握了307种国家基本药物和在市属各公立医院使用量排行前100名的口服药品在医疗机构中的售价以及在零售药店中的售价。同时，市医保局还对市内主要的药品批发市场进行了实地调查，收集到大量数据，摸清了药品真实的市场价格。经过比较，市医保局发现，同样的药品在药品批发市场、医院和零售药店中存在较大的价格差异。依靠调查数据，医保部门掌握了谈判的充分理由。部分单一药品已经进入国家报销目录，其复合制剂尚未进入目录但可以进入目录，医保局便坚持把只有通过谈判降价才能进入成都市医保报销目录作为部分复合制剂降价谈判的筹码。此外，在提前知晓省卫生厅正在拟文进入医保报销目录的药品时，医保局便在提前知晓信息的时间差内，通知药企或药商前来谈判降价以进入成都市医保报销目录，把知晓信息的时间差转化为谈判的筹码。

5.1.3 实践过程概述

从实践过程来看，成都市在建立基本医疗保险谈判机制的具体工作中，确定了先易后难、分步实施、以药品谈判为切入点的工作思路，通过谈判机制逐步控制医药虚高价格，减轻参保人员医疗负担，减少医保基金不合理支出，在医疗保险经办机构和医院、药企药商之间建立平等合作的医保契约管理关系，促使作为供方的医院、药企药商能够主动控制成本，实现医疗保险从行政管理向谈判协商的转变。

在医保谈判全过程中，医保谈判会议只是其中的一个最核心、最关键的环节，在谈判会议之前、之后和之外，还有更多工作和任务，它们有机形成基本医疗保险的全面整体工作。具体而言，成都市医疗保险经办机构开展药品谈判工作的流程和细节步骤如图 5 - 2 所示。

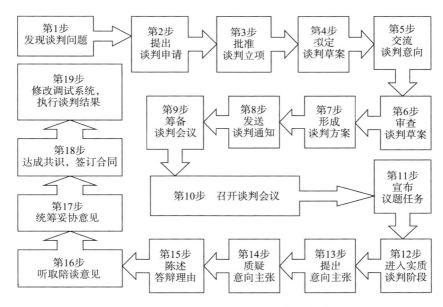

图 5 - 2　成都市医保经办机构开展药品谈判流程

第 1 步，发现谈判问题。即在基本医疗保险工作中发现需要供需双方通过谈判才能解决好的重要问题。发现谈判问题的工作从工作职责角度来讲，主要应由医保经办机构去做。同时，也不排除供方医院、药企药商在发现自身合理利益受到损害时，提出提价或改进结算支付方式等维护自身合法权益的医保议题项目。基本医疗保险供需双方之外的相关部门直至社会各界如果发现需要通过医保双方谈判才能解决的医保问题，都有责任、有义务、有权利通过各种正常渠道向医保谈判协调领导小组办公室反映。

第 2 步，提出谈判申请。基本医保谈判是一项严肃慎重且复杂繁重的工作，要进行任何一个医保事项的供需双方谈判工作，都应该向医保谈判协调领导小组办公室正式提出申请或建议。一般而言，供需双方中哪一方发现并提出谈判事项，就由哪一方提出医保谈判正式申请，谈判申请应按规范性格式文本式样提出。供需双方之外的任何一方提出的医保谈判事项只要确认可以立项谈判，就都应由医保经办机构提出谈判申请。医保谈判申请或建议是医保谈判提出的书面表达与形式，应有统一要素、统一格式。规范模板如图 5 - 3 所示。

医保谈判申请（建议）书

×××医保谈判机制协调领导小组办公室：

现申请（建议）进行医疗保险谈判。

申请（建议）谈判主要原因：

申请（建议）谈判主要内容：

申请（建议）谈判意向目标：

申请（建议）谈判大致时间：

申请（建议）人：

年 月 日

图 5 - 3 医保谈判申请（建议）书规范模板

第 3 步，批准谈判立项。在相关单位提出医保谈判申请后，由医保谈判协调领导小组办公室初审后报协调领导小组批准，然后正式纳入本市医保谈判计划，正式设立为医保谈判项目。只有正式立项的医保谈判项目才能筹划谈判，未经立项的项目不能进入谈判准备运作程序。

第 4 步，拟定谈判草案。每一个谈判项目在正式开展谈判前都需拟定付诸谈判的书面方案，付诸谈判的书面方案在经领导审核前被称为草案，经领导审核后被称为方案。书面草案中的专业技术内容由提出方负责，应特别突出谈判达成意向目标的各种理由，并有翔实的数据支撑，如真实完全成本、市场一级批发价格、同级可比城市价格等。同时，还应附上充分准备的应对质疑的答辩理由。谈判草案中的达成意向目标是谈判争取达成的理想目标，在此争取达到的理想目标之外，还应拟定有一定让步妥协空间的确保底线达成目标，在谈判时供谈判人酌情灵活掌握。确保底线达成目标只被谈判提出方掌握，不体现在公开的谈判草案中。

第 5 步，交流谈判意向。在拟定谈判草案中，对草案中的每一个意向达成目标都应事先非正式地征求谈判目标接受方的意见，并特别重视各方的不同意见，促使谈判的意向达成目标更加科学、更容易实现。

第 6 步，审查谈判草案。即谈判草案拟定后，谈判协调领导小组办公室应进行认真的初步审查，完成初步审查后再报领导审批。经谈判协调领导小组办公室审批后，谈判草案正式成为谈判方案。

第 7 步，形成谈判方案。即谈判草案经谈判协调领导小组办公室批准后成为正式谈判方案。经批准后的正式谈判方案应该在谈判前发送给参与谈判各方预热酝酿，以便提前发现问题或提高谈判效率。

第 8 步，发出谈判通知。医保谈判事关重大，涉及的单位和参与人员较多，正式召开医保谈判会一般要求在开会前 15 天把会议正式通知以书面形式发送给每一个应邀参与谈判的单位及每一位参与谈判的个人，并将谈判方案作为附件一并发送，以便参与谈判的单位和个人提前安排出席时间并熟悉谈判内容。谈判通知由医保谈判协调领导小组办公室负责发送。

第 9 步，筹备谈判会议。凡是医保谈判会议都由医保谈判协调领导小组办公室主办，委托医保经办机构承办，并要求承办单位按照主办单位要求提前进行周密细致的会议筹备工作，如会议场地、设施、主持、记录、食宿经费等。

第 10 步，召开谈判会议。即正式召开适度规模的医保谈判工作会，就提前准备的谈判方案进行认真负责、热烈充分、畅所欲言的平等协商式谈判。医保谈判工作会分为"年度计划谈判会"和"临时事项谈判会"。一般而言，"年度计划谈判会"计划于每年的最后两个月内安排适当时间召开。"年度计划谈判会"谈判内容多、任务重，凡对下一年度可预见的应该谈判的医保事项都应在"年度计划谈判会"上进行确认公布。"临时事项谈判会"时间安排具有偶然性，参与单位和人员具有选择性、灵活性，规模可以小型化，但比任何商务谈判都更加严肃正规。"年度计划谈判会"和"临时事项谈判会"都应由谈判主持人宣布谈判结果，在会上或会下由各参与单位授权代表人签署相关合同、协议等文书契约，并加盖单位公章或合同专用章。

第 11 步，宣布议题任务。医保谈判会由主持人宣布医保谈判开幕，简明扼要地宣布本次谈判会的背景、议题与任务，正式拉开医保谈判会序幕。

第 12 步，进入实质谈判阶段。医保供需双方围绕谈判的议题，正式进行以成本利润为中心，以行情数据为依据，以法律法规为约束的、以理服人的利益攻防博弈，谈判进入实质推进阶段。

第 13 步，提出意向主张。在谈判会进入实质推进阶段后，由谈判意向目标的提出人详细介绍意向达成目标及各种支持理由，让意向达成目标接受人听清主张、明白理由、深入思考、慎重反驳、趋向理性、尽快接受。

第 14 步，质疑意向主张。在意向达成目标提出人详细介绍达成目标及其支持理由之后，意向达成目标接受人可在对达成目标及其理由进行全面深入分析的基础上明确提出有理有据的反对意见，与意向达成目标提出人开展针锋相对但合情合理的辩驳与反辩驳，把意向达成目标主张与反主张理由辩清楚、谈明白，为最终达成谈判妥协目标提供坚实可靠的理论、数据和法规依据。

第15步，陈述答辩理由。医保谈判应欢迎并鼓励意向达成目标接受方对提出方的意向主张与理由提出有理有据的怀疑，意向达成目标提出方有责任和义务对质疑方进一步陈述答辩理由，进一步展现意向达成目标的科学性、合理性，甚至在陈述答辩理由的同时，勇于对意向达成目标中的失当内容进行必要修正，以便最终达成各方面发自内心的共识与妥协。

第16步，听取陪谈意见。医保谈判在供需双方充分磋商谈判的基础上，还应主动征求参与谈判的同级医改办、人社局、财政局、卫生局、医管局、药监局、监察局、审计局与同级人民代表、政协委员等所有监护人的相关专业咨询意见，并认真采纳切实可行的意见，使供需双方的最终谈判结果在经济合理的基础上更加符合各方面的政策法规与意见。

第17步，统筹妥协意见。在医保供需双方与监护人各方全面充分发表意见后，医保谈判会主持人应对各种意见进行整合，对反面意见比较强烈方适当开展说服劝导工作，尽可能朝着谈判方案意向达成目标的方向进行综合统筹，尽可能达成与谈判方案意向达成目标完全一致的意见，如果达不成则尽最大努力争取达成相对比较接近的妥协意见。

第18步，达成共识，签订合同。在医保各方、监护人各方与主持人发表统筹总结性意见后，若最终达成与谈判方案意向达成目标完全一致的意见或妥协形成比较接近的共识意见，医保谈判会就算达成了共识目标。就共识目标结果而言，一定要签订书面谈判合同或协议。谈判合同可以在谈判会议谈成共识目标时在会上签订，也可以在主持人宣布谈判结果并征得供需各方一致意见后，另约具体时间签订。医保谈判会议主持人在宣布谈判结果并安排合同签订事项，以及最后一次征求相关方意见后，宣布医保谈判会正式闭幕。

第19步，修改调试系统，执行谈判结果。谈判合同签订后，由医保经办机构将合同呈送医保谈判协调领导小组办公室，并报告医保谈判会的情况与结果。谈判合同经医保谈判协调领导小组领导审批后，转送医保经办机构负责具体执行。医保经办机构在得到经领导批准执行的合同后，立即组织医保结算系统与技术管理人员按照合同进行相关指标、参数与结算支付方式等若干应改项目的修改，并反复进行修改后的试运行检验，经反复检验正确无误后，由相关负责人签署新系统启用命令，于预先规定的新系统启用时间正式启用，正式执行谈判结果。

医保谈判工作拉开序幕之后，成都市医保局首先组织开展了针对尼群地平等 26 种药品的谈判，旨在凭借经办机构强大的团购实力降低这些药品的价格。从工作的实际情况来看，首轮谈判就遇到了不小阻力。2010 年 11 月，市医保局出台了《关于开展对尼群地平等 26 种药品实行团购优惠谈判试点工作的通知》（成医发〔2010〕22 号）。该文件提出，从 2010 年 12 月 1 日开始，成都市将正式开展针对药品的团购优惠谈判工作。谈判主体是市医保局和市基本医疗保险定点医疗机构（执行药品零差率政策的基层医疗机构除外），谈判药品选择的是尼群地平等 26 种药品，这些药品在成都市定点医疗机构和定点零售药店的平均价差在 1 倍以上，且都在成都市基本医疗保险报销范围之内。谈判之后，市医保局要根据定点医疗机构不同级别和属地管理原则的要求与定点医疗机构签订协议，这样一来，参保人在市内定点医疗机构就诊时，这些团购优惠药品的销售价格就不会超过谈判确定的协议价格。文件下发后，招致医院和药企的一致反对，理由是按照国家现行的药品集中招标采购文件规定，药品价格是不能谈判的挂网价。在这样的形势下，行政力量的推动有了紧迫性和必要性。市医改领导小组组长、常务副市长亲自出面，把相关医院院长请到了谈判桌上，亲自做深入细致的说服开导工作，直至医院答应降价。因此，第一轮 26 种药品降价谈判的序幕其实是政府领导拉开的，如果没有行政力量的强势推动，谈判工作是难以顺利开展的。克服阻力之后，成都市的首轮药品谈判工作取得了鼓舞人心的成效：纳入谈判范围的 26 种药品在经过谈判之后，达成的协议价格比原来在定点医疗机构的平均销售价格降低了一半以上，意味着参保人可以获得至少 50% 的团购价格优惠。

2011 年之内，成都市医保局又出台了一系列文件，相继开展了 4 次多部门联合的基本医疗保险药品降价谈判。除此之外，还有医保经办机构单独与个别医院、药企、药商、药店的若干次谈判。以第四批次 24 个基本医疗保险药品谈判团购价格为例，如表 5－1 所示，按谈判降价品规与幅度计算，全年谈判降价金额在 1000 万元左右。尽管这个谈判降价金额并不乐观，但成都市与全国范围内医保医药降价谈判成绩斐然的其他地区相比，真正采取了多部门联合

表5-1 成都市第四批次基本医疗保险药品谈判团购价格情况

单位：元

序号	医保通用项目中文名称	药品库编码	商品名称	批准文号	剂型	规格	包装单位	本包装含的数量	最小计价单位	生产厂家	团购价格	折零价格	最高限价
1	羟乙基淀粉200/0.5氯化钠注射液	YP10018993		国药准字	注射剂	500ml: 30g	袋	1	袋	杭州民生药业有限公司	90.00	90.00	103.50
2	甘油果糖氯化钠注射液	YP10018976		国药准字H20057114	注射剂	250ml: 甘油25g与果糖12.5g与氯化钠2.25g（玻璃瓶）	瓶	1	瓶	山东鲁抗辰欣药业有限公司	18.53	18.53	21.31
3	甘油果糖氯化钠注射液	YP10018977		国药准字H20057115	注射剂	250ml: 甘油25g与果糖12.5g与氯化钠2.25g（软袋）	袋	1	袋	山东鲁抗辰欣药业有限公司	21.87	21.87	25.15
4	乙酰谷酰胺氯化钠注射液	YP10018978	于芬	国药准字H20041778	注射剂	250ml: 乙酰谷酰胺0.5g与氯化钠2.25g	瓶	1	瓶	山东鲁抗辰欣药业有限公司	23.92	23.92	27.51
5	吡拉西坦氯化钠注射液	YP10018979		国药准字H20073420	注射剂	100ml: 20g: 0.9g	瓶	1	瓶	山东威高药业有限公司	34.85	34.85	40.08
6	吡拉西坦氯化钠注射液	YP10018980		国药准字H20073419	注射剂	50ml: 10g: 0.45g	瓶	1	瓶	山东威高药业有限公司	20.25	20.25	23.29
7	羟乙基淀粉200/0.5氯化钠	YP10018981		国药准字H20100026	注射剂	500ml: 羟乙基淀粉3g与氯化钠4.5g	袋	1	袋	成都倍特药业有限公司	86.24	86.24	99.18
8	盐酸格拉司琼氯化钠注射液	YP10018982	巴素	国药准字H20030370	注射剂	50ml: 格拉司琼3mg与氯化钠0.45g	袋	1	袋	成都倍特药业有限公司	20.50	20.50	23.58
9	羟乙基淀粉130/0.4氯化钠注射液	YP10018983		国药准字H20066740	注射剂	500ml: 羟乙基淀粉30g与氯化钠4.5g	袋	1	袋	山东洁晶药业有限公司	75.74	75.74	87.10

续表

序号	医保通用项目中文名称	药品库编码	商品名称	批准文号	剂型	规格	包装单位	本包装含的数量	最小计价单温	生产厂家	团购价格	折零价格	最高限价
10	奥硝唑氯化钠注射液	YP10018984	敖立妥	国药准字 H20041578	注射剂	100ml：0.25g＊0.85g	袋	1	袋	西安万隆制药有限责任公司	16.50	16.50	18.98
11	奥硝唑氯化钠注射液	YP10018985	敖立妥	国药准字 H20040325	注射剂	100ml：0.5g＊0.85g	袋	1	袋	西安万隆制药有限责任公司	28.05	28.05	32.26
12	加替沙星氯化钠注射液	YP10018994	奎泰	国药准字 H20059308	注射剂	100ml：0.1g＊0.9g（玻璃瓶）	瓶	1	瓶	西安万隆制药有限责任公司	12.00	12.00	13.80
13	加替沙星氯化钠注射液	YP10018995	奎泰	国药准字 H20050846	注射剂	100ml：0.2g＊0.9（玻璃瓶）	瓶	1	瓶	西安万隆制药有限责任公司	19.76	19.76	22.72
14	加替沙星氯化钠注射液	YP10018996	奎泰	国药准字 H20059297	注射剂	200ml：0.4g＊1.8g（玻璃瓶）	瓶	1	瓶	西安万隆制药有限责任公司	34.00	34.00	39.10
15	加替沙星氯化钠注射液	YP10018997		国药准字 H20050846	注射剂	100ml：0.2g＊0.9g（非PVC多层共挤输液袋）	袋	1	袋	西安万隆制药有限责任公司	23.60	23.60	27.14
16	甘油果糖氯化钠注射液	YP10018998		国药准字 H20066921	注射剂	250ml：甘油25g 与果糖12.5g 与氯化钠2.25g	装	1	袋	成都青山利康药业有限公司	21.87	21.87	25.15
17	缬沙坦氨氯地平	YP10018999		国药准字 JX20080182	片剂	缬沙坦80mg 与氨氯地平5mg（7片/盒）	盒	7	片	北京诺华制药有限公司	52.66	7.52	8.65
18	左奥硝唑氯化钠注射液	YP10018986	优诺安	国药准字 H20090295	注射剂	100ml：左奥硝唑氯化钠0.5g 与氯化钠0.83g	瓶	1	瓶	南京圣和药业有限公司	123.50	123.50	142.03

续表

序号	医保通用项目中文名称	药品库编码	商品名称	批准文号	剂型	规格	包装单位	本包装含的数量	最小计价单温	生产厂家	团购价格	折零价格	最高限价
19	氨甲苯酸氯化钠注射液	YP10018987	安本	国药准字H20020132	注射剂	100ml：氨甲苯酸0.5g与氯化钠0.9g	袋	1	袋	江苏晨牌药业有限公司	17.35	17.35	19.95
20	盐酸氨溴索葡萄糖注射液	YP10018988		国药准字H20050255	注射剂	50ml：盐酸氨溴索15mg与葡萄糖2.5g	瓶	1	瓶	青岛金峰制药有限公司	4.90	4.90	5.64
21	盐酸氨溴索葡萄糖注射液	YP10018989		国药准字H20023117	注射剂	100ml：盐酸氨溴索30mg与葡萄糖5g	瓶	1	瓶	青岛金峰制药有限公司	8.80	8.80	10.12
22	注射用头孢噻肟钠舒巴坦	YP10018990		国药准字H20090095	注射剂	100ml：头孢噻肟1.5g和舒巴坦0.75g	瓶	1	瓶	湘北威尔曼制药股份有限公司	112.00	112.00	128.80
23	硫酸依替米星氯化钠注射液	YP10018991	爱益	国药准字H20041982	注射剂	100ml：依替米星0.15g与氯化钠0.9g	瓶	1	瓶	海南爱科制药有限公司	63.00	63.00	72.45
24	硫酸依替米星氯化钠注射液	YP10018992	爱益	国药准字H20041981	注射剂	100ml：依替米星0.3g与氯化钠0.9g	瓶	1	瓶	海南爱科制药有限公司	105.00	105.00	120.75
25	阿仑膦酸钠维生素D3	YP10016977	福善美维D3	国药准字J20090035	片剂	70mg：2800IU	盒	1	片	杭州默沙东制药有限公司	61.56	61.56	70.79

注：拆零价格即拆零药品的价格。拆零药品即拆零药品在批发企业中一般指小于一整件的药品，在零售中则一般指小于一个最小包装的药品。拆零药品应集中存放于拆零专柜，并保留原包装拆包装的标签。药品有专用的拆零工具，各相关方要做好拆零记录，标明药品拆零后的数量、规格、批号等内容，直至药品售完。

开展谈判的方法，并将谈判机制原理与方法应用于与定点医疗机构、定点药店之间的协议契约管理，其药品降价的实质性谈判已经走在了全国前列。

2012 年 5 月，成都市医保局第六次组织开展了对基本医疗保险药品的降价谈判。谈判的药品涵盖抗排异药、治疗肿瘤药等高价格药品，同时也有治疗高血压药、抗菌抗病毒药等常用药物。其中，抗排异、治疗肿瘤等高价格药品是首次被纳入谈判范围，这些药品如果获准进入医保目录，则能够让参保的重病患者获得较大福利。经过专家评审和协商谈判，35 个品规的药品价格在市医保局和药品供应商之间达成了一致意见。此次谈判的药品价格在省药品招标"挂网价"的基础上平均降低了 6.5%，个别药品价格降幅超过了 22%。2012 年 11 月，市医保局又以参保人"总代表"的身份，与市内 25 家定点医疗机构针对医院自制的"复合制剂"展开了定价谈判。此次谈判使 559 个品规的"复合制剂"以适度降价的条件进入了医保目录，医保目录内医院"复合制剂"的品规数量比 2010 年增加了 41.2%，谈判确定的价格标准自 2013 年 1 月 15 日起执行。

2013 年 9 月，市医保局组织开展了第九次基本医疗保险药品团购谈判，并进行了专家评审，包括抗肿瘤药等高价格药品和抗菌药、抗病毒药等常用药品在内的 12 个品规的药品被纳入谈判范围。经过谈判，市医保局与药品供应商达成一致，该批药品的价格平均降幅为 7.5%，最高降幅达到 19%。

截至 2015 年 12 月，成都市已经进行了 13 个批次的基本医疗保险药品谈判，与全市定点医疗机构和 138 家药企就 1065 个品规的药品签订了协议。谈判之后，这些药品的价格在省药品招标"挂网价"的基础上平均降低 6.5% 左右，最高降低 30%，使得市医疗保险基金累计节约支出上千万元，对于广大参保人员而言，医疗负担也得到了较大程度的减轻，已经累计节省近一亿元。此外，抗肿瘤药等高价格药品和抗菌药、抗病毒药等常用药品及医院自制药剂也通过谈判方式进入医保支付范围。

2016 年 11 月 16 日，成都市人力资源和社会保障局按照成都市人民政府《关于完善重特大疾病医疗保险制度的通知》（成府发〔2016〕11 号）中的有关规定，印发了《成都市重特大疾病医疗保险药品目录》。通过市级医疗保险经办机构与药品生产企业谈判，将包括国家谈判药品中两种用于治疗非小细胞肺癌的靶向药物在内的 26 种药品纳入成都市重特大疾病医疗保险报销范围，报销比例高达70%，政策已自2016年12月1日起开始实施，如表5-2所示。这意味着患者可以以低于以前一半的价格购买肺癌靶向药物，同时，受益于成都大病医保政策的跟进衔接，肺癌患者的治疗药费负担将更小，有利于肺癌患者获得规范治疗，延长生存时间并提高生活质量。

表5-2 成都市重特大疾病医疗保险药品目录

序号	商品名	通用名	公司名称
1	特罗凯	盐酸厄洛替尼片	Roche Registration Ltd.
2	凯美纳	盐酸埃克替尼片	贝达药业股份有限公司
3	易瑞沙	吉非替尼片	Astra Zeneca AB
4	赛可瑞	克唑替尼胶囊	Pfizer Ltd.
5	爱必妥	西妥昔单抗注射液	德国默克公司
6	赛维健	注射用雷替曲塞	南京正大天晴制药有限公司
7	安维汀	贝伐珠单抗注射液	Roche Pharma（Schweiz）Ltd.
8	索坦	苹果酸舒尼替尼胶囊	Pfizer Ltd.
9	英立达	阿西替尼片	Pfizer Limited
10	赫赛汀	注射用曲妥珠单抗	Roche Pharma（Schweiz）Ltd.
11	泰欣生	尼妥珠单抗	百泰生物药业有限公司
12	利卡汀	碘［131I］美妥昔单抗注射液	成都华神生物技术有限责任公司
13	泽珂	醋酸阿比特龙片	Janssen-Cilag International N. V.
14	美罗华	利妥昔单抗注射液	Roche Pharma（Schweiz）Ltd.
15	瑞复美	来那度胺胶囊	Celgene Europe Limited
16	昕美	注射用地西他滨	江苏豪森药业集团有限公司
17	达珂	注射用地西他滨	Janssen-Cilag International N. V.
18	普来乐	注射用培美曲塞二钠	江苏豪森药业集团有限公司
19	修美乐	阿达木单抗注射液	AbbVie Ltd.
20	雅美罗	托珠单抗注射液	Roche Pharma（Schweiz）Ltd.
21	恩利	注射用依那西普	Pfizer Limited
22	类克	注射用英夫利西单抗	Janssen Biologics B. V.
23	全可利	波生坦片	Actelion Pharmaceuticals Ltd.
24	贝赋	注射用重组人凝血因子IX	Wyeth Pharmaceuticals Inc.

序号	商品名	通用名	公司名称
25	诺其	注射用重组人凝血因子 VIIa	丹麦诺和诺德公司
26	恩瑞格	地拉罗司分散片	Novartis Pharma Schweiz AG

2017 年 4 月 20 日，成都市医疗保险管理局发布《关于基本医疗保险药品谈判协议期处理相关事宜的通知》。通知指出，按照市发改委等八部门《关于建立基本医疗保险药品和医疗服务费用谈判机制（试行）的通知》（成发改社会〔2010〕1304 号）要求，成都市医保局先后执行了共十三批基本医疗保险药品谈判团购价格。鉴于协议到期，为规范药品目录管理和结算，经研究决定，在四川省人社厅《四川省基本医疗保险、工伤保险和生育保险药品目录》（以下简称《药品目录》）（2017 年版）出台前，成都市继续执行《药品目录》（2010 年版）及省人社厅相关文件规定，并对药品库内到期的谈判药品进行清理，对其中的 204 种谈判药品停用或取消谈判价。

2017 年 10 月 9 日，四川省人力资源社会保障厅印发《关于执行〈国家基本医疗保险、工伤保险和生育保险药品目录（2017 年版）〉和 36 种国家谈判药品有关问题的通知》（川人社办发〔2017〕939 号）。规定：自 11 月 1 日起，将《药品目录》（2017 年版）内的所有药品全部纳入四川省医保报销范围；自 9 月 1 日起，将人社部谈判确定的利拉鲁泰等 36 种药品，全部纳入四川省医保报销范围。此次将 300 多种药品纳入了报销范围，四川省基本医疗保险、工伤保险和生育保险用药范围将进一步扩大，医疗保障水平将进一步提高，对于减轻广大参保患者特别是一些重大疾病患者的个人负担将发挥重要作用。随后，成都市人社局也出台通知，将 36 种国家谈判药品纳入医保，并规定了不同药品的医保支付比例，使患者能够享受到药品谈判价格与医保报销的双重福利。

2018 年 6 月 19 日，四川省人力资源和社会保障厅发布《药品目录》（2018 年版），自 2018 年 8 月 1 日起执行。其中规定，《药品目录》（2018 年版）中涉及的谈判药，按《关于执行〈国家基本医疗保险、工伤保险和生育保险药品目录（2017 年版）〉和 36 种国家谈判药品有关问题的通知》中的相关规定执行。

2018 年 8 月 5 日，成都市人社局转发省人社厅通知，成都自 8 月 1 日起执行《药品目录》（2018 版）。文件中所列药品为基本医疗保险、工伤保险和生育保险基金准予支付费用的药品，共 2814 个，其中包括西药 1396 个、中成药 1382 个（含民族药 102 个）、国家谈判药品 36 个。

5.1.4　实践过程中的亮点

与其他地区不同的是，成都市药品谈判针对的是基本药物目录中的药品，谈判药品主要包括复合药、医院自制制剂、价格比同类药物高的药物、异名库内的药物、基本药物目录内的高价药物。对于通过谈判的药物，签订协议并给予医保报销信息库编码。在谈判实践过程中，主要有以下几个方面的亮点。

第一，基本医保药品价格谈判多管齐下。基本医疗保险谈判机制要在一个方向、一种方式上解决基本医保医药价格虚高问题几乎是不可能的。因为基本医保医药价格虚高问题有若干表现形式，加上既得利益者为保全自身既得利益，对这一问题极力辩护和掩盖，使得谈判机制的单独任何一种方式都很难让虚高的价格谈判到位。只有采取多管齐下、各个击破的思路，才能取得一定成效。基本医保药品价格谈判也不能拘泥于一两种形式，成都市在实践中采取了多管齐下的措施。

对于药品价格是否合理、是否虚高，必须有定量的标准，而国家相关部门对药品价格是否虚高并没有定量标准。成都市医保局根据谈判工作的实际需要对药品价格是否合理进行了定义：医院药品价在出厂价与同城零售药店均价之间为医院合理价格；医院药品价高于医院合理价格 20% 以下为医院偏高价；医院药品价高于出厂价 50% 以上为虚高价格。对此，药品谈判也相应地采取了八项对策，如图 5-4 所示。

对策说明：

①经过前期调查，确定价格虚高 300% 以上的药品，坚决谈判降价至 200% 以上，剩余 100% 虚高价格保留一年后逐年再降；

②经过前期调查，确定价格虚高 200% 以上的药品，坚决谈判降价至 150% 以上，剩余 50% 虚高价格保留一年；

③经过前期调查，确定价格虚高 100% 以上的药品，耐心谈判降价至 80% 以上，剩余 20% 虚高价格保留；

④经过前期调查，确定价格虚高 50% 以下药品，试点期间不谈降价，冻结

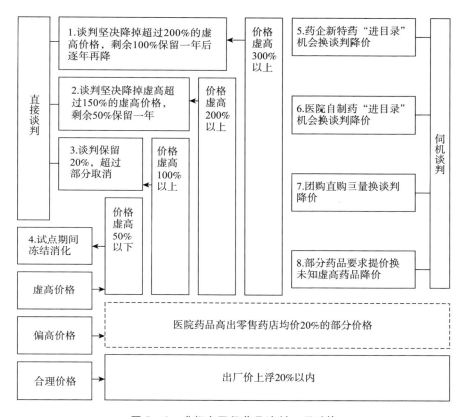

图 5-4 成都市医保药品谈判八项对策

价格，使其自然消化；

⑤新特药进入医保报销目录，经办机构趁机要求谈判降价；

⑥医院自制药进入医保报销目录，经办机构趁机要求谈判降价；

⑦经办机构向药企、药商团购，以巨量理由要求谈判让利降价；

⑧药品供应方对部分药品要求提价时，经办机构趁机提出高价药品的降价条件，启动谈判机制。

在八项对策的协同作用之下，成都市根据不同药品不同的价格水平，明确了不同程度的、能够达到的降价目标，比较顺利地推进了医保药品谈判工作，并取得了阶段性成果。

第二，把治理"药多为患"作为谈判的重要使命。成都市进入医保报销的药品品规超过两万种。国外药典药品品种大都只有几百种或者千余种，而我国药品品种则太多太滥。可见，我国医保报销药品已经是"药多为患"。我国医保药品真正缺少的是疗效确切药品，多的是疗效不确切药品。大量疗效不确切药品不但抢占侵蚀巨额医保基金，不能为参保患者消除疾病，而且因为品种过多，必然会部分甚至完全抵消正常药品的疗效，损害人民健康。医保报销药品应该有进有出，长期只进不出的机制可能让医保报销目录"藏污纳垢"，成为药品"垃圾场"。基于对这个问题的认识，成都市明确了医疗保险谈判机制的重要使命之一，就是充分发挥谈判机制的"优胜劣汰"功能，组织真正对人民健康高度负责的医药专家，把疗效不确切的药品识别筛选出来，用"民选""民议""民主"的医保谈判机制，把疗效不确切药品逐步从医保报销中淘汰出局，从而提高医保基金使用的有效性。

第三，提出医保药品价格谈判"直购"新思路。在药品谈判过程中，成都市提出了医保药品价格谈判"直购"思路。即通过医保经办机构的医保药品价格谈判，筛选部分药品，直接面向制药企业，为医保定点医院谈判医保药品，从厂方直接进货，由制药企业以比目前优惠更多的价格直接供货给定点医院，实现医保药品的最低优惠价格。这个思路与传统体制是冲突的，但更利于降低医保药品价格，符合深化改革的精神与方向。将基本医保经办机构对药品的"团购"准确称为"超级团购"，才能客观揭示医保经办机构"团购"理应享受大于其他任何"团购"优惠的数量级差异。与"超级团购"相比，"直购"谈判的积极意义更大，降价空间更大。在探讨谈判机制之前，从来没有人将医保大量所需药品定义为"零售"，医保"超级团购"其实在探讨谈判机制之前就客观存在。但"超级团购"能够得到的降价优惠并不动摇各方不当得利的体制机制根基，降价空间与实质意义十分有限。相比之下，"直购"降价谈判要求制药企业或配送商直接把对相关各方现行体制机制条件下的各种"折扣"或"返点"等不当利益直接转变为对医保全体参保人员药品"直购"的降价优惠，在现行药品"挂网价"体制机制未变的情况下，药企或配送商对定点医疗机构实行"挂网价开票直购价计算，医院按直购价加价卖药"的谈判机制变通优惠医保办法。"直购"谈判降价可以得到的优惠降价空间要比"超级团购"挂网价象征性降价优惠多得多，这种思路具有极大的创新性，在建立医保谈判机制过程中是非常值得探索的。

第四，在谈判中逐步实现定点医院"医药分开"。传统的"以药养医"价格模式根本无法理清医院用药结算价格。医保医药价格谈判如果把医与药的价格融为一体、混为一谈，结果无疑会成为"乱弹琴"。建立健全医保医药价格谈判机制，全面推行谈判工作，医院用药结算价格应该树立"医药分开"的理念，分别研究医、药并确定价格。从有利于医药发展、推行谈判机制、解决价格纠纷的任何一个方面来看，医院药品价格"医药分开"都迫在眉睫。但与此同时，从顾及传统做法、建立医药价格科学体系、医院经济与心理承受能力来看，医院药品价格"医药分开"的步子也不能走得过大。成都市在谈判过程中根据实际情况分析，该市要彻底实现"医药分开"大约需要五年时间。市医保局等相关部门树立起"医药分开"的理念，有意识、有目标地把医保医、药价格谈判过程作为医院药品医、药自然分离的过程，并制订计划争取用五年时间，即在"十二五"规划期彻底实现"医药分开"目标。这样的目标定位与我国医疗卫生体制"医药分开"的改革方向完全吻合，尽管改革必然因触及复杂的既得利益阶层和群体而面临诸多困难和阻力，但是是广大参保老百姓的人心所向，因此改革势在必行。

第五，引入专家评审机制，组建评审专家库。2011 年 4 月，在对首次药品谈判工作进行经验总结的基础上，市医保局正式在谈判中引入了专家评审机制，从第二批次基本医疗保险药品谈判开始发挥作用。评审专家中既有来自临床药学、医学、药物经济学、医疗保险等专业领域的学者，也有人大代表、政协代表等方面的人士。在以后各批次的基本医疗保险药品谈判工作中，专家评审将发挥越来越重要的作用。

2014 年 5 月，市医保局在医疗机构推荐和专家自愿报名的基础上，牵头组建了包含 700 余名专家在内的第三方评审专家库，医疗技术专家均具备副高级以上职称且从事医疗专业超过 6 年时间，其中不乏知名专家和学术带头人。专家库内设四个专家组，医保政策专家组主要为成都现行各类医疗保险制度提供指导、咨询服务；医疗专业技术专家组主要为医疗专业技术提供技术咨询、评判服务；法律顾问专家组主要为现行政策、新政策涉及法律方面的内容提供咨询服务；药品谈判专家组主要为药品谈判专业技术问题提供技术咨询、评判服务。专家库将实行动态管理，专家每届聘期 2 年，期满后可以续聘。

第三方评审的范围基本达到对各类医保经办争议问题的全覆盖，其中也包括了医疗保险经办机构在开展药品谈判、协议管理等工作上与定点（协议）机构的争议处理。争议问题出现后，由定点医疗机构或参保人员提出评审申请，市医保局受理申请后组织第三方专家评审，原则上每季度组织一次。市医保局将选择相近、相关的申请评审问题组织专家进行集中评审。评审专家由市医保局根据评审问题涉及的医学专业，从专家库相应专业的专家中随机抽取形成专家组，开展评审工作。对争议问题采取逐项讨论和表决的方式得出结论。评审结论可以作为解决争议问题的依据和处理今后类似问题的参照标准。

5.1.5 已取得的成效

从实践情况来看，成都市采用医保药品谈判的战略举措有效制约了医疗费用的过快增长，缓解了医保基金供不应求的突出矛盾，用谈判机制防范并杜绝了再生性医保医药价格虚高新问题的持续产生，医保谈判"契约管理"的科学功效已经开始凸显，用谈判协议明确的约束条件来规范定点医院和药店的服务行为，降低了社会管理成本，并逐步实现了医保经办机构职业化、专业化水平的提升。

第一，形成谈判协调领导小组并已组织 13 个批次的谈判。"成都市基本医疗保险医药谈判协调领导小组"组成人员包括：常务副市长或副市长（组长）；市发改委主任、财政局局长、人社局局长（副组长）；市卫生、医管、药监、监察、审计、物价、医保等相关部门的相关负责人（成员）。领导小组办公室设在市人社局，人社局相关负责人兼任办公室主任。围绕医保谈判主体、内容、路径、谈判结果的统计方法以及谈判效果的评价指标、监督管理等方面进行广泛深入研究，本着稳步推进的原则，以药品谈判为切入点，既探索了解决医保基金支付有限和参保人员要求获得质优价廉医药服务矛盾的途径，又初步建立了基本医疗保险药品和医疗服务费用谈判机制。截至 2015 年 12 月，已经进行了 13 个批次的基本医疗保险药品谈判，就 1065 个品规的药品签订了协议。这些药品的团购价格在四川省药招挂网价的基础上最高降幅达 30%，平均降幅 6.5% 左右，累计减少医保基金支出千万元，减轻参保群众医疗负担近亿元。在一定程度上缓解了医保基金突出的供需矛盾。

第二，明确价值取向，建立并实施了谈判规则及实施细则。谈判规则是指坚持公买公卖、平等协商、数据说话、以理服人、据理力争、体现公益。

医疗保险经办机构作为"超级团购"者，一方面，医保经办机构代表全体参保人是"超级团购"者，无论对医或药都应该享受大于其他任何"团购"的最大优惠，享受最低的"超级团购"医药价格。要转变过去医药吃医保、损害广大参保人权益的不负责任态度，坚持为广大参保人权益精打细算、据理力争的高度负责精神。另一方面，医保经办机构既要充分利用"超级团购"的规模优势，通过谈判方式降低目前虚高的药价，也要正确认识到其与医、药各方是甲方、乙方的平等关系，不能以上级自居，也不能一味打击医、药机构，以低于医、药合理成本与合理利润价格的底线"通知"砍价、武断砍价。建立医保谈判机制，在任何情况下、任何阶段都要把合理价格"公买公卖"作为正确的价值取向。在经过几年医保谈判的努力，把医、药价格降低到一个大致合理的水平情况下，医保谈判机制的主要任务是精细化管理，通过谈判精确调整医、药价格并提高医疗服务质量，尤其是在目前部分医疗服务项目价格已经明显偏低的情况下，不能把医保谈判机制变成大幅降价、普遍降价。

在谈判中，应该既争取为参保人购买到质优价廉的医疗服务和药品，又保证医疗机构和药企药商能获得合理利润。成都市在医保药品谈判中就合理确定了价格谈判的数量边界：略低于行业平均利润。基本医保作为事关民生福祉的社会保障事业与"超级团购"者，无论是相关药品价格还是医疗服务收费价格，都应该享受到最大优惠、体现公益性。合理的基准利润水平应该是药品与医疗行业收费平均利润的 50% 左右，即把本行业的医与药的平均利润率打五折后作为医保谈判医、药价格的基准利润水平。就个别药品而言，盈利水平最高不能超过行业平均利润率，最低不能出现亏损或零利润。总体而言，医保价格谈判最恰当的数量边界是略低于行业平均利润的目标价格水平。

经过谈判，双方对谈判结果无异议，产生的谈判结果须按照协议的约定正式实施。

第三，建立了合理的谈判主体。①法律主体——供、需双方。基本医疗保险终端供需关系表现为：定点医院、药企药商与医保经办机构。②谈判主持人：主持人是医保谈判的参与人、参与主体，但不是谈判的法律主体。正式规范的医保谈判主持人由本级政府设立的"基本医保医药谈判机制协调领导小组"组长担任或由组长委托副组长担任。

第四，分别签署通用协议、个案协议。①通用协议：从规范管理而言，较多的协议应采用通用协议方式。建立了针对全市若干家定点医疗机构或定点药企药商协议内容、条款与版式相同的医保谈判通用协议 1 个。②个案协议：分别建立了针对不同等级医院、各类专科医院以及制药企业和药品供应商的个案协议上百个。

第五，实现了引入市场竞争机制的医改思路，推动了医保管理重大变革。围绕破解医药价格政府统一定价，打破垄断市场，引入市场竞争机制的医改总体思路，探索建立基本医疗保险药品和医疗服务费用谈判机制。医保经办机构作为参保人员的总代表，通过主动的"团购"谈判，发挥市场竞争机制作用，促进医疗费用控制重点由需方即医保经办机构转向医药提供方，通过医保谈判的去行政化管理，将医保支付标准过去单一的按项目付费的方式，转变为复合式、多元化的支付标准和方式，利于医疗卫生机构充分竞争，提升供方能力水平，为需方提供更为优质的服务，实现了引入市场竞争机制的医改思路。围绕全面提升医保经办机构谈判能力和谈判规范性，逐步实现了医保管理去行政化，推动了医保管理重大变革。

5.1.6 当前存在的主要问题简析

从地方实践情况来看，成都市在运用谈判机制降低虚高药价的探索过程中遇到的问题在试点地区具有一定的代表性。

第一，缺乏配套政策支持。开展医疗保险药品谈判，尽管有各级党委政府的高度重视，但在具体的操作层面并没有具有法定效力的政策制度作为保障，这就造成构建医疗保险谈判机制的工作缺乏"合法性"。尽管国内试点地区开展了医保谈判的探索，但谈判尚无统一、可供衡量的标尺，缺乏全国统一的政策体系、制度体系和协调机制。在现行制度下，包括副省级在内的众多城市在医保药品目录、集中招标采购、药品价格的决定和调节等方面还没有明确的权限与操作空间。从成都市来看，虽然政府会议有"纪要"、一委七局八部门有"通知"，"纪要""通知"完全符合中共中央国务院关于探索建立医保谈判机制的精神，市政府也高度重视，强力支持医保谈判。但是，"纪要""通知"依据的是中央关于探索建立医保谈判机制精神的载体文件，远未走法定程序逐级成为操作执行政策制度文件。况且，医保及支持医保谈判的单位及其工作惯例是遵从现行政策制度文件的。目前，在新药进入医保报销目录、药品招标"挂网价"等最具法律效力的政策制度中，都还缺少对运用谈判机制降低药品价格的明确定位。如果一直缺乏执行层面的配套政策支持和协调机制，必然导致对医保部门谈判的授权或医保谈判支持的力度和有效性大打折扣。人社部门还需及时出台相关配套政策，下放医保目录的决定权或调整权，并协调相关职能部门，让医保经办机构的谈判探索科学合理、有章可循。

第二，市医保局职能建设落后。市医保局作为医保经办机构，是建立健全医保谈判机制、代表全市参保人员权益与定点医疗机构、药企药商对阵谈判的法律主体与职能部门。医疗保险也是一项技术方法和管理学问非常高深的专业性事业，谈判机制是其高深管理技术之一。作为医保的谈判主体，市医保局必须高度专业化。基本医疗保险面临供需双方谈判协商决定责权利关系的历史性发展方式转变，市医保局也必须实现高度职业化、高度专业化的转型。而市医保局目前与将来作为医保谈判的法律主体与职能部门，参与谈判的最大软肋是不知定点医疗机构、药品供应商真实的医疗服务完全成本与药品的出厂批发价格，知己不知彼，很难进行谈判。市医保局应特别重视加强行情信息职能建设，设置医药行情信息职能处，配备高素质实用人才，在研究掌握医疗服务成本、药品出厂批发价与实时行情数据信息方面实现历史性重大突破。在这个过程中，可以注重进一步提升部门之间相关信息沟通的对等性。医保经办机构开展谈判工作离不开物价部门、卫生行政部门、药品监督管理部门等相关职能部门的大力配合。如果这些部门能够为医保经办机构提供关于药品价格、质量、用量以及药品供应商的资质和经营状况等方面的重要信息，则可以为评审专家组更有效、更科学地进行评审工作创造有利条件，医保谈判就能更好地达到事半功倍的效果。

第三，谈判降价药品的范围待调整。对于"含金量"极高的医保而言，药企通过降低价格获得入围医保的身份，拿到稳定的销量和市场，使更多的药品进入患者使用范围，一直是双方博弈和得以最终谈判成型的筹码所在。在成都市已进行的药品谈判中，有 6 次谈的是未正式进入该市医保报销范围的"复合制剂"，通过谈判象征性地平均降价 4% 后被正式纳入医保报销范围。在目前部分药品价格虚高的情况下，未进入医保报销范围的"复合制剂"以平均让利 4% 的代价，换取正式进入医保报销的"入门条"，对药企而言绝对划算，对医保而言则要求过低，而对医保基金、对参保人员的实质利好需要更长时间和更多实践来验证。因为门槛过低，同意未进入医保报销范围的药品进入报销范围是典型的"请神容易送神难，进了报销再谈降价难上难"。因为药品价格虚高，国家发改委每次所发药品降价通知幅度也大都在10%以上。成都市以"复合制剂"进入医保报销的"入门条"为筹码与药企药商谈判换取平均降价4%的条件显然太低。

目前，国内关于医疗保险谈判机制构建的主流观点普遍认为，药品谈判的主要对象应该是那些价格昂贵、暂时没能进入医保目录的创新药品，而成都市在这一点上有所不同。市医保局等相关部门在药品谈判的实践中，主张医保药品谈判的对象主要是医保药品，因为对医保基金支付造成强大压力与冲击的主要是医保报销药品，而不是未进入或暂时未进入医保报销范围的药品。从这个差异来看，成都市药品谈判的做法与其他地区相比就可能存在不同的侧重点，这也是成都市在药品谈判机制的构建过程中需要特别关注的一点，即谈判药品的选择问题。成都市在医保药品谈判完成"破冰""入门"的探索尝试之后，不再把"复合制剂"进入医保报销范围作为医保药品谈判的主要目标，而把药品降价谈判的主要目标瞄准价格虚高并且已进入医保报销目录的价格高、用量大的常用药品。只有如此，医保药品谈判才能真正节减大量医保基金的支付成本，达到谈判降价的目的。即使是适度控制降价水平的谈判，也应该注意提高降价标准，市医保局认为降价幅度至少提高到10%以上才有价值。而在其他地区的实践中，就有选择创新药品作为谈判对象，通过医保经办机构与药企、药商和医疗机构的谈判将其纳入医保报销范围的例子。比如，本书第六章即将述及的广州市把非小细胞肺癌的靶向治疗药品纳入医保报销范围的谈判实践的例子，就与成都市主要针对医保报销药品的谈判实践有较大的不同。本书认为，在药品谈判机制的构建过程中，谈判药品的范围可以是一个逐渐扩大的过程，先目录外再目录内，先创新药品再普通药品。

5.2　国家层面的药品谈判

5.2.1　首批国家药品价格谈判试点

建立国家药品价格谈判机制是深化医药卫生体制改革、推进公立医院药品集中采购、减轻广大患者用药负担的重要举措，是一项意义重大的惠民工程，有利于完善药品价格形成机制，合理降低专利药品和独家生产药品价格，减轻患者医药费用负担，提高药品可及性和可负担性，切实增强人民群众对医改的认同感、获得感，对于健全药品供应保障体系，促进医疗、医保、医药"三医联动"，规范药品生产流通秩序，引导我国医药产业健康发展具有重大意义。

按照《建立药品价格谈判机制试点工作方案》《国务院办公厅关于完善公立医院药品集中采购工作的指导意见》《推进药品价格改革方案（征求意见稿）》等文件的要求，2015 年 10 月，经国务院批准，国家卫生计生委等 16 个部门建立了协调机制，组织开展首批国家药品价格谈判试点，谈判主要针对的是国内专利药品和独家生产药品。在谈判药品选择上，根据我国重大公共卫生和疾病防治的用药需求，通过专家充分论证，遴选出价格高、疾病负担重、患者受益明显的治疗乙肝、肺癌、多发性骨髓瘤等疾病的专利药品。在谈判思路上，体现"一药一策"，注重发挥部门政策合力，研究细化每种药品的谈判流程和策略，建立健全谈判监督机制。

2015 年 11 月下旬，国家药品价格谈判试点工作正式启动，谈判小组先后与乙肝、非小细胞肺癌专利药品相关企业进行多轮谈判，在谈判药品价格、直接挂网采购、完善医保支付范围管理办法、做好国家药品谈判试点与医保支付政策衔接等方面达成共识。

2016 年 5 月 20 日，国家卫计委公布了首批药品价格谈判结果，《国家卫生计生委办公厅关于公布国家药品价格谈判结果的通知》（国卫办药政函〔2016〕515 号）文件显示，谈判所涉及的 3 种药品——慢性乙肝一线治疗药物替诺福韦酯、非小细胞肺癌靶向治疗药物埃克替尼和吉非替尼，与之前公立医院的采购价格相比，降幅非常明显，分别为 67%、54% 和 55%，降低后的价格已与周边国家（地区）趋同。此次国家药品价格谈判结具如表 5 - 3 所示。

表 5 - 3　2015 年国家药品价格谈判结果

通用名	商品名	生产企业	包装规格	谈判价格（元）
富马酸替诺福韦二吡呋酯	韦瑞德	葛兰素史克（中国）投资有限公司	300mg×30 片/瓶	490
盐酸埃克替尼	凯美纳	贝达药业股份有限公司	125mg×21 片/盒	1399

通用名	商品名	生产企业	包装规格	谈判价格（元）
吉非替尼	易瑞沙	阿斯利康制药有限公司	250mg×10 片/盒	2358

注：1. 谈判价格为基于与现行医保政策相衔接的公立医疗机构采购价格（含配送费用）；2. 采购周期为 2016~2017 年。

谈判药品适用范围广、临床效果好，能够提升治疗效果，改善患者生活质量。谈判药品合理降价与医保相关政策接轨，将进一步减轻患者个人用药费用负担。相关专家预计，此次药品价格谈判试点的成功，实现每年为乙肝和非小细胞肺癌两种疾病的患者省下数百亿元的药费，有利于促进同类药品价格降到合理区间内，也为建立国家药品价格谈判机制积累了经验，未来会有更多昂贵的专利药品和独家生产药品走上谈判和降价之路。

为了确保国家谈判结果尽快落地，国家卫生计生委、发展改革委、工业和信息化部、人力资源和社会保障部、商务部、工商总局、食品药品监管总局七部门联合印发了《关于做好国家谈判药品集中采购的通知》（国卫药政发〔2016〕19 号）。文件规定，国家药品价格谈判结果适用于公立医疗机构（包括军队系统）采购使用。谈判价格是基于与现行医保政策相衔接的公立医疗机构采购价格（含配送费用）。在 2016~2017 年的采购周期内，各地不再另行组织谈判议价。谈判药品实行以省（区、市）为单位的集中挂网采购。省级药品采购机构要在 2016 年 6 月底前于省级药品集中采购平台上挂网公布谈判结果。医疗机构结合实际诊疗需求，按照谈判价格在省级药品集中采购平台上直接采购。鼓励其他医疗机构和社会药店在网上直接采购。各地要进一步细化完善相关使用措施，包括加强病人管理，对公立医疗机构采购的谈判药品实行单独核算，开展对谈判药品和其他同类药品的临床综合评价，促进合理用药，鼓励优先采购和使用谈判药品，允许患者凭处方在社会药店购买药品，等等。完善医保支付范围管理办法，要坚持以患者为中心，统筹兼顾各地经济社会发展、医保筹资水平和企业合理要求，做好谈判结果与医保政策的衔接工作。

在国家谈判之前，全国有十几个省（区、市）已经将相关谈判药品先后纳入城镇职工医保、新农合、大病保险（重大疾病保障）等医疗保险合规费用范围，谈判药品合理降价将为更多患者减轻经济负担，同时为医保基金节约支出，提高基金使用效率。因此，已经将谈判药品纳入当地医疗保险合规费用范围的地区，要进一步巩固完善医保制度和支付方式；尚未确定相关医疗保险合规费用范围的地区，要及时做好与相关医保政策的衔接工作，对谈判药品抓紧重点评审，尽快确定不同保障形式下的医疗保险合规费用范围；确有困难的地区，也可从大病保险（重大疾病保障）做起。

此次文件的下发旨在形成政策联动，促使各地做好国家谈判药品的采购、配送、使用和报销等各项工作，形成政策合力。在统筹城乡居民基本医疗保险、统一报销政策的过程中，及时将谈判药品纳入报销范围。

2016 年 9 月 30 日，国家卫计委、财政部联合印发了《关于做好国家谈判药品与新型农村合作医疗报销政策衔接的通知》（国卫办基层发〔2016〕39 号），文件提出，各省要结合当地经济发展、新农合筹资水平、医疗服务能力、地方疾病谱变化等实际情况，在执行谈判价格的基础上，力争在 2016 年 10 月底前将国家谈判药品纳入新农合报销药物目录，并报国家卫生计生委基层司备案。基金支出压力较大的地区，可选择部分品种或从大病保险做起。

据国家卫生计生委统计，截至 2016 年 9 月 30 日，有 18 个省份将谈判药品纳入各类医保合规费用范围，如表 5 - 4 所示。

例如，在率先实施国家药价谈判试点的云南省和海南省，患者负担明显减轻。2016 年 6 月初，云南省卫计委宣布对治疗乙肝和肺癌的埃克替尼片、吉非替尼片、富马酸替诺福韦二吡呋酯片 3 种药品执行谈判价格，并出台相关文件，要求各地在 6 月中旬前落实新农合及大病保险医保报销并挂网集中采购，自挂网之日起，各级医疗机构在同等条件下要优先采购和使用谈判药品。3 种谈判药品价格降幅均超过一半，与周边国家（地区）趋同。此次国家药品价格谈判之后，替诺福韦酯的价格降为 490 元。据云南省卫生计生委初步测算，每位患者的年治疗费用由每年的 1.29 万元下降到每年的 6762 元，提高了乙肝患者用药的可及性、可负担性和依从性。

海南省新型农村合作医疗将埃克替尼片、吉非替尼片、富马酸替诺福韦二吡呋酯片纳入乙类药品报销目录，经新农合报销后，可进入大病保险报销。海南省新农合协调小组办公室有关负责人表示，据测算，此次国家药品价格谈判后，患者月均药品费用明显下降。在药品降价的同时，患者还享受新农合按比例报销政策，如果患者在二级医院住院用药就可以再报销 75%。经新农合报销后，患者如果全年治疗费用超过 8000 元起付线，还可以再享受大病保险报销。按照海南省卫计委要求，上述 3 种药品暂限定在部分新农合定点医疗机构的定点科室使用，为引导患者到基层就诊和住院，各市（县）可确定 1~2 家群众满意的卫生院或标准化的中心卫生院，经新农合经办机构审批同意，将这 3 种药的使用权限下放至卫生院，实行按病种付费，不按限费医疗政策执行，不纳入药占比指标考核。

表 5 - 4 18 个省份谈判药品纳入医保情况

序号	省份	城镇职工基本医疗保险	城镇居民基本医疗保险	新型农村合作医疗	大病保险
1	云南	—	—	替诺福韦酯	替诺福韦酯
				埃克替尼	埃克替尼
				吉非替尼	吉非替尼
2	海南	—	—	替诺福韦酯	替诺福韦酯
				埃克替尼	埃克替尼
				吉非替尼	吉非替尼
3	广西	—	—	替诺福韦酯	
				埃克替尼	—
				吉非替尼	
4	辽宁	—	—	替诺福韦酯	替诺福韦酯
				埃克替尼	埃克替尼
				吉非替尼	吉非替尼
5	江西	—	—	替诺福韦酯	替诺福韦酯
				埃克替尼	埃克替尼
				吉非替尼	吉非替尼
6	贵州	—	—	替诺福韦酯	
				埃克替尼	—
				吉非替尼	
7	黑龙江	—	—	替诺福韦酯	
				埃克替尼	—
				吉非替尼	

序号	省份	城镇职工基本医疗保险	城镇居民基本医疗保险	新型农村合作医疗	大病保险
8	江苏	—	—	替诺福韦酯	埃克替尼
					吉非替尼
9	陕西	—	—	—	替诺福韦酯
					埃克替尼
					吉非替尼
10	山西	—	—	—	替诺福韦酯
					埃克替尼
					吉非替尼
11	安徽	—	—	—	替诺福韦酯
					埃克替尼
					吉非替尼
12	北京	—	—	替诺福韦酯	—
				埃克替尼	
				吉非替尼	
13	四川	—	—	替诺福韦酯	
14	新疆	替诺福韦酯	替诺福韦酯	替诺福韦酯	
		埃克替尼	埃克替尼	埃克替尼	
		吉非替尼	吉非替尼	吉非替尼	
15	甘肃	—	—	替诺福韦酯	—
16	吉林	—	—	替诺福韦酯	替诺福韦酯
				埃克替尼	埃克替尼
				吉非替尼	吉非替尼
17	河南	—	—	替诺福韦酯	埃克替尼
					吉非替尼
18	浙江	替诺福韦酯	替诺福韦酯	替诺福韦酯	吉非替尼
		埃克替尼	埃克替尼	埃克替尼	

5.2.2　2017 年医保准入谈判

此次谈判是医保部门首次转化角色，由原来的被动付费变为主动选择，并确定付费产品的价值、价格及其在使用过程中的合理性。

2017 年初，人社部公布了新版医保药品目录。相比 2009 年的版本，2017 年新版医保目录中的西药、中成药多了 339 个，总数达 2535 个，增幅约 15.4%。除了医保目录的调整外，国家针对临床价值较高但价格相对较贵的专利、独家药品，还新增设了拟谈判目录，通过谈判，让这些药品降价后纳入医保目录。

在谈判药品选择上，对临床必需、疗效确切但价格较为昂贵、按照现有的市场价格纳入目录可能会给基金带来一定风险的专利药、独家药，采取由专家评估测算确定的方式，从专家库中随机抽取医学、药学、卫生经济学、医保管理等领域的专家分为两个完全独立的评估专家组，分别从药物经济性和医保基金承受能力两个方面开展评估测算。其中，药物经济性评估组主要从药品的临床价值、国内外价格比较、同类药品参比等角度进行分析，运用药物经济学的方法提出建议；医保基金承受能力测算组主要以从医保运行数据库中提取的相关药品使用情况和费用信息为基础，通过大数据分析和数学精算的方法测算谈判药品纳入目录后对基金承受能力的影响，从而提出建议。工作组综合两组专家评估的结果，按事先既定的规则确定医保预期支付标准。专家协商达成一致以后，再将符合条件的药品列入谈判药品目录。药品目录的评审经过了咨询专家评审、遴选专家投票等程序，于 2017 年 4 月确定了 44 种拟谈判的药品。这些药品有近一半为肿瘤靶向药物，涵盖了常见肿瘤和心脑血管疾病等重大疾病用药。

2017 年 7 月，经与药企谈判，36 种药品被纳入了医保药品乙类目录，谈判成功率达到 81.8%。在谈判过程中，企业方有两次报价机会，如果企业最低报价比医保预期支付标准高出 15% 以上，则谈判终止；反之，双方可进行进一步磋商。最终确定的支付标准不能超过医保预期支付标准。在此次谈判中，医保部门就所有的规则、程序以及药品基础信息、评估参考因素等与企业进行了充分沟通，做到谈判双方认同规则、心中有数，确保了谈判的顺利进行。

随后，人社部印发了《关于将 36 种药品纳入国家基本医疗保险、工伤保险和生育保险药品目录乙类范围的通知》（人社部发〔2017〕54 号）（以下简称《通知》），将 36 种谈判药品纳入了《药品目录》（2017 年版）乙类范围，并同步确定了这些药品的医保支付标准。谈判确定的支付标准与 2016 年平均零售价相比，平均降幅达到 44%，降幅最高的达到 70%，大部分进口药品谈判后的支付标准低于周边国际市场价格，大大减轻了参保人员药费负担，同时也有效控制了医保基金支出。

据公开报道，大部分省市从 2017 年 9 月 1 日开始执行《药品目录》（2017 年版），此次谈判结果也在当日正式落地。谈判中的 36 种药品在列入医保前价格高昂、难以购买，包括诺华、拜耳、罗氏、阿斯利康等在列。据《人民日报》统计，不少药品仅 2015 年的在华销售额就高达上亿元甚至十几亿元。

此次谈判成功的 36 种药品中包括了 31 种西药和 5 种中成药。31 种西药中有 15 种是肿瘤治疗药，涉及肺癌、胃癌、乳腺癌、结直肠癌、淋巴瘤、骨髓瘤等常见癌种，包括了此前参保人员反映比较多的曲妥珠单抗、利妥昔单抗、硼替佐米、来那度胺等；还有 5 种是心血管病用药，如治疗急性冠脉综合征的替格瑞洛、治疗急性心梗的重组人尿激酶原等；其他药品分别是肾病、眼科、精神病、抗感染、糖尿病以及罕见病用药。5 种中成药中有 3 种是肿瘤药，还有 2 种是心脑血管用药。36 种国家谈判药品名单如表 5 - 5 所示。

表 5 - 5　36 种国家谈判药品名单

药品名称	剂型	医保支付标准	备注
利拉鲁肽	注射剂	410 元（3ml：18mg/支，预填充注射笔）	限二甲双胍等口服降糖药或胰岛素控制效果不佳的 BMI≥25 的患者，并需二级及以上医疗机构专科医师处方
替格瑞洛	口服常释剂型	8.45 元（90mg/片）	限急性冠脉综合征患者，支付不超过 12 个月
重组人尿激酶原	注射剂	1020 元〔5mg（50 万 IU）/支〕	限急性心肌梗死发病 12 小时内使用
重组人凝血因子Ⅶa	注射剂	5780 元〔1mg（50KIU）/支〕	限以下情况方可支付：1. 凝血因子Ⅷ或Ⅸ的抑制物 >5BU 的先天性血友病患者；2. 获得性血友病患者；3 先天性 FVII 缺乏症患者；4. 具有 GPIIb-IIIa 和/或 HLA 抗体和既往或现在对血小板输注无效或不佳的血小板无力症患者

续表

药品名称	剂型	医保支付标准	备注
重组人脑利钠肽	注射剂	585 元〔0.5mg（500U）/瓶〕	限二级及以上医疗机构用于规范治疗效果不佳的急性失代偿性心力衰竭短期治疗，单次住院支付不超过 3 天
托伐普坦	口服常释剂型	99 元（15mg/片） 168.3 元（30mg/片）	限明显的高容量性和正常容量性低钠血症（血钠浓度＜125mEq/L，或低钠血症不明显但有症状且限液治疗效果不佳），包括伴有心力衰竭/肝硬化以及抗利尿剂激素分泌异常综合征的患者
阿利沙坦酯	口服常释剂型	7.05 元（240mg/片） 3.04 元（80mg/片）	—
吗啉硝唑氯化钠	注射剂	106 元（100ml：500mg 吗啉硝唑和 900mg 氯化钠/瓶）	限二线用药
泊沙康唑	口服液体剂	2800 元（40mg/ml 105ml/瓶）	限以下情况方可支付：1. 预防移植后（干细胞及实体器官移植）及恶性肿瘤患者有重度粒细胞缺乏的侵袭性曲霉菌和念珠菌感染；2. 伊曲康唑或氟康唑难治性口咽念珠菌病；3. 接合菌纲类感染
曲妥珠单抗	注射剂	7600 元〔440mg（20ml）/瓶〕	限以下情况方可支付：1. HER2 阳性的乳腺癌手术后患者，支付不超过 12 个月；2. HER2 阳性的转移性乳腺癌；3. HER2 阳性的晚期转移性胃癌
贝伐珠单抗	注射剂	1998 元〔100mg（4ml）/瓶〕	限晚期转移性结直肠癌或晚期非鳞非小细胞肺癌
尼妥珠单抗	注射剂	1700元（10ml：50mg/瓶）	限与放疗联合治疗表皮生长因子受体（EGFR）表达阳性的 III/IV 期鼻咽癌
利妥昔单抗	注射剂	2418元（100mg/10ml/瓶） 8289.87 元（500mg/50ml/瓶）	限复发或耐药的滤泡性中央型淋巴瘤（国际工作分类 B、C 和 D 亚型的 B 细胞非霍奇金淋巴瘤），CD20 阳性III−IV期滤泡性非霍奇金淋巴瘤，CD20 阳性弥漫大 B 细胞性非霍奇金淋巴瘤；最多支付 8 个疗程
厄洛替尼	口服常释剂型	195 元（150mg/片） 142.97 元（100mg/片）	限 EGFR 基因敏感突变的晚期非小细胞肺癌
索拉非尼	口服常释剂型	203 元（0.2g/片）	限以下情况方可支付：1. 不能手术的肾细胞癌；2. 不能手术或远处转移的肝细胞癌；3. 放射性碘治疗无效的局部复发或转移性、分化型甲状腺癌

药品名称	剂型	医保支付标准	备注
拉帕替尼	口服常释剂型	70 元（250mg/片）	限 HER2 过表达且既往接受过包括蒽环类、紫杉醇、曲妥珠单抗治疗的晚期或转移性乳腺癌
阿帕替尼	口服常释剂型	136 元（250mg/片） 185.5 元（375mg/片） 204.15 元（425mg/片）	限既往至少接受过 2 种系统化疗后进展或复发的晚期胃腺癌或胃－食管结合部腺癌患者
硼替佐米	注射剂	6116 元（3.5mg/瓶） 2344.26 元（1mg/瓶）	限多发性骨髓瘤、复发或难治性套细胞淋巴瘤患者，并满足以下条件：1. 每 2 个疗程需提供治疗有效的证据后方可继续支付；2. 由三级医院血液专科或血液专科医院医师处方；3. 与来那度胺联合使用不予支付
重组人血管内皮抑制素	注射剂	630 元（15mg/2.4 × 10^5 U/3ml/支）	限晚期非小细胞肺癌患者
西达本胺	口服常释剂型	385 元（5mg/片）	限既往至少接受过一次全身化疗的复发或难治的外周 T 细胞淋巴瘤（PTCL）患者
阿比特龙	口服常释剂型	144.92 元（250mg/片）	限转移性去势抵抗性前列腺癌
氟维司群	注射剂	2400 元（5ml：0.25g/支）	限芳香化酶抑制剂治疗失败后的晚期、激素受体（ER/PR）阳性乳腺癌治疗
重组人干扰素 β – 1b	注射剂	590 元（0.3mg/支）	限常规治疗无效的多发性硬化患者
依维莫司	口服常释剂型	148 元（5mg/片） 87.05 元（2.5mg/片）	限以下情况方可支付：1. 接受舒尼替尼或索拉非尼治疗失败的晚期肾细胞癌成人患者；2. 不可切除的、局部晚期或转移性的、分化良好的（中度分化或高度分化）进展期胰腺神经内分泌瘤成人患者；3. 不需立即手术治疗的结节性硬化症相关的肾血管平滑肌脂肪瘤（TSC-AML）成人患者
来那度胺	口服常释剂型	866 元（10mg/粒） 1101.99 元（25mg/粒）	限曾接受过至少一种疗法的多发性骨髓瘤的成年患者，并满足以下条件：1. 每 2 个疗程需提供治疗有效的证据后方可继续支付；2. 由三级医院血液专科或血液专科医院医师处方；3. 与硼替佐米联合使用不予支付
喹硫平	缓释控释剂型	3.72 元（50mg/片） 10.76 元（200mg/片） 14.68 元（300mg/片）	—

药品名称	剂型	医保支付标准	备注
帕罗西汀	肠溶缓释片	4.59 元（12.5mg/片） 7.8 元（25mg/片）	—
康柏西普	眼用注射液	5550 元（10mg/ml，0.2ml/支）	限 50 岁以上湿性年龄相关性黄斑变性患者，并符合以下条件：1. 需三级综合医院眼科或二级及以上眼科专科医院医师处方；2. 病眼基线矫正视力 0.05～0.5；3. 事前审查后方可用，初次申请需有血管造影及 OCT（全身情况不允许的患者可以提供 OCT 血管成像）证据；4. 每眼累计最多支付 9 支，每个年度最多支付 4 支。
雷珠单抗	注射剂	5700 元〔10mg/ml，0.2ml/支、10mg/ml，0.165ml/支（预充式）〕	限 50 岁以上湿性年龄相关性黄斑变性患者，并符合以下条件：1. 需三级综合医院眼科或二级及以上眼科专科医院医师处方；2. 病眼基线矫正视力 0.05～0.5；3. 事前审查后方可用，初次申请需有血管造影及 OCT（全身情况不允许的患者可以提供 OCT 血管成像）证据；4. 每眼累计最多支付 9 支，每个年度最多支付 4 支
司维拉姆	口服常释剂型	8.1 元（800mg/片）	限透析患者高磷血症
碳酸镧	咀嚼片	14.65 元（500mg/片） 19.98 元（750mg/片） 24.91 元（1000mg/片）	限透析患者高磷血症
银杏二萜内酯葡胺注射液	注射剂	316 元（5ml/支，含银杏二萜内酯 25mg）	限二级及以上医疗机构脑梗死恢复期患者，单次住院最多支付 14 天
银杏内酯注射液	注射剂	79 元（2ml/支，含萜类内酯 10mg）	限二级及以上医疗机构脑梗死恢复期患者，单次住院最多支付 14 天
复方黄黛片	片剂	10.5 元（0.27g/片）	限初治的急性早幼粒细胞白血病
注射用黄芪多糖	注射剂	278 元（250mg/瓶）	限二级及以上医疗机构肿瘤患者，单次住院最多支付 14 天
参一胶囊	胶囊剂	6.65 元（含人参皂苷 Rg3 10mg/粒）	限原发性肺癌、肝癌化疗期间同步使用

　　此次谈判对创新药和罕见病药给予了高度重视，被列入"十二五"以来国家重大新药创制专项的西达本胺、康柏西普、阿帕替尼等全部谈判成功，治疗血友病的重组人凝血因子Ⅶa和治疗多发性硬化症的重组人干扰素 β-1b 也都

成功被纳入药品目录。通过谈判将社会反映比较强烈的肿瘤靶向药等重大疾病治疗用药纳入药品目录，充分发挥了基本医疗保险的集团购买功能，提高了基本医疗保险的保障水平，同时也兼顾了基金负担能力，并有利于引导合理医疗行为、促进医药产业发展创新，基本实现了医保、企业、参保人"三赢"的目标。

5.2.3 2018 年抗癌药医保准入谈判

2018 年 5 月 31 日，中华人民共和国国家医疗保障局正式挂牌，成为国务院直属机构。这次国务院机构改革决定组建国家医疗保障局，对人社部的城镇职工和城镇居民基本医疗保险与生育保险职责、国家卫计委的新型农村合作医疗职责、国家发改委的药品和医疗服务价格管理职责以及民政部的医疗救助职责加以整合并转至该局。我国医疗保障改革与制度建设将自此由部门分割、政策分割、经办分割、资源分割、信息分割的旧格局，进入统筹规划、集权管理、资源整合、信息一体、统一实施的新时代。在国家药品价格谈判机制中，国家医疗保障局无疑将发挥重要的牵头作用，逐步实现对药品价格的合理调控。

2018 年 6 月，国家医疗保障局刚刚组建成立，便按照国务院抗癌药降税降价工作部署，立即启动了目录外抗癌药医保准入专项谈判工作。在医疗组办公室专项工作进度表上，专家评审、提出备选谈判药品、指导企业准备谈判材料等 20 项工作都按照明确的工作日期稳步推进。企业报送材料、专家评估、价格谈判三个环节明确分工。企业按照要求报送药品基本信息、疗效价格等方面资料。专家团队从药物经济性和基金支撑能力两方面进行评估，提出评估意见。医保经办机构另行组织谈判专家与企业代表进行价格谈判。

自 2018 年 5 月 1 日起，我国以暂定税率方式将包括抗癌药在内的所有普通药品、具有抗癌作用的生物碱类药品及有实际进口的中成药的进口关税降为零，同时企业可选择按照简易办法依照 3% 征收率计算缴纳增值税，部分进口抗癌药也按 3% 征收进口环节增值税。按照国务院常务会议"督促推动抗癌药加快降价"的要求，2018 年 7 月 31 日，国家医保局、人力资源和社会保障部、国家卫生健康委发布《关于做好前期国家谈判抗癌药品医保支付标准和采购价格调整的通知》（国保办发〔2018〕4 号）。文件规定，国家有关部门已对 2015 年国家药品价格谈判及 2017 年医保药品目录准入谈判中的抗癌药品重新确定了医保支付标准和采购价格，要求各地医疗保障、人力资源和社会保障、卫生计生部门尽快执行前期国家谈判抗癌药品本次调整后的价格。为加快降税政策向终端价格传导，减轻患者的费用负担，各省（自治区、直辖市）医药集中采购部门陆续出台《关于开展前期国家谈判抗癌药品价格申报的通知》，督促有关企业在约定的企业申请调价时间前，尽快提交企业所涉及药品的调价申请函，如表 5-6 所示。抗癌药调税降价有利于减轻人民群众的医药费用负担，实现让利于民，让患者用上质量更好、价格更低的药品。

表 5-6　前期国家谈判抗癌药品情况

序号	药品名称	商品名	规格	企业	约定的企业申请调价时间
1	硼替佐米	万珂	3.5mg/瓶	杨森	2018 年 9 月 30 日前
2	阿比特龙	泽珂	250mg/片	杨森	2018 年 9 月 1 日前
3	埃克替尼	凯美纳	125mg/片	贝达	2018 年 9 月 1 日前
4	索拉非尼	多吉美	0.2g/片	拜耳	2018 年 9 月 30 日前
5	阿帕替尼	艾坦	250mg/片 425mg/片	恒瑞	2018 年 9 月 1 日前
6	吉非替尼	易瑞沙	0.25g/片	阿斯利康	2018 年 9 月 30 日前
7	氟维司群	芙仕得	250mg/5ml	阿斯利康	2018 年 9 月 30 日前
8	依维莫司	飞尼妥	5mg/片 2.5mg/片	诺华	2018 年 9 月 1 日前
9	来那度胺	瑞复美	10mg/粒 25mg/粒	百济神州	2018 年 9 月 1 日前
10	曲妥珠单抗	赫赛汀	440mg/瓶	罗氏	2018 年 9 月 1 日前
11	利妥昔单抗	美罗华	100mg/瓶 500mg/瓶	罗氏	2018 年 9 月 30 日前
12	贝伐珠单抗	安维汀	100mg/瓶	罗氏	2018 年 9 月 30 日前
13	厄洛替尼	特罗凯	100mg/片 150mg/片	罗氏	2018 年 9 月 1 日前
14	拉帕替尼	泰立沙	250mg/片	葛兰素	2018 年 9 月 1 日前

　　2018 年 8 月，国家医疗保障局加快推进抗癌药医保准入专项谈判工作。在

前期准备的基础上，组织了来自全国 20 个省份的 70 余名专家通过评审、遴选投票等环节，并经书面征求企业谈判意愿，最终确认将 12 家企业的 18 种抗癌药纳入本次抗癌药医保准入专项谈判范围，具体名单如表 5 - 7 所示。谈判涉及的 12 家企业均按照国家医保局要求对药品价格进行了重新测算，国家医保局组织财税专家对企业测算结果逐一进行了复核，并与企业就调整后的医保支付标准或挂网采购价格签署了补充协议。企业再按约定向各省份招采部门提交调价申请，实现抗癌药终端价格的降低。

在专家评审环节，国家医保局通过两组平行评估的方式对谈判药品开展评估。一组是基金测算组，在充分利用从 2017 年上一轮药品谈判调取和收集的医保数据基础上，在很短的时间内又补充了 21 个统筹地区的最新数据，前后涉及 26 个省份 68 个统筹地区，共 1.7 亿条基础数据。另一组是引入了国际通行的评估方法，采用成本效用等药物经济学方法测算药品进入国家目录后的预期支付标准，并就销量增加情况做出定量预测。专家提出的拟谈判药品均为治疗血液肿瘤和实体肿瘤所必需的临床价值高、创新性高、患者获益高的药品。

表 5 - 7 　 2018 年 18 种抗癌药医保准入专项谈判药品范围

序号	药品	主要治疗领域
1	阿昔替尼片	肾细胞癌
2	甲磺酸奥希替尼片	非小细胞肺癌
3	枸橼酸伊沙佐米胶囊	多发性骨髓瘤
4	克唑替尼胶囊	非小细胞肺癌
5	磷酸芦可替尼片	骨髓纤维化
6	马来酸阿法替尼片	非小细胞肺癌
7	尼洛替尼胶囊	慢性髓性白血病
8	培门冬酶注射液	儿童急性淋巴细胞白血病
9	培唑帕尼片	肾细胞癌/软组织肉瘤
10	苹果酸舒尼替尼胶囊	肾细胞癌
11	瑞戈非尼片	黑色素瘤
12	赛瑞替尼胶囊	非小细胞肺癌

序号	药品	主要治疗领域
13	维莫非尼片	黑色素瘤
14	西妥昔单抗注射液	结直肠癌
15	盐酸安罗替尼胶囊	非小细胞肺癌
16	伊布替尼胶囊	套细胞淋巴瘤/慢性淋巴细胞白血病/小淋巴细胞淋巴瘤
17	注射用阿扎胞苷	骨髓增生异常综合征/慢性粒＝单核细胞白血病
18	注射用醋酸奥曲肽微球	胃肠胰内分泌肿瘤

2018 年 9 月 15 日，在国家医疗保障局的牵头下，抗癌药医保准入专项谈判正式进行。此次谈判由五位专家组成，从国家医保局专家库中抽取，来自山东、云南、北京、江苏等地，大多参加过省级医保谈判，由国家医保局和人社部社保中心授权与企业进行价格谈判。整个的报价程序有两次，企业进行第一次的报价以后，再进行第二次的报价。国家医保局对整个谈判过程进行了全程录像。本轮医保谈判涵盖了 12 家企业的 18 个品种，涉及非小细胞肺癌、结直肠癌、肾细胞癌、黑色素瘤、慢性粒细胞白血病等多个癌种。在这 18 个品种中，16 个为进口品种，2 个为国产品种，分别是正大天晴的安罗替尼，以及恒瑞医药的培门冬酶注射液。2015～2017 年，共有 2 批 18 个抗肿瘤药通过谈判进入国家医保目录，覆盖了肺癌、胃癌、乳腺癌、结直肠癌、淋巴瘤、骨髓瘤等多种癌症。谈判药品的平均降价幅度达到 44%，最高达 70%。

经过 3 个多月的谈判工作，17 种抗癌药品被纳入了医保报销目录，包括 12 种实体肿瘤药和 5 种血液肿瘤药，都是临床必需、疗效确切、参保人员需求迫切的肿瘤治疗药品，治疗成功率高达 94.4%。2018 年 10 月 10 日，国家医疗保障局发布《关于将 17 种抗癌药纳入国家基本医疗保险、工伤保险和生育保险药品目录乙类范围的通知》（医保发〔2018〕17 号），将阿扎胞苷等 17 种药品（以下统称"谈判药品"）纳入《国家基本医疗保险、工伤保险和生育保险药品目录（2017 年版）》乙类范围，并确定了医保支付标准。各省（区、市）医疗保险主管部门不得将谈判药品调出目录，也不得调整限定支付范围。规定的支付标准包括基本医保基金和参保人员共同支付的全部费用，基本医保基金和参保人员分担比例由各统筹地区确定。规定的支付标准有效期截至 2020 年

11 月 30 日，有效期满后按照医保支付标准有关规定进行调整。各省（区、市）药品集中采购机构要在 2018 年 10 月底前将谈判药品按支付标准在省级药品集中采购平台上公开挂网。医保经办部门要及时更新信息系统，确保于 2018 年 11 月底前开始执行。各统筹地区要采取有效措施保障谈判药品的供应和合理使用。同时，要严格执行谈判药品限定支付范围，加强使用管理，对费用高、用量大的药品进行重点监控和分析，确保医保基金安全。

这 17 种谈判药品价格与平均零售价相比，平均降幅达 56.7%，大部分进口药品谈判后的支付标准平均低于周边国家或地区市场价格，这将极大减轻肿瘤患者的用药负担。以治疗结直肠癌的西妥昔单抗注射液为例，2017 年这个药品的平均价格为 4200 元左右，此次谈判后降至 1295 元。抗癌药医保准入专项谈判充分体现了对医药创新的重视和支持。17 种谈判抗癌药品中有 10 种为 2017 年之后上市的品种，专利的存续期还比较长，通过医保对这些优质创新药进行战略性购买，可以促进和推动医药企业加大研发投入力度，以研制更多、更好的创新药，惠及广大患者。《中国医疗保险》对 17 种谈判成功药品的医保支付标准与 2017～2018 年的市场零售价格进行了对比，初步估算本次谈判药品的最高降幅在 70% 以上，如表 5－8 所示。

表 5－8　17 种谈判药品医保支付标准与 2017～2018 年市场零售价比较

单位：元，%

药品名称	商品名	生产企业	剂型	单价	医保支付标准	降幅
尼洛替尼	达希纳	诺华	口服常释剂型	300（200mg/粒）；241（150mg/粒）	94.7（200mg/粒）；76（150mg/粒）	68.46
培唑帕尼	维全特	诺华	口服常释剂型	782（400mg/片）；460（200mg/片）	272（400mg/片）；160（200mg/片）	65.22
塞瑞替尼	赞可达	诺华	口服常释剂型	500（150mg/粒）	198（150mg/粒）	60.40
奥曲肽	善龙	诺华	微球注射剂	13161（30mg/瓶）；9649（20mg/瓶）	7911（30mg/瓶）；5800（20mg/瓶）	39.89
阿昔替尼	英立达	辉瑞	口服常释剂型	708（5mg/片）；207（1mg/片）	207（5mg/片）；50.4（1mg/片）	70.76
克唑替尼	赛可瑞	辉瑞	口服常释剂型	892（250mg/粒）；752（200mg/粒）	260（250mg/粒）；219.2（200mg/粒）	70.85

续表

药品名称	商品名	生产企业	剂型	单价	医保支付标准	降幅
舒尼替尼	索坦	辉瑞	口服常释剂型	1353（50mg/粒）；1085（37.5mg/粒）；796（25mg/粒）；468（12.5mg/粒）	448（50mg/粒）；359.4（37.5mg/粒）；263.5（25mg/粒）；155（12.5mg/粒）	66.88
奥希替尼	泰瑞莎	阿斯利康	口服常释剂型	1760（80mg/片）；1035（40mg/片）	510（80mg/片）；300（40mg/片）	71.02
瑞戈非尼	拜万戈	拜耳	口服常释剂型	360（40mg/片）	196（40mg/片）	45.56
阿法替尼	吉泰瑞	勃林格殷格翰	口服常释剂型	329（40mg/片）；264（30mg/片）	200（40mg/片）；160.5（30mg/片）	39.21
培门冬酶	艾阳	江苏恒瑞	注射剂	4960（5ml：3750IU/支）；2460（2ml：1500IU/支）	2980（5ml：3750IU/支）；1477.7（2ml：1500IU/支）	39.92
维莫非尼	佐博伏	罗氏	口服常释剂型	208（240mg/片）	112（240mg/片）	46.15
西妥昔单抗	爱必妥	默克	注射剂	4240〔100mg（20ml）/瓶〕	1295〔100mg（20ml）/瓶〕	69.46
伊沙佐米	恩莱瑞	武田	口服常释剂型	9200（4mg/粒）；7381（3mg/粒）；6023（2.3mg/粒）	4933（4mg/粒）；3957.9（3mg/粒）；3229.4（2.3mg/粒）	46.38
伊布替尼	亿珂	西安杨森	口服常释剂型	540（140mg/粒）	189（140mg/粒）	65.00
阿扎胞苷	维达莎	新基	注射剂	2625（100mg/支）	1055（100mg/支）	59.81
安罗替尼	福可维	正大天晴	口服常释剂型	886（12mg/粒）；771（10mg/粒）；649（8mg/粒）	487（12mg/粒）；423.6（10mg/粒）；357（8mg/粒）	45.03

2018 年 11 月 29 日，国家医疗保障局办公室、人力资源和社会保障部办公厅、国家卫生健康委办公厅已联合发布《关于做好 17 种国家医保谈判抗癌药执行落实工作的通知》（以下简称《通知》），要求各地及时报告相关工作进展情况及存在的问题，对进展缓慢、没有按照规定时限执行政策的省份，国家医疗保障局将适时督促通报。《通知》中强调，各地医保、人力资源和社会保障、

卫生健康等部门要根据职责对谈判药品执行情况提出具体要求，加强指导和调度，不得以费用总控、"药占比"和医疗机构基本用药目录等为由影响谈判药品的供应与合理用药需求。《界面新闻》统计发现，截至 2018 年 12 月 5 日，全国已有 30 个省份明确公布了 17 种抗癌药纳入医保的执行时间。

5.2.4　国家药品谈判的特点

国家药品谈判实现了医保药品目录的谈判与遴选机制联动，有利于不同属性的药品品种进入最为适宜的评审环节，以体现医保药品目录调整的审慎和效率原则。通过将医保药品目录扩展与医保支付标准、支付比例的调整有机结合，有效地平衡了各方利益关系。

第一，以量换价，促进医疗保险基金可持续发展。近年来，随着人口老龄化的加速推进，我国基本医疗保险基金支出快速增长，城镇居民基本医疗保险筹资与支出增长率已出现倒挂。以 2014 年为例，全年筹资与支出增长率分别为 17.4% 和 19.6%，某些地区已出现了收不抵支的情况。因此，通过国家药品谈判，在精准测算的基础上发挥医保"战略性集团购买"的以量换价优势，促使企业在保障自身创新利润的前提下，主动降价纳入医保，实现提升参保人福利与基金可持续发展之间的动态平衡。

国家药品谈判不仅由各相关部门协同领导，也由相关专业背景专家提供技术支持，明晰了国家与地方医保部门的权责，而且通过与邀约谈判企业的沟通反馈，实现了主要利益相关方之间的协同。坚持"以量换价"原则，平衡了各方利益关系。药品谈判建立在药物经济学和医保基金分析的基础上，可以充分发挥国家医保的集团购买优势，通过医保局与企业之间的平等协商，促使企业在保障自身创新利润前提下愿意降价。在谈判确定适宜支付标准后，将谈判通过药品纳入医保报销目录，并给予一定的市场份额保障。由此增加的患者用药数量和企业产能扩大，将同时兼顾参保人员的用药保障水平及国家医保基金的抗压能力，同时使制药企业产量实现效益增长。此外，因为价格降低，更多患者用得起这些以前非常昂贵的抗癌药物，企业在药品销量增长的同时获得社会声望的同步增长，为企业的后续发展带来激励与创新动力和能量。

第二，以谈判方式建立医保准入通道，推动药企创新。创新是我国基本国策，是医药产业升级的原动力，更是优化临床治疗模式、提高人民健康福利的推动器。一项截至 2014 年的研究显示，发达国家药品上市后的医保准入平均周期为 15 个月，而我国医保目录调整周期为 5～8 年。较长的医保准入周期影响了企业创新投入的市场预期，这个问题在我国实施"加速审批"和"有条件审批"等注册审批制度改革后，显得更为突出。

通过 2017 年和 2018 年两次国家医保准入谈判的有益尝试，我国基本确立了治疗重大疾病的创新药物医保谈判的准入通道，将创新药快速纳入医保目录，从而营造了良性创新研发环境，吸引全球更多重大创新药物率先在中国研发上市，推动我国从药品"制造强国"走向"创造强国"。在本次谈判成功的 17 种抗肿瘤药中，有 11 种属于 2017 年以后批准上市的药品。特别是国产创新药安罗替尼，2018 年 5 月获批上市，同年 9 月底即被纳入国家医保目录，其医保准入周期仅为 4 个月，堪称全球典范。

更重要的是，国家医保准入谈判将创新激励定位在临床疗效创新上。在谈判品种价值评估过程中，评估组专家不仅重视药品的新结构、新靶点和新机制，而且更加关注药品的临床地位、参保人临床获益等疗效创新价值。对谈判药物与目录内参照药物进行比较，评价其无进展生存期（PFS）、总生存期（OS）等核心疗效指标有无显著差异和重大突破，从而确保有限的医保基金真正用于提高参保人健康福利的治疗环节。

第三，优化药品评审方法，构建医保准入动态调整机制。对药品疗效、价格和成本效益进行综合评估，测算谈判支付标准是谈判成功的关键环节。两个工作组独立开展新药评估工作，技术工作组充分运用国内外参考比价、竞品或可比产品的比价、销量-价格预测分析、药物经济学增量成本效果分析、预算影响分析等技术方法，基金分析组充分利用各地医保基金历史数据进行预测和敏感性分析，最后形成建议的价格区间，体现了对谈判药品的经济性与医保基金可负担性的综合考量。

谈判采取了"谈、审、评三分离""药物经济学与基金影响分组测算"等科学方法，并对评审方法不断进行优化。首先，强调增量疗效证据。要求企业在申报资料中明确参照药物，并提供各国注册审批和医保准入评价的官方报告予以佐证，在此基础上对谈判药品与参照药物临床疗效增量做出科学准确评价。其次，收集全球价格信息。根据谈判药品在各国的健保价和零售价、我国中标价和部分省份医保谈判价，利用参照药物比值测算法、汇率税率换算法和地方谈判买赠折算法等方法进行多角度、多维度测算，准确掌握药品全球价格水平和我国地方谈判后的参保人福利水平，为精准测算谈判支付标准奠定方法学基础。最后，核算成本效用数据。反复核算药物经济学评价报告中的药品成本与效用数据，结合谈判药品疗效评价结论和我国国民实际收入水平，利用成本效用分析等方法，为科学设定支付标准谈判区间提供参考。

　　在国家社会医疗保险药品谈判机制的后续建设中，应当着重做好三个方面的衔接：其一，加强与药品注册审批衔接，确保药品的医疗保险准入能快速有效利用注册审批的数据和结论；其二，重视与地方医疗保险衔接，确保国家谈判药品尽快被纳入地方医疗保险的经办管理体系；其三，加快与药品的临床使用衔接，建立公立医院与社会专业药房的"双通道"供应保障机制，让广大患者能"买得到""用得上"高价值谈判药品，确保参保人对谈判成果的可及性，提升全社会对社会医疗保险药品谈判机制的满意度。

第6章
建立我国药品谈判机制的构想

在全民医保基本实现后，我国医疗保障制度的发展更加重视提升医药服务和医疗保险经办机构的服务质量、服务效率，更好地维护广大人民的利益。如前所述，医疗保险经办机构通过建立健全与医疗机构和药品供应商的谈判机制，科学合理地为参保人购买医药服务，是实现有效控制医疗费用、维护医疗保险基金安全和可持续发展，并从根本上改革我国长期以来医药价格不合理的形成机制的必要手段。建立健全医疗保险谈判机制的前途光明、道路曲折，需要从政策和理论的高度澄清认识，需要对国际先进经验的批判吸收，更需要对我国政治经济环境、医疗保障制度特点等现实国情的正确把握。只有在此基础上，才能进行科学的机制框架设计，指导药品谈判机制工作的开展。

6.1 医疗保险谈判机制的"中国特色"

6.1.1 制度先进与技艺落后的反差长期存在

基本医疗保险是民生底线、民生底盘，人类文明社会必须托起医保这个民生底盘。美国于60多年前就开始致力于全民医保计划，至今仍然未能真正实现全民医保。我国目前的年GDP与年人均GDP只占美国的42%和9%，但据《人民日报》2011年7月7日报道的国务院医改办数据，我国13.7亿人口的医保参保率已经超过95%，只有6000万人暂未参加医保。我国近10年的医保覆盖率已经超过了美国近现代60年的医保覆盖率。可以说，我国人民当家作主的社会制度正在把医疗保障作为民生底盘千方百计向上托起，加强对人民的保障。在《关于深化医药卫生体制改革的意见》中，政府明确提出加快推进基本医疗保障制度建设的要求，托起了基本医疗保险这一民生底盘。毋庸置疑，我国已经建立的全民医保制度代表着13亿多中国人民的利益和智慧，具有强大的生命力和先进性。

与此同时，与先进的制度相比，我国医保的专业技术、管理技能和方法可能长期处于相对落后状态。根本原因在于，医疗保险的经营与管理本身是一门专业的经营、专业的管理、专业的方法甚至专业的艺术。发达国家在医疗保险专业经营、技术、管理、方法甚至艺术方面的理论研究与实践积累短则几十年，长则上百年，积累了丰富的经验，达到了极高水平。我国国内的商业医疗保险机构对诸如大病、附加等若干品种医疗保险的专业化、职业化实践研究积累已有20年的历史，这些商业医疗保险机构在与医、药机构的谈判及谈判机制的建立运用方面早已轻车熟路、不成问题。而对于基本医疗保险制度而言，"管办合一"的医保经办机构在医疗保险的专业经营、技术、管理、方法甚至艺术方面目前才刚刚起步，专业管理的医保谈判或谈判机制建立都处于初探阶段，尚未在全国推广，与发达国家医保机构相比，以及与国内商业医保机构相比，都存在非常明显的差距；与我国全民医保制度的先进性相比，更是不相称、不协调。

我国现行"管办合一"的医保经办机构应有的医保谈判机制与企业所需的谈判机制完全相反。我国现行"管办合一"的医保经办机构及其前身，自1998年开展城镇职工基本医疗保险以来，至今已经过去20年，医保经办机构在20年的发展中，并没有建立起应有的医疗保险谈判机制，有十分复杂的深层次内在原因：一是我国"管办合一"的医保经办机构自成立以来就有"皇粮"可吃，没有生存发展压力，这就决定医保经办机构没有积极建立谈判机制的内在动力；二是"管办合一"的医保经办机构源于行政机关，自成立起就习惯用行政思维、手段、方法开展医保业务，未用平等谈判的市场思维、手段、方法与定点医院、医药企业等单位协商沟通，对市场谈判与谈判机制的传统不重视，决定了医保经办机构不会主动建立基本医保谈判机制；三是"管办合一"的医保经办机构采用传统行政管理方式与定点医疗机构、医药企业开展业务，比采用谈判机制要简单、省力省事，医保经办机构在主观上很难主动选择谈判机制作为自身的工作方式；四是医保谈判是市场经济条件下商业医疗保险机构固有的职业化、专业化要求，而"管办合一"的医保经办机构人员多是行政人员，在政府各职能部门之间实行无障碍流动。因此，医保谈判机制的建立健全，不能单纯指望医保经办机构，而必须通过中央到地方的各级党政部门高度重视、明确要求、大力支持、强力推进与监督检查才能实现，需要国家发改委、社保、财政、卫生、监察、审计、药监、医管等若干政府职能部门以及社会组织、民意代表的得力辅佐、有效协调和监督保障，弥补保险人自身在谈判机制建立过程中的缺陷与不足。

6.1.2 行政力量推动不可或缺

一般商务谈判不需要领导或领导机构，但医保谈判在供需双方之外一定要有社会层面的、双方都能接受的领导或领导机构。医保谈判初始阶段主要是在医药价格虚高的情况下，适当调低医院与药企药商的既得利益，涉及社会若干层面复杂的利益关系，政策性非常强，谈判中任何一种关系处理不好、协调不好，任何一项政策落实考虑不周，都有可能影响谈判甚至中止谈判。医保谈判特别需要在供需双方之间有一个双方都能接受，善于并有权协调各方关系、动员相关资源，极具公信力与权威性的医保谈判协调领导机构。

比如，在成都市，专门成立了"基本医疗保险医药谈判协调领导小组"（简称"领导小组"），领导小组由以下人员组成：常务副市长或副市长（组长），市发改委主任、财政局局长、人社局局长（副组长），市卫生、医管、药监、监察、审计、物价、医保等相关部门负责人（成员）。领导小组办公室设在人社局，人社局局长兼任办公室主任。成都市医保谈判工作的"破冰"在很大程度上依靠领导小组的推动，证明行政力量在我国医保谈判机制建立初期乃至相当长一段时期内都具有重要的、不可或缺的作用。医保谈判机制非常特殊——除医保供需双方借助市场经济自由竞争、利益博弈、优胜劣汰法则，遵守社会相关规范建立谈判机制外，更需要政府出面负责在谈判机制之外建立一种谈判机制的保障机制，即需要政府建立一种促进谈判机制迅速建立、功能强化、持续进步的保障机制。这种机制不是谈判机制本身，而是为谈判机制"加油打气"的机制，是保障谈判机制的机制。没有这种保障机制，谈判机制就很难建立，或即使建立起来也很难健康运作、持续运作。基本医疗保险医药价格谈判机制的保障机制应该是一个政府关于基本医保医药价格谈判工作的引领机构、政策制度保障系统。同时，应通过成立"基本医疗保险医药谈判领导小组"，形成领导核心，依靠行政力量的强势推动，逐步建立健全谈判机制。

2015 年 3 月 17 日，国家卫生计生委负责起草的《建立药品价格谈判机制试点工作方案》规定，我国成立国家药品价格谈判指导委员会，负责审定谈判药品品种、谈判实施方案和采购价格等重大事项。委员会办公室设在国家卫计委，由卫计委牵头，成员包括发改、教育、工信部、财政、人社部、商务、审计、海关、税务、工商、CFDA、知识产权、保险监管、总后卫生等部门及领导。虽然该方案将开展药品价格谈判的牵头部门定位为国家卫生计生委，与目前地方试点实践中较多由医疗保险部门（包括行政机构和经办机构）牵头有一定差异，但都体现出在我国建立药品谈判机制的过程中，由于特殊的国情要求，行政力量的推动在较长时期内都是不可或缺的。鉴于本书对医疗保险谈判机制以及药品谈判的定位，笔者认为医疗保险经办机构应该在其中发挥主导作用，并据此进行我国药品谈判机制的框架设计。

6.2 我国药品谈判机制的框架设计

6.2.1 药品谈判主体的确定

基本医疗保险终端供需双方关系表现为：定点医院、药企药商与医保经办机构。医保经办机构作为全体参保人的代表，属于需方或"甲方"；医院、制药企业与药品供应商虽然分属不同的企事业单位，有若干机构，但从其分别满足参保人对医与药的需要的属性来看，可以合并归属为供方或"乙方"。医保谈判是市场经济条件下的法律行为，对谈判的最终结果承担民事行为法律责任的谈判法律主体只能是供、需或甲、乙双方的医保经办机构医保局或医保中心、定点医院和药企药商。因为医保谈判工作本身的特殊性，虽然还有其他若干部门代表或个人参与其中，但后者不具有供需双方的法律主体资格与义务，不是医保谈判的法律主体。医保谈判的法律主体只能是供、需双方或甲、乙双方。

（1）谈判的需方即甲方主体

药品谈判的需方主体是医保经办机构。医疗保险经办机构是我国人力资源和社会保障部门的派出机构，具体承办医疗保险费用筹集、管理和支付医药服务费用等医疗保险业务，是医疗保险政策的直接执行部门，掌握着政策执行过程中的第一手资料，在国家制定医保政策时，是重要的参与者。同时，它又是参保人的利益代言人，帮助参保人支付医疗费用、选择定点医疗机构和定点药店，是连接医患关系的纽带，在医疗保险三方市场体系中处于核心地位。医疗保险经办机构的职能不仅体现在对医疗费用的控制上，而且体现在以有效控制医疗费用增长为原则，以协调医药服务市场供需双方利益冲突、保护供需双方的合理要求为前提，达到合理筹资、支付和医疗卫生资源的优化配置，有效分担疾病风险，满足社会各层次居民的基本医疗服务需求等复合职能上。

医疗保险经办机构的性质和职能都决定了其是药品谈判的主体及其在药品谈判中的主导地位。医疗保险经办机构作为参保患者的利益代表，是药品和医疗服务的最大购买方，具有潜在的谈判功能和强大的谈判话语权。在全民医保时代，医疗保险经办机构更是成了药品和医疗服务唯一的、垄断的"超级团购"者，有充足的资本和能力与医药服务提供方开展谈判，让参保人得到更多实惠。与此同时，随着经济发展、疾病谱的转变、医疗技术的日新月异，医疗保险基金面临着诸多风险，医疗保险经办机构已经逐步从过去的被动付费转变为主动控费。积极主动地与医药服务提供方展开谈判，以更合理的价格购买相应服务，成为主动控费、保障基金不出险的有效途径之一。

在谈判机制运作的谈判席上，原本兼任"管办""监管"多重身份的医保经办机构作为需方代表，应自觉隐匿"办"之外的身份，只能体现需方"办"的单一保险人身份，与医药服务提供方形成甲方、乙方的平等谈判关系，否则就无谈判可言。在现实中，医保经办机构作为需方主体，与供方主体相比，在医保谈判的适应性、谈判能力方面差得远，而社会责任、困难程度却大得多。因此，离开了各级政府坚持不懈地多方协助与支持，供需双方根本无法正常开展医保谈判工作。

（2）谈判的供方即乙方主体

药品谈判的供方主体是制药企业和药品经营企业。我国药品费用通常占到医药费的40%左右，随着医疗技术日新月异的发展，特别是生物科技的突飞猛进，一些创新药品逐步被纳入国家基本药品目录，在医疗保险基金支付中的比例也越来越大。如何与制药企业及药品经营企业建立谈判机制，以较低的价格为参保人团购药品，是有效控制医疗费用的重要途径。对于制药企业而言，特别需要让创新药品进入市场、进入医保报销范围，从而获得持续的发展动力，不断开拓创新。在患者方面，尤其是对其中的重病、大病患者而言，许多创新药品有助于改善治疗效果和提高生命质量，但创新药品高昂的价格对绝大部分患者来说是无法承受之重。只有通过医疗保险经办机构这一第三方付费者的介入，凭借其强大的团购实力与制药企业开展谈判，让制药企业"降价换市场"，才能让有需要的患者从创新药品中获得实际的福利。

在药品还未进入国家医保目录时，可以由国家医保部门与制药企业就一个药品进行价格谈判。比如双方可以针对某药进入国家医保目录，其药品价格在国家价格部门批准的基础上进行降价；如果在国家层面没有谈妥，在进入各省医保时，也可以由省级医保部门与制药企业谈判，谈成一个双方都接受的价格，来决定该药是否进入省市医保目录。在药品采购时，可以由医保部门与制药企业直接谈判，从而决定药品的采购价格，可以减少药品流通环节造成的不合理高价。对一些通过总经销代理模式销售的药品，特别是一些进口药品，可以由医保经办机构与药品经营企业进行谈判，进而决定价格。

此外，为了改变单个医药企业的弱势地位，各医药企业还可以通过行业协会与医保部门进行药品价格谈判。目前我国全国性医药行业协会有近 30 个，如中国化学制药工业协会、中国医药科研开发促进会、中国医药商业协会、现代化中医药国际协会、中国医药质量管理协会、中国药学会、中国药文化研究会等。这些医药行业协会在增强行业的凝聚力、推进行业发展方面做了大量工作。但是从我国行业协会的总体情况来看，还存在以下问题：一是在我国强势政府的环境下，行业协会尚不能充分发挥协会组织在社会经济生活中的作用；二是行业协会存在小、散、乱等情况，一些协会覆盖面窄、有名无实，一些协会之间的职责重叠交叉，还有一些协会依附政府，成为政府的代言人；三是行业协会的自律机制不完善使其对行业的指导和约束作用难以发挥。也有一些协会能够并努力反映协会会员的意见和声音，但由于协会之上还有协会，经过层层阻隔，声音变得微弱。但从总体上看，协会与个别企业不同，协会不仅反映一般企业的诉求，还有国家行业发展的整体利益诉求，是协调平衡产业发展与社会发展的纽带和桥梁。

《中共中央国务院关于深化医药卫生体制改革的意见》提出"积极探索建

立医疗保险经办机构与医疗机构、药品供应商的谈判机制"，对提供药品一方的提法为药品供应商，没有具体界定。从国外实践来看，不同国家的做法有所不同，如英国是由医保方先与制药行业协会达成五年框架协议后再与制药企业谈判，美国是各个商业健康保险组织直接与制药企业谈判。我国采取哪种模式需考虑以下因素：是通过谈判机制仅解决个别高价药品品种进入医保报销范围的问题，还是在我国探索建立一种通过谈判方式实现医保与制药方共赢的机制。

从药品定价方面来看，通过谈判确定的协议价格作为目前政府强制定价和指导价、招标价以外的新的市场经济药品价格的形成方式是推进我国价格形成机制优化改革的方向；从医疗保险方面来看，通过谈判确定一部分药品进入医疗保险报销范围是减少管理成本，加强医疗保险对医疗服务、药品质量约束的新的机制。因此，对谈判机制的探索是一种发挥市场基础作用，运用市场机制实现医疗服务效率和价格最优化的方式，谈判对市场的宏观了解和掌握十分重要。对于供求量大的普通用药，如基本药物，可以探索经办机构先与制药行业协会谈判确定总体框架，再与有关制药企业谈判的模式。对于创新药物，可以探索先与有关行业协会沟通，再与具体制药企业谈判的做法。

供方主体都是市场经济的独立市场主体，对市场经济环境中的各种业务谈判早已轻车熟路、游刃有余，不需要政府部门和社会方面为其操心。医保谈判在专业技术层面与其他谈判相比，对供方并无任何不同与特殊要求，且供方对其他任何与自身经营业务相关的谈判非常熟悉，参与医保谈判不需任何特殊关照即可轻松自如地独立进行。

（3）主持人——第三方

医保谈判与其他商务谈判的重要区别是需要谈判主持人，即第三方。一般商务谈判只需要供需双方或各方参与，任何一方兼任主持人即可。医保谈判则一定需要在供需双方之间有一个双方比较信赖的引导谈判正常进行的德高望重的谈判主持人，起到现场引导协调作用，预防供需双方任何一方固执己见致使谈判破裂。医保谈判供需双方任何一方担任谈判主持人都不合适：若供方做主持人，在医保谈判前期医药价格虚高有利于供方的背景下，供方在主观上不愿谈判降低医药价格，不愿谈判成功，不可能使谈判可持续进行；若需方医保经办机构做主持人，则很难在谈判桌上真正表现甲方、乙方的完全平等地位与关系，尤其是在谈判僵持不下时，没有调停人很难获得回旋余地和峰回路转的机会。医保谈判不能像一般商务谈判一样谈判成功与否都属正常，医保谈判在一般情况下应该是绝大多数只能成功不能失败，这就特别需要在医保谈判中有一个供需双方都信赖的谈判主持人，在谈判中引导并促成谈判成功。比较正式规范的医保谈判主持人可以由本级政府设立的"基本医疗保险医药谈判机制协调领导小组"组长担任或由组长委托副组长担任。由供需双方法人机构之外的政府较高职级领导做正式规范医保谈判的主持人，旨在保障医保谈判过程正规严肃、关系协调和谐，谈判成功率高，更具权威性与公信力。较小规模、非正式医保谈判的主持人可以由本级政府设立的"基本医疗保险医药谈判机制协调领导小组"商议安排一位副组长或由小组办公室主任担任。主持人是医保谈判的参与主体，但不是谈判的法律主体。

（4）公监人——谈判现场公共监督咨询服务后援团

医保谈判与其他商务谈判的差别之二是医保谈判应建立公共监督咨询制度。所谓医保谈判公监人，即医保谈判除供需双方若干单位派出谈判代表参与谈判外，政府应公派相关部门代表、专家与民意代表组成"医保谈判现场公共监督咨询服务后援团"（以下简称"公监人"），参与正式规范的大型医保谈判会议。医保谈判公监人由同级医改办、人社局、财政、卫生、医管、药监、监察、审计、专家代表与同级人民代表、政协委员等民意代表组成，具体需要哪些方面的代表与人数多少应由"谈判机制协调领导小组"视谈判规模与内容酌情决定。既不能过于复杂化影响效率，也不能过于简单化丧失公信。医保谈判公监人的职责是：每一位代表从各自职责出发，在谈判现场对医保谈判供需双方进行必要的现场咨询服务，并重点对谈判行情信息和专业技术薄弱并处于艰难不利地位的需方医保经办机构大力进行现场谈判协助支持。除供需双方可以主动请求任何一个公监人代表给予政策、知识、信息咨询服务帮助外，公监人中的任何一位代表都可以在谈判的适当时候发言并对供需任何一方给予一两个方面的指导支持。医保谈判公监人参与谈判，旨在让每一个单位代表或民意代表从一个或多个特别熟悉的方面监督、协助医保供需双方圆满完成谈判，力争让医保谈判不犯或少犯错误。公监人在医保谈判中是参与主体，但不是法律主体，不能代替法律主体有越位之举。

医保谈判供需双方，尤其是需方医保经办机构，特别需要在谈判中增强自信，考虑周全，不断提高能力，顾全大局，最终取得谈判成功。在医保谈判中，谈判的参与主体可以是多个，但谈判的法律主体只能是供、需或甲、乙双方，其他任何一方都不行。

6.2.2　谈判药品的选择

医疗保险经办机构与制药企业及药品经营企业的谈判是以药品为中心的，主要涉及药品能否列入医保目录、药品的支付价格及支付方式等。医疗保险资源是有限的，为了更好地利用资源，就需要确定药品谈判的重点种类和品种，如果能够在谈判中对健康价值比较大的品种协商价格，就可以在提高药品可及性的基础上，降低医保基金支出。对这些品种进行重点控制，会收到事半功倍的效果。按照《关于印发国家基本医疗保险、工伤保险和生育保险药品目录的通知》（人社部发〔2009〕159 号）的要求，可以纳入谈判机制范围的药品应该重点是那些已经证明有确切的临床疗效、突出的创新价值的药品，这类药品因其昂贵的价格可能对医疗保险基金构成一定程度的威胁，但又确实为广大参保患者所需。

目前，我国的基本医疗保险药品目录是根据临床医学和药学专家的投票选择确定的。这些专家在投票时，主要考虑药品的作用机制和临床疗效等方面。通过大规模投票选择，能够在很大程度上保证公平性和广泛代表性。因此，目前的投票选择机制对于筛选临床需要且安全有效的药品是有效率的。但对于药品的经济性而言，临床医学和药学专家的投票选择机制就不太合适了。因为药品经济性中所包含的社会成本和产出、医保预算影响等复杂的内容并非临床医学和药学专家的专长。药品价格是否合理、医保基金是否能承受需要医保管理者通过细致的分析和精算来判断。从药品的经济性方面考虑，谈判机制更为科学。通过要求制药企业提供详细的成本和收益数据，医保管理者可以进行理性的分析和判断，并和制药企业进行协商，从而选择较为经济的药品，并制定出较为合理的价格。由此可见，目前的医保药品目录投票选择机制和谈判机制在医学和经济学两个维度上各有所长，如果能够将两者的优势结合起来，显然对医保管理和经办是有益的。从制度变革的利益博弈角度来看，如果采纳谈判机制而取消原有的投票机制意味着对临床医学和药学专家权力的削弱，也是对这些领域专家资源的浪费，有可能会遭到医学界的抵触。因为制定好的医保药品目录最终要提供给临床使用，如果临床医学和药学专家认为医保药品目录的选择不符合临床需要，就势必会导致医保管理出现一系列后续问题。因此，在临床医学和药学专家投票选择的基础上再进行药品准入谈判是比较合理的制度选择。

从实际情况来看，进入谈判的药品有四个特点：第一，不在医保目录范围内，通过谈判降价后能够进入目录，并获得一定报销比例；第二，药品主要为专利药或原研药，存在供给方的垄断；第三，价格昂贵（因为价格合理的药品已经被纳入医药目录），对基金可能产生一定风险；第四，疗效确切，具有临床价值。① 中国药学会药物经济学专业委员会认为六类药品适合谈判定价，包括：①专利药品；②某一治疗领域的唯一药品；③有重大创新价值的药品；④临床使用比较广泛、价格较昂贵或长期适用、治疗周期内费用较高的一线用药；⑤有证据证明具有较好的成本－效果比，单价较高，佪确实能够降低整体医疗费用的药品；⑥受公共卫生状况影响较大的品种，如疫苗、抗反转录病毒药品等。

我国药品品种数以万计，药品谈判不可能包含所有或大部分产品；我国生产和经营药品的企业众多，医保经办机构也不可能与医药企业一个一个地谈判，只能选择与少数企业谈判。由于药品集中招标采购制度的作用，非专利的品种竞争激烈，价格逐年降低，纳入谈判范围的必要性、紧迫性不大。而一些明显定价不合理、价格虚高的药品，如具有重大创新性、无替代品、具有唯一性的药品，一般价格较高，在集中招标采购时，价格较难降下来。因此，谈判的重点应该放在医保目录外的原研药、独家品种、价格（费用）昂贵的少数品种上，通过谈判机制，降低一定的价格或费用，使其进入医保目录。此外，在使用过程中，需求大幅增长的医保目录内药品也有被纳入谈判范围的必要性。如果药品是因为参保患者的实际需要而出现用量大幅增长的情况，则医疗保险经办机构应该让药品供应商遵循"薄利多销"的原则，通过谈判适当降低这些药品的价格；如果药品是由于一些非正常的需要而出现用量大幅增长的情况，医疗保险经办机构就必须通过谈判来改变报销规则，比如适当提高参保患者对这些药品的自付比例，以控制药品用量的非正常增长。对价低、用量大的药品，也可以通过谈判，以有效避免当前药品招标采购或挂网销售中出现的不合

---

① 韦樟清、宋建华等：《对医疗保险药品谈判机制的系统性思考》，《中国医疗保险》2012 年第 8 期。

理涨价、"一招就死"及换包装提价等问题。

近年来，我国基本医疗保险待遇大幅度提高，进一步提高普惠待遇的空间比较有限。下一步的重点就是有针对性地提高重大特殊疾病患者对临床疗效确切的创新药品的可及性。把价格昂贵的创新药品纳入医保报销的重要前提是建立避免药品滥用的有效机制，包括患者筛选和治疗方案的确定。可以把医保付费和疗效评价结合起来。对医保目录外的创新药品，可以在初步评估的基础上，通过试点项目在部分地区率先纳入报销，同时对其进行评估。如果评估结果较好，则继续并推广试点；如果评估结果不理想，则终止试点。下面以广州市医疗保险经办机构通过谈判把非小细胞肺癌的靶向治疗药品纳入医保报销范围为例，介绍创新药品通过谈判进入报销的地方经验。①

广州市医保局通过对广州市人民医院、中山大学肿瘤防治中心、阿斯利康制药有限公司以及上海罗氏制药有限公司的访谈得知，临床发现分子靶向药品对治疗晚期非小细胞肺癌（EGFR 基因突变型）有特效，与传统的化疗相比，能够有效延缓疾病进展，改善患者生命质量。目前有两个厂家提供治疗非小细胞肺癌的靶向药品，分别为阿斯利康公司的吉非替尼和罗氏公司的厄洛替尼。该药品的价格较贵，每月需花费大约 2 万元，需长期服药，直到药品对肿瘤失效（肿瘤继续生长）。目前，该药品不在医保报销目录内。

谈判过程分四个步骤。第一步，制药企业和医疗机构共同向医保部门提出谈判建议。在提交的准备资料中，制药企业和医疗机构需给出该药品在国内外临床疗效的证据，对患者生命质量改善的情况，等等。运用该药品的治疗方案明确，并可以替代传统化疗手段，在费用上是可控的。第二步，医保部门与制药企业谈判确定支付和赠药规则，规定医保对该药品的支付待遇和持续时间，以及企业对患者赠药的时间。第三步，医保部门与医疗机构谈判确定治疗方案和支付规则，制定靶向治疗的临床规范，以及医保对这种治疗方案的支付方式和支付标准。第四步，确立患者准入、评估和退出的机制，包括定点医院的确定、患者的筛选、定期评估的要求以及无效退出的情况。

在医保部门与制药企业和医疗机构谈判的过程中，为了控制药品的滥用，

---

① 2013 年 10 月中国医疗保险研究会"完善中国特色医疗保障体系研究合作项目"第三次会议报告。

医保部门对纳入谈判试点的药品严格规定了使用范围，制定了"五定"规则。一定医院，确定了广州市人民医院、中山大学肿瘤防治中心等五家医院为靶向药品治疗方案医保支付的定点医院。二定评估专家组及责任医生，评估专家组确定治疗方案和诊疗规范、指导责任医师用药、评估临床效果、判断经济学和社会影响等总体结果。责任医师由主治医师以上职称的肺部肿瘤专科医师担任，负责患者准入和退出的把关、按专家组制定的规范提供诊疗服务、按要求记录临床信息。三定诊疗规范，包括筛选、治疗和评估三个方面。按照直接测序法检测 EGFR 基因突变情况，进行患者筛选。在靶向治疗期间，原则上不同时使用辅助性或其他抗癌类药物，停用传统化疗、免疫抑制剂、中药调理等。根据实体瘤疗效评价标准每 3 个月评估一次。四定二级目录管理，制定《非小细胞肺癌分子靶向药物治疗门诊特定项目药品、诊疗项目规范》。五定支付标准，规定每月最高支付限额为 15000 元，当月有效，不滚存、不累计，超出部分由保险补充或个人支付。

　　在谈判中，广州市特别重视药品的支付规则。由于需要维持全国统一价，地方层面的医保部门与制药企业谈判的结果是只能采取赠药的方式；而如果国家层面医保部门与制药企业谈判，则有可能是采取降价的方式。因为涉及制药企业对患者的赠药，通过筛选的患者申请赠药的流程就显得非常重要，如图 6-1 所示。首先，非小细胞肺癌患者通过基因型筛查，阳性者进入门诊特殊项目待遇期，接受靶向治疗，并享受"门特"待遇。"门特"待遇期共 6 个月，用药 3 个月时进行一次治疗效果评估。如果评估显示治疗结果无效，则退出靶向治疗；如果有效，则继续留在"门特"待遇期。"门特"待遇期满后（即用药 6 个月后），再次进行评估，如果无效则退出靶向治疗，如果有效则进入赠药援助期，患者可免费获得制药企业的慈善赠药。赠药援助期同样为 6 个月，每 3 个月进行一次评估，无效就退出靶向治疗，有效就延期。赠药援助期满后，再次进行疗效评估，如果仍然有效，则再次进入"门特"待遇期，如此循环。这个方案被称为"6+6 到无限"。

　　对两组各 125 名患者治疗 4 个月以上的疗效评估显示，靶向治疗组患者的状况明显好于化疗组患者，靶向治疗组仅有 15.2% 的患者出现肿瘤进展，而化疗组却有 52% 的患者出现肿瘤进展，如表 6-1 所示。在直接医疗费用上，靶向治疗组均低于化疗组，靶向治疗组的平均报销比例为 83.2%~84.1%，化疗

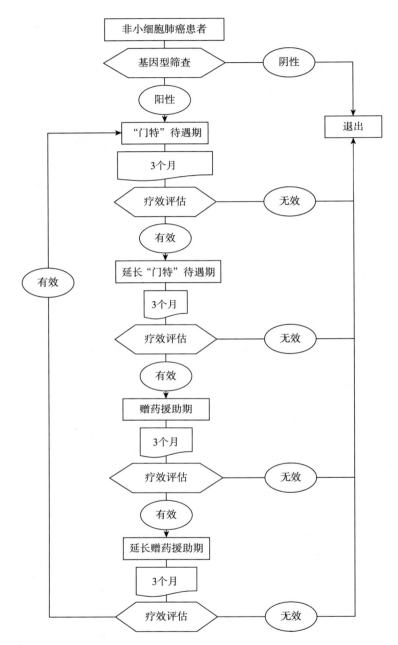

图 6 - 1　患者进入和退出待遇享受和接受赠药的方案

组的平均报销比例为 63.8% ~ 67.6% 。在不同治疗时长的情况下，靶向治疗组的直接医疗费用低于化疗组。尤其是在治疗的前 6 个月，靶向治疗组的月平均费用为 18726 元，而化疗组高达 28610 元。在前 6 个月，靶向治疗组的医疗费用明显低于化疗组，一个重要的原因是广州对靶向治疗组实行了标准化管理，不准合并使用化疗、中医治疗等，但化疗组难以进行标准化管理。对于治疗时间大于 12 个月的患者，靶向治疗组的月平均费用仍然低于化疗组，分别为 14203 元和 14476 元。由此可见，在结合精细化管理的情况下，靶向治疗的费用是可控的，如图 6 - 2 所示。此外，在治疗的间接成本、隐性成本方面，靶向治疗组采取门诊、口服药治疗的方式，几乎没有副作用，而化疗组采取住院、注射治疗方式，副作用较大，对患者身体会造成其他伤害。

表 6 - 1　靶向治疗组与化疗组疗效比较

单位：人，%

分组	评估人数	完全缓解	部分缓解	稳定	进展
靶向治疗组	125 （治疗 4 个月以上）	4 （3.2）	72 （57.6）	30 （24.0）	19 （15.2）
化疗组	125 （治疗 4 个月以上）	0 （0）	37 （29.6）	23 （18.4）	65 （52.0）

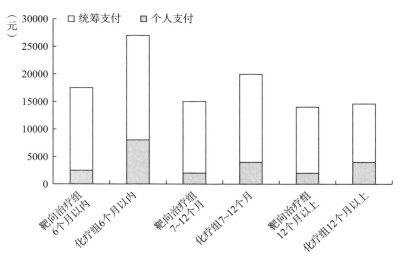

图 6 - 2　靶向治疗组和化疗组直接医疗费用比较

　　广州市通过谈判机制将靶向药品纳入医保报销范围的过程以及效果说明，创新药品因其高昂的价格往往可及性较差，但其优越的临床疗效决定了其对参保患者的价值和意义重大。通过科学合理的谈判流程和规则设计，创新药品进入医保，与传统治疗方案相比，这不一定会对医保基金构成威胁，相反可能还会节约医保基金，避免不必要的浪费。从我国药品价格管理制度的实践来看，谈判机制在药品定价和采购等环节中发挥日趋重要的作用，谈判药品的范围也逐渐扩大，先目录外再目录内，先创新药品再普通药品。

6.2.3　谈判依据

开展医保药品谈判，可以由以下任何一方提出。

一是需方医保经办机构。医保经办机构应该是医保药品谈判具体工作的主要提出人，医保谈判中的绝大多数谈判工作是由经办机构主动向"医保谈判机制协调领导小组"办公室提出并充分陈述理由的，这是经办机构的专业职能要求。

二是供方药企、药商。部分医保药品价格确实偏低需要调高时，一般可由药企、药商主动向"医保谈判机制协调领导小组"办公室提出，并充分陈述理由，这是供方维护自身合法利益的合理要求。

三是"医保谈判机制协调领导小组"办公室。医保供需双方之外的其他任何相关部门在认为某些事项需要谈判时，都可以向"医保谈判机制协调领导小组"办公室提出医保谈判建议，并由"医保谈判机制协调领导小组"办公室决定是否谈判与安排医保谈判。医保供需双方以外的其他任何相关部门提出的经审批同意纳入谈判的议案，最终都应视同并归结为需方医保经办机构提出的申请议案。

制药企业和药品经营企业应该提交参与谈判的文件资料，文件资料应该至少包括药品和企业的基本信息、药物经济学评价以及可能对基金产生的影响的报告、风险承担方案等内容。在美国和欧洲，谈判前需要呈报资料，将药物的临床疗效和经济证据提交给药品报销决策者。完善的申报资料可以提高药品报销决策者（或中立评估机构）的工作效率，避免申报企业被动接收信息，并在一定程度上防止证据结果出现偏差。世界范围内的医保部门都在不断完善自身的标准格式和评估范式，以为药物的效果和成本提供评估服务。

专家小组进行评估所依据的资料主要来自三个方面：一是制药企业递交的相关资料，包括药品安全性、疗效、成本－效果、预期销量等；二是相关的科学文献；三是临床医生、药师、护理人员，以及患者的意见。

　　具体而言，为全面了解谈判药品的信息并提高谈判效率，在谈判前需要制定统一的格式，以确保企业所提供的材料能客观、真实、全面、科学地反映药品的情况。[①]

　　①企业信息：企业性质、规模、经营执照、生产许可证、GMP（良好生产规范，Good Manufacturing Practice）证书、信誉。

　　②药品注册信息：新药证书、进口注册证或注册批件、适应证批准文件、通用名称、商品名称、包装、规格、药代动力学证据、不良反应监测结果报告、专利证书等。

　　③药品治疗的疾病或适应证信息：国内发病率或患病率、死亡率信息及其来源，疾病经济负担，有关该适应证的国内及国外权威临床诊疗指南。

　　④药品价格信息：国家发改委最新公布的价格批文或企业自定的市场零售价格或各省发改委报备价格；在此基础上计算的疗程价格；相同 ATC（解剖学治疗学及化学分类系统，Anatomical Therapeutic Chemical）分类中其他药品的国内和国际价格，及其近两年在全国各省的中标价格。

　　⑤药品市场信息：上市至今国内的销售量与销售额情况，与相同 ATC 分类中其他药品销售情况比较；上市至今国外的销售量与销售额情况。

　　⑥临床、药物经济学或卫生技术评估证据。

　　⑦疗效及安全性评估证据：国内注册临床试验结果，国内外相关临床试验研究结果，与相同 ATC 分类中其他药物的临床疗效比较。

　　⑧经济学评估证据：国内注册临床试验结果，国内外相关临床试验研究结果，不良反应报告，与相同 ATC 分类中其他药物的安全性比较。

　　⑨预期结果：国内的药物经济学评价或卫生技术评估证据（包括过程与结果）；预算影响分析结果；预测列入医保目录后 3 年的销售量及其对主要地区医保基金的预算影响分析（在考虑患病率、治疗率、治疗替代率等因素的情况下）。

　　⑩风险共担方案。

　　⑪申报资料真实性的保证书。

---

① 张晓、胡大洋、罗兴洪：《医疗保险谈判理论与实践》，中国劳动社会保障出版社，2011，第 172~174 页。

在文件资料中，药物经济学评估证据具有日趋重要的作用。要使药品价格真正体现价值和经济性，就必须将药物经济学评价方法引入其中。药物经济学的评价方法如表6-2所示。

表6-2 药物经济学评价方法

分析方法	成本测量	结果测量	主要考虑问题
成本法	货币值	可比组间的结果是相等的	效率
最小成本法（CMA）	货币值	可比组间的结果是相等的	效率
成本-效果法（CEA）	货币值	自然单位（临床生物指标：生理参数、功能状态、获得寿命等）单一健康结果	用最小的成本达到预期的目的
成本-效用法（CUA）	货币值	质量校正的自然单位（QALY），多种健康结果比较	生命的质量
成本-效益法（CBA）	货币值	货币值，可用于多种健康结果比较	最有效地利用有限的资源
生命质量分析（QOLA）	货币值	质量校正的自然单位（QALY）	生命的质量

药品价格的确定不仅与成本、药物的安全性和有效性有关，还与药物的经济性有很大关系。在世界上许多国家，无论是社会医疗保险机构还是商业医疗保险机构，已经普遍运用药物经济学的原理来制定药品的报销规则。很多政府以指南的形式确定制药企业递交资料的内容、格式，以及推荐的评估模型。目前，已经有30多个国家和地区制定了药物经济学指南，如表6-3所示。

表6-3 药物经济学指南分类和分布

	OECD 国家和地区	非 OECD 国家和地区
推荐性指南（Published PE Recommendations）	美国（2009）、奥地利（2006）、丹麦（1997）、匈牙利（2002）、意大利（2001）、西班牙（2010）	南非（2010）、中国（2011）、俄罗斯（2010）
官方规范性指南（PE Guidelines）	墨西哥（2008）、加拿大（2006）、比利时（2008）、法国（2004）、德国（2009）、爱尔兰（2010）、荷兰（2006）、挪威（2005）、葡萄牙（1998）、斯洛伐克（2008）、瑞典（2003）、新西兰（2007）	巴西（2009）、古巴（2003）、中国台湾地区（2006）、韩国（2006）、波罗的海三国（2002）

续表

	OECD 国家和地区	非 OECD 国家和地区
递交申请材料的指南（Submission Guidelines）	以色列（2010）、英格兰和威尔士（2008）、苏格兰（2007）、芬兰（2009）、波兰（2009）、澳大利亚（2008）	泰国（2008）

在对国际上药物经济学指南的优点加以借鉴的基础上，结合我国药物经济学学术发展的现状，中国药学会、中国医师协会和中国科学技术协会等相关机构历时三年制定完成了《中国药物经济学评价指南》，并已于 2011 年正式实施。这标志着我国已经日益重视对药物经济学的研究，相关机构和学者也正在努力提高研究的水平和质量，运用药物经济学的原理和方法对药品进行科学的评价，并将研究结果加以推广。按照新医改方案的要求，药物经济学在对新药和专利药品上市之前的评估中，将发挥重大作用，以至对整个医药卫生事业都会产生广泛的影响，如图 6 - 3 所示。

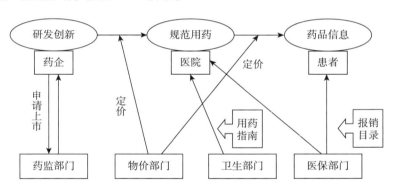

图 6 - 3　药物经济学评价应用范围

下面通过药物甲磺酸伊马替尼的案例说明药物经济学相关原理在药物经济性分析中的作用。

慢性粒细胞白血病（Chronic Myelognous Leukemia，CML）是一种发生于造血干细胞的血液系统恶性克隆增生性疾病。伴有获得性染色体异常的多能干细胞水平上的恶变而引起的一种细胞株病症，在受累的细胞系中可找到 Ph 标记染色体或 bcr-abl 基因重排。CML 的治疗可采取化疗、干扰素 - α（IFN - α）、骨髓移植和药物治疗措施。在药物治疗中，甲磺酸伊马替尼是一种新型的抗慢性粒细胞白血病的分子靶向药物，它可特异性地诱导 bcr-abl 细胞株和

CML 患者髓系细胞克隆发生凋亡，从而达到治疗的目的，目前已经取代化疗成为一线治疗药物。通过对国内外文献的学习与挖掘，从临床效率指标、有效性和经济性三个方面评价甲磺酸伊马替尼对慢性粒细胞性白血病慢性期治疗的特点。

通过对医疗保险政策的循证发现，目前中国内地将甲磺酸伊马替尼纳入医疗保险保险目录范围的只有广东、福建、海南、陕西、山东等省份以及新疆建设兵团。伊马替尼在其他一些国家和地区的医保支付情况如表 6 - 4 所示。

表 6 - 4　伊马替尼的医保支付情况

韩国	中国台湾	澳大利亚	日本	英国	德国	加拿大
政府付 80% ~90%，患者自付 10% ~20%	政府付 100%	政府和诺华制药达成协议，支付预算的 100%，超出预算部分支付 75%	政府付 100%	政府付 100%	政府付 100%	政府付 100%

以中国台湾为例，将中国台湾全民健康保险药品给付原来的规定与自 2004 年 7 月 1 日起施行的增（修）订条文相比较，可以看到政府对伊马替尼的支付规定的变化，如表 6 - 5 所示。

表 6 - 5　中国台湾全民健康保险药品给付规定增（修）订条文

原给付规定条文	增（修）订条文
9. 22. imatinib（如 Glivec）：（2002/5/1） 限用于： 1. 治疗正值急性转化期（blast crisis）、加速期的慢性骨髓性白血病（CML）患者使用 2. 使用前须先检送病历数据、用药记录及治疗计划并经事前审查核准后使用	9. 22. imatinib（如 Glivec）：（2002/5/1）（2004/07/01） 依行政院卫生署核准之适应证： 限用于： 1. 治疗正值急性转化期（blast crisis）、加速期或经过 ALPHA - 干扰素治疗无效之慢性期的慢性骨髓性白血病（CML）患者使用 2. 用于治疗初期诊断为慢性骨髓性白血病（CML）的病人 3. 治疗成年人无法手术切除或转移的恶性胃肠道基质瘤 4. 使用前须先检送病历数据、用药记录及治疗计划并经事前审查核准后使用

再将几种肿瘤药物治疗结果进行比较分析，得到甲磺酸伊马替尼的疗效和费用水平，如表 6 - 6 所示。

表 6 - 6　几种肿瘤药物治疗的比较结果分析

单位：月，元

	适应证	中位生存期	月费用	在中国的援助计划	援助开始的年份	实际援助的月份
厄洛替尼（特罗凯）	非小细胞肺癌	6.7	19800	买 6 个月以后免费	2008	0.7
吉非替尼（易瑞沙）	非小细胞肺癌	5.6	16500	买 6 个月以后免费	2007	没有受益
索拉非尼（多吉美）	肾癌	5.5	50384	买 3 个月以后免费；低保全免	2007	2.5
	肝癌	5.5				
舒尼替尼（索坦）	胃肠间质瘤	10.8	37844	间质瘤：买 3 个月以后免费；肾癌：买 4.5 个月以后免费	2007	7.8
	肾癌	5.6				1.1
甲磺酸伊马替尼（格列卫）	胃肠间质瘤	57	26000	买 6 个月免 6 个月	2003	6
	慢性粒细胞白血病	228				

　　再从费用角度比较几种常见恶性肿瘤对我国医保基金的影响估算，以说明伊马替尼纳入医保报销范围后对医保基金可能产生的影响，如表 6 - 7 所示。

　　综上分析，在临床疗效方面，甲磺酸伊马替尼已经经证明在治疗白血病方面具有较好的有效性、安全性和方便性。从临床治疗经济性来看，格列卫全年 12 个月的治疗费用为 30.6 万元/人，按照 2013 年城镇职工医保支付平均 70% 的比例结算，医保费用为 21.42 万元/人，每年新发病人 1167 人，总费用为：21.42 × 1167 = 2.50（亿元）。如医保支付格列卫 6 个月的费用，则医保基金全年支出为 1.25 亿元。慢性髓性白血病和胃肠间质瘤的发病率较低，低于十万分之一，患者数量很少，格列卫进入医保对基金影响很小，但能为这部分病人提供有效的治疗，大部分患者能够重新返回工作岗位。无论从医学还是经济学角度来看，都可以认为甲磺酸伊马替尼是治疗 CML 的首选方案。伊马替尼要想获得医疗保险基金的有效支持，则需要通过谈判方式获得更加有效的管理和使用。药物的有效性和安全性可以借鉴国际上的研究成具，但药物的经济性必须结合我国的实际情况进行研究。运用规范的药物经济学方法评价的药品，应考虑将其纳入基本医疗保险支付范围，为患者提供应有的医疗保障。

表 6-7 几种常见恶性肿瘤对我国医保基金的影响估算

2013 中国人口（亿人）	2013 医保参保人数（亿人）	恶性肿瘤	每10万人的发病率（%）	估计可能患肿瘤的病人数（人）	药物治疗方法	每个患者的年花费（万元）	初估总费用（亿元）	医保按70%计的年花费（亿元）
13.61	城镇职工基本医疗保险：2.74 城镇居民基本医疗保险：2.96 新型农村合作医疗：8.02 总参保人数：13.72（有重复参保情况）	CML 慢性髓性白血病	0.36	职工：724 城市居民：443 农村居民：2934 合计：4101	格列卫12个月	30.6	职工：2.22 城市居民：1.36 农村居民：8.98	职工：1.55 城市居民：0.95 农村居民：6.28
					格列卫6个月	15.3	减半	减半
					进口干扰素治疗	14.1	职工：1.02 城市居民：0.62 农村居民：4.14	职工：0.71 城市居民：0.43 农村居民：2.90
					国产干扰素治疗	5.8	职工：0.42 城市居民：0.26 农村居民：1.70	职工：0.29 城市居民：0.18 农村居民：1.19
					BMT治疗10%患者	30	职工：0.22 城市居民：0.13 农村居民：0.88	职工：0.15 城市居民：0.09 农村居民：0.62
		GIST 胃肠道间质肿瘤	0.5	职工：1005 城市居民：615 农村居民：4075 合计：5695	格列卫12个月	30.6	职工：3.08 城市居民：1.88 农村居民：12.47	职工：2.16 城市居民：1.32 农村居民：8.73
					格列卫6个月	15.3	减半	减半

续表

2013 中国人口（亿人）	2013 医保参保人数（亿人）	恶性肿瘤	每 10 万人的发病率（%）	估计可能患肿瘤的病人数（人）	药物治疗方法	每个患者的年花费（万元）	初估总费用（亿元）	医保按 70% 计的年花费（亿元）
13.61	城镇职工基本医疗保险：2.74　城镇居民基本医疗保险：2.96　新型农村合作医疗：8.02　总参保人数：13.72（有重复参保情况）	肺癌	14	职工：28140　城市居民：17220　农村居民：114100　合计：159460	紫素	2.3	职工：6.47　城市居民：3.96　农村居民：26.24	职工：4.53　城市居民：2.78　农村居民：18.37
		乳腺癌	42	职工：84420　城市居民：51660　农村居民：342300　合计：478380	CMF	3.0	职工：25.33　城市居民：15.50　农村居民：102.69	职工：17.73　城市居民：10.85　农村居民：71.88
					AC－T 方案	1.8	职工：15.20　城市居民：9.30　农村居民：61.61	职工：10.64　城市居民：6.51　农村居民：43.13

　　虽然少数制药企业为了提高自身产品的竞争力，已经开始组织科研人员从事药物经济学研究，但鉴于国家层面的药物经济学评价机制缺位，企业进行的研究可信度较低、准确度不高、缺乏评价标准，因此研究结果很难为卫生决策者提供可靠的参考依据。借鉴西方发达国家的成功经验，我国亟待制定专门用于药物经济学的法律法规、规章制度与研究指南，应尽快成立由经济学家、临床医学专业人士、药学专家流行病学、社会保障学者、统计学专家等组成的国家药物经济学研究协会，由该协会负责研究、起草、颁行和修正药物经济学的规章制度与研究指南，进而成功构建以疗效为评估药价基础，较为科学、理性的创新性药物定价体系。

6.2.4　评价机构

　　药品评价是一项技术含量很高的工作，主要内容包括安全性、有效性，成本－效果分析，以及预算影响分析，等等，为药品价格谈判服务的评价机构主要侧重于成本－效果分析和预算影响分析。建立一套技术过硬、信誉良好的评价机构是谈判机制成功的关键。几乎所有发达国家在药品评价中都高度注重发挥专业机构的作用。建立和完善"专家库"制度，并进行总体规划、动态管理、定期调整，充分发挥专家在药品审评中的技术监督、技术咨询、参谋助手的作用，是非常必要的。

　　各国的药物评价机构一般在政府资金的支持下运行，有些是政府的职能机构，例如英国的国家临床规范研究院（NICE），而有些则是半官方的独立机构，例如德国的卫生质量和效率研究所（IQWiG）。德国 IQWiG 的评价内容通过法律的形式规定下来，包括五个方面：健康状况的改善、病程的缩短、期望寿命的延长、不良反应的减少，以及生命质量的改善。另外，IQWiG 的评价过程中考虑到疾病经济负担因素和病人的意见。加拿大的 CEDAC 和澳大利亚的 PBAC 都从安全、有效、成本－效果方面进行评价。英国的 NICE 则主要提供成本－效果方面的建议。如果评估机构的建议没有法律效力，则政府职能部门可以接受也可以拒绝。

　　从国际经验来看，在药品评价体系中存在三类评价机构，一类是商业化的咨询公司或研究机构，一类是政府定点签约的评审机构，还有一类是政府组织的评价委员会及常设机构。它们的职能及监督机制见表 6－8。显然，药品谈判机制中的评价机构应该是第二类或第三类。

表6-8 各类评价机构的职能及监督机制

机 构	职 能	监督机制
商业化的咨询公司或研究机构	受雇于制药企业，为制药企业完成药物经济学评价报告	市场竞争
政府定点签约的评审机构	政府合作单位，为政府提供药物经济学报告审核服务，审核企业递交的药物经济学评价报告的真实性和科学性，并提出相关建议	政府考核、同行竞争
政府组织的评价委员会及常设机构	委员会，负责评价标准的制定和调整，根据合同单位提供的审核信息及制药企业递交的药物经济学评价报告做出决定	信息公开、行政申诉
	常设机构，受理报告，与相关单位接洽，组织委员会讨论会	

评价机构一般设有两个小组：一个为由专业人员组成的核心专家组，直接负责评估工作；另一个为代表比较广泛的咨询小组。在评估的模型分析中，分析指标的选择和模型参数的设定至关重要。例如，疗效指标用临床指标，还是用生命质量指标表示；成本分析中如何界定直接非医疗成本和间接成本；反映成本-效果的指标是用成本-收益来表示，还是用增量成本-收益表示；等等。这些都会对分析的结果产生重大影响。另外，模型参数的设定，例如患病率、死亡率、贴现率等参数值的设定，也会对分析结果产生重大影响。因此，在专家小组评估过程中，不可避免地要掺杂许多人为因素，还需要建立一个由多利益主体共同构成的咨询小组，通过公开、公正的"谈判"途径来达到各方对评价结果的共识。

根据各国的经验，为减少外界干扰，专家小组的评价过程是封闭式的，但如果有了阶段性的评价结果，就会及时公开，同时还公开一系列评价的基础资料和依据，包括：①评价所选择的资料，以及资料遴选标准和过程；②评价模型的结构和评估指标；③模型参数的选择；④各专家的主要意见。之所以公布详细的评估依据，是为了表明评估结果是"可重现的"，即任何专业人员根据专家小组公布的详细资料，可以得到同样的评估结果。这保证了评估结果的客观性、科学性和权威性。

应由专家联络组确定专家的职责，审核谈判资料，并成立独立评审专家制度，制定独立评审专家产生的办法，科学、公开、公正地选择评审专家。为了让社会公众打消顾虑，应当公正合理地规定以下回避情形：①专家曾在制药企业、药品销售企业任职（离职不满 5 年）、兼职、持有企业股份（持有上市公司流通股的除外）的；②专家现职单位的领导、同事担任制药企业、药品销售企业是法定代表人、负责人、高层管理人员的；③专家的配偶、子女或近亲属在制药企业、药品销售企业法定代表人、负责人、高层管理人员的；④专家与制药企业、药品销售企业存在其他利害关系，有可能影响公正评审的。

比如，成都市在基本医保药品谈判专家评审的会议纪律中要求，评审专家必须秉持公平、公正、公开原则，必须申明与谈判对象之间无利害关系，且与谈判对象的法定代表人无直系亲属或配偶关系，若存在上述关系，本人知晓后须主动提出回避。

由监督组从专家库中随机抽取相应领域的专家，报委员会批准后聘任产生独立审核专家，组成评价机构。独立审核专家签署保密责任书，审核药品生产经营企业提交资料的真实性、可靠性和合理性。独立审核专家可通过谈判组，以书面形式就不确定的问题向企业提出，并要求企业答复或补充提供有关资料。企业书面答复后，独立审核专家将审核结果以评价机构名义形成总体报告交谈判组，并报委员会备案。我国人力资源和社会保障部对进行价格谈判的药品已经开始采取专家推荐制，专家的选择权对各制药企业的药品能否进入谈判至关重要。经中国医疗保险研究会组织专家从近几年上市的药品库中挑选价格高但临床上确有疗效的药品，汇总整理拟基本信息后，通过科学论证确定拟谈判药品名单，再征求医药企业的意见并向社会发布，最后由人社部与医药企业就这些药品的具体价格进行谈判。① 专家库成员由医保、药学、医学、医院管理、药物经济学、经济管理以及其他相关专家组成，接受中国医疗保险研究会和所属地市的医保部门统筹协调管理。专家依照谈判规则以及评审标准、评审程序参加技术咨询和评审工作，主要包括对谈判的药品现行价格情况、质量层次及药品经济、市场状况进行评估，对谈判项目的现行价格和拟谈判的价格、

---

① 王卓铭、徐英：《价格谈判机制将启动　高价药迈过医保槛》，《21 世纪经济报道》2010 年 3 月 17 日，第 2 版。

计价单位和谈判优惠幅度进行评估，并提出评审意见。

仍以成都市为例，说明谈判评审专家在谈判工作中的职责和评审内容，如表 6－9、表 6－10 所示。

表 6－9　成都市基本医疗保险药品谈判专家评审表

药业公司：　　　　　　谈判药品名称：　　　　　　规格剂型：

序号	项目	评审内容	评审结果
1	药品的主要成分	药品的主要成分分析是否符合××药/复合试剂的要求	
2	药品的临床运用情况	药品在临床上的应用是否广泛	
3	原研或国家发改委单独定价	是否为原研或国家发改委单独定价药品	
4	谈判价格情况	谈判的药品优惠幅度是否合适	
5	服务承诺	对谈判企业的服务承诺情况综合评价是否合理	
6	谈判结果	谈判的药品是否被纳入成都市基本医疗保险报销（按乙类药品标准）	

签名：
年　月　日

表 6－10　成都市基本医疗保险药品谈判专家评审报告

谈判项目名称	2011 年度基本医疗保险药品谈判	
药品供应商	第一三共制药（北京）有限公司、成都正康药业有限公司、陕西金裕制药股份有限公司、四川美大康佳乐药业有限公司、珠海亿邦制药有限公司	
谈判小组成员	专家	×××
	纪检代表	×××
资格性符合性审查	通过资格性审查 5 家，未通过资格性审查 0 家	
	通过符合性审查 5 家，未通过符合性审查 0 家	
评审意见	经协商谈判，专家评审意见如下： 第一三共（北京）有限公司将左氧氟沙星氯化钠注射液（商品名：可乐必妥，规格为 100ml，剂型为注射剂）的其销售价格从 107.83 元降为 104.6 元； 成都正康药业有限公司将氰乙基淀粉 130/0.4 氯化钠注射液（规格为 500ml，氰乙基淀粉 130/0.430g 与氯化钠 4.5g，剂型为注射剂）的销售价格从 76.9 降为 74.6 元； 陕西金裕制药股份有限公司将奥硝唑氯化钠注射液（规格为 100ml * 0.25g，剂型为注射液）的销售价格从 17.49 元降为 16 元； 四川美大康佳乐药业有限公司将甘油果糖氯化钠注射液（规格为 250ml，甘油 25g，	

续表

评审意见	果糖 12.5g 与氯化钠 2.25g，剂型为注射剂）的瓶装产品挂网价格从 43.6 元降为 42 元，其袋装产品挂网价格从 47.6 元降为 46 元； 珠海亿邦制药有限公司将克林霉素磷酸酯（规格为 0.5g、0.6g、0.75g、1.2g，剂型为溶媒结晶粉针）的销售价格从 17.44 元、20.05 元、23.79 元、34.09 元分别降为 17.09 元、19.30 元、23.31 元、33.41 元。
评审小组	（签字）
监督人	（签字）
药品供应商	（签字）

二〇一一年四月二十七日

6.2.5 谈判流程

一般而言，基本医疗保险谈判机制的谈判流程大体可分为三个阶段，如图 6-4 所示。

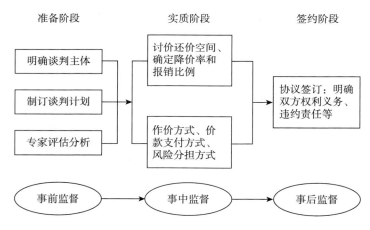

图 6-4 基本医疗保险谈判流程

第一，谈判的准备阶段。谈判准备阶段的主要任务是确定谈判双方的合法地位，制订谈判计划，并安排专家对相关信息资料进行评估分析。根据药品谈判的制度规则指导谈判工作的开展，并适时颁行有关规定，明确有关法律的适用范围和与有关法律的衔接是必然的选择。

第二，谈判的实质阶段。谈判的实质阶段即谈判的讨价还价阶段、正式谈判阶段，是将谈判涉及的医疗服务和药品价格及药品销量、用量、支付方式等相关问题通过协商达成一致意见的过程，解决谈判涉及标的物的转移和价格的确定问题。主要包括：①作价原则、价格计算方法、影响价格的因素分析、市场供求情况与销量；②讨价还价空间、降价率、报销比例；③价款支付方式，标的物转移的时间、地点、方式，风险分担问题；等等。

第三，谈判的签约阶段。谈判的签约阶段要解决的主要问题是谈判签约的合同形式，合同的内容、合同的效力以及双方的违约责任问题，也是将谈判达成的协议通过法律确定的阶段。基本医疗保险谈判通过协商达成的有关医疗服务和药品成交的协议，要遵循《合同法》的原则和一般规定。按照《合同法》的一般规定，即签订合同的行为只要符合法律关于民事法律行为的规定，合同即为成立并发生法律效力。但是，作为通过基本医疗保险谈判达成的协议，具有特定的内容和其主体的特殊性，其协议的效力要受谈判主体涉及有关行政委托或授权方面的影响，只有在符合合同法的相关规定，并同时明确和解决了谈判主体的法律地位和资质的前提下，通过谈判达成的协议才具有法律效力。这一法律效力是合同法赋予的，不依行政权转移或受到影响。因此，在签订协议阶段，务必将双方权利义务的具体内容和各方违约责任以及争议处理等在协议中明确提出。

对于药品谈判，笔者试提出以下具体化的流程，如图 6-5 所示。

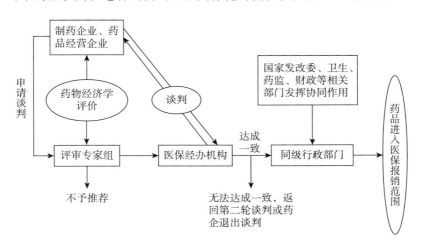

图 6-5　药品谈判流程

6.2.6 谈判协议类型及执行

经过谈判达成的共识要通过协议的形式确认，协议的内容涉及谈判标的的履行以及双方的权利义务关系，因此协议必然要采用合同的形式。所谓合同，又称契约，是指平等民商事主体基于订立、变更、终止民事权利义务关系的真实意思表示而成立的法律行为。《合同法》是规范我国合同制度最重要的法律。我国《招标投标法》《政府采购法》均规定招投标协议应适用《合同法》的相关规定，但实质上有所不同。国家卫健委发布的实施《招标投标法》的有关文件中说明，招标投标达成的协议签署购销合同，购销合同是一种典型的民事合同。虽然《政府采购法》第 43 条也规定政府采购合同适用《合同法》，采购人与供应商应平等、自愿地确定权利、义务，但法律实践中绝大多数政府采购合同有显著的政府主导的行政合同特征，适用《合同法》主要是基于目前我国行政合同制度不完善的无奈选择。

谈判制度的特征是双方在地位平等（或相对平等）的基础上达成协议，因此谈判制度最终形成的协议文本要成为有法律效力的文本，必然要适用《合同法》的规定。关于协议的形式实质上是采取行政合同还是民事合同取决于谈判模式的选择是由政府主导、政府监管还是完全由市场主导。谈判作为一种协商博弈机制，在探索实践中，谈判结果达成的协议根据依据的不同也有一定的区别，如有依据法律、依据政策、在法律政策允许的范围内依据双方的协商等。依据不同，所达成协议的效力也不同。

医疗保险谈判协议的性质为合同性质。目前我国法律没有关于行政合同的规范，无论是一般民事合同还是事实上的行政合同都适用《合同法》的规定。但实践时，两种协议在执行中有一定的区别。目前我国在医疗保险领域的主要管理形式有较强的行政管理属性，如目前经办机构与医疗机构的协议的性质实质为行政合同，其合同的救济方式为行政复议或行政诉讼。这种管理方式在实践中反映出许多问题，一方面，医疗机构自主科学管理的积极性难以发挥；另一方面，医保经办机构运用市场经济手段科学合理使用医疗保险基金的积极性也受到制约。因此，建立政府监管下的平等谈判机制，面临对现行经办机构的性质、管理方式和经办机构与有关市场主体协议方式的改革和挑战。只有双方在平等基础上签署的合同协议，才能避免行政管理体制僵化带来的弊端，最大限度地发挥谈判双方的积极性、主动性，从而获得市场资源的最优配置。

一致协议的达成，在一定程度上说明谈判双方就所要协商解决的问题达成了共识，并同意以协议的成文规定形式明确双方在关键问题上的职责和权利，以此确保自身的利益得到保障。药品谈判主要围绕药品价格、支付方式和费用分担机制等主要问题进行，谈判的最终目的就是要在这些问题上达成共识，并以共同协议的形式加以确认。能否达成一个对双方都有约束力的协议，关系到能否正确处理医疗保险经办机构与制药企业、药品经营企业以及医疗机构等各方之间的关系，关系到各方的利益及职责的分配和既定目标的实现程度。通过条文形式的协议规范双方的行为，将两者之间的关系转变为合作博弈的关系，才能达到共赢的效果。鉴于医疗保险的特殊性，医疗保险经办机构与制药企业、药品经营企业以及医疗机构之间的这种协议只能是一种软约束力的协议，这种协议对于我国医疗保险费用结算工作能否顺利展开，以及能否有效地约束医药服务提供方的行为和解决医药价格虚高问题有着重大意义。

医保谈判协议可以分为通用协议和个案协议两大类。

一是通用协议。指对于全省（统筹地区）若干家定点药企、药商或定点医院，协议内容、条款与板式完全相同的医保谈判协议。从规范管理来看，较多的协议应该采用通用协议方式，比如，对待全省或者统筹地区的所有全科公立医院的药品价格谈判的协议一般使用通用协议。成都市在基本医保药品谈判过程中，形成了通用协议格式，如图6-6所示。

这类协议正文的要素性条款完全相同，但需按协议标的的繁简程度分为以下两种。

第一种是无附件协议。即协议标的只有一个或标的特别简单的协议。可以将标的内容直接纳入协议正文，不需要用附件体现标的的内容与条款。

第二种是带附件协议。协议标的项目多且复杂，标的内容与条款不便在协议正文中体现。标的内容与条款专门用一个附件或几个附件体现，不在协议正文中体现，以使协议与正文简洁清晰、一目了然。

二是个案协议。指协议的标的内容与约定只适用于个别供方、不适用于所有供方的谈判协议。比如，对不同等级医院的医疗费用谈判、对个别专科医院的医疗费用谈判，或对个别特殊药品与制药企业、药品经营企业的谈判，只能采取个案协议。谈判的个性化不能太强，个案协议的版本不能太多，否则会不利于规范管理。个案协议也可以分为无附件协议和带附件协议两种格式。

甲方：成都市医疗保险管理局

乙方：

　　根据《中共中央国务院关于深化医药卫生体制改革的意见》中"要积极探索建立医疗保险经办机构与医疗机构、药品供应商的谈判机制，发挥医疗保障对医疗服务和药品费用的制约作用"的精神，本着"自愿、平等协商"的原则，按照国家、省和我市的有关规定，经甲、乙双方协商，签订如下协议：

　　第一条　产品概况

　　　　产品：＊＊＊＊

　　　　规格：＊＊＊＊

　　　　剂型：＊＊＊＊

　　　　价格：四川省现行挂网采购价＊＊元

　　　　生产厂家：＊＊＊＊＊

　　第二条　乙方将该药品对各定点医疗机构销售价格从＊＊＊元下调至＊＊＊元后。甲方根据《四川省人力资源和社会保障厅关于印发四川省基本医疗保险、工伤保险和生育保险药品目录（2010年版）的通知》（川人社发【2010】41号）的规定，将该药视为×类药品按规定予以支付。

　　第三条　乙方提供的药品必须符合药典或国家药品监督管理部门规定的标准，在药品销售过程中应遵守国家相关法律法规。药品不符合质量标准的或者在销售过程中有违法违纪现象的，甲方有权终止协议。乙方在提供相关资料时，要保证资料的真实性，并对资料的真实性负相关法律责任。

　　第四条　谈判药品的价格由主管部门重新核定新标准时，乙方应及时将核定的新价格以书面形式报告甲方。甲乙双方可根据该药品新核定的价格进行新一轮谈判，在协商一致的情况下，执行新的谈判结果签订新协议。

　　第五条　签订协议后一月，乙方应及时将该谈判药品的销售情况及让利情况书面告知甲方；一月以后，乙方应每个季度末将该谈判药品的销售情况及让利情况书面告知甲方。

　　第六条　协议履行期间，如遇国家法律法规、相关政策发生变化，按新规定履行协议；甲乙双方可平等协商，按照新法律法规、政策修改本协议；若经友好协商无法达成一致，则终止本协议的履行，双方均不负违约责任。

　　第七条　本协议自　年　月　日起至　年　月　日止。

　　第八条　本协议一式两份，经甲、乙双方签字盖章后生效。未尽事宜，甲乙双方可以达成补充协议，经甲、乙双方签字盖章的补充协议效力与本协议相同。

　　甲方（盖章）　　　　　　　　　　乙方（盖章）

　　地址：　　　　　　　　　　　　　地址：

　　法定代表人/委托代理人：　　　　　法定代表人/委托代理人：

　　日期：　年　月　日　　　　　　　日期：　年　月　日

图6-6　成都市基本医疗保险药品谈判协议书

资料来源：成都市医疗保险管理局。

　　医保谈判双方协商一致的谈判结果应按照签订的协议执行。谈判协议的主要内容包括：谈判药品概况、谈判执行的药品在省药品公开招标网上的挂网价及谈判价格、该谈判药品的医保支付标准等。协议文本由医疗保险经办机构统

一制定，原则上每年签订一次。

在目前药品谈判机制尚不规范的情况下，进行药品谈判的探索应当遵循有关法律制度，以防止制度在运行中偏离制度探索的宗旨，给各方当事人造成不必要的损失，甚至是制度不严格造成医疗保险基金的流失。因此，根据和参照有关法律进行探索和规范是必要的。从目前来看，《政府采购法》和《招标投标法》对有关采购招标制度均确立了一整套法律制度，上述制度的适用范围也涵盖了药品这一特殊商品，在短期内国家不可能制定规范药品谈判的法律制度，因此，参照上述制度确定的制度规则指导谈判的探索和试行，并适时颁行有关规定，明确有关法律的适用和与有关法律的衔接是其必然的选择。

在谈判协议的执行过程中，如果出现协议一方违约，使协议另一方遭受损失的情况，则遭受损失的一方要向对方索赔。为了便于解决履约过程中的索赔问题，使受损方的损失及时得到补偿，在协议中规定违约责任是十分必要的。在违约责任中，主要包括索赔的依据、索赔的期限和索赔的方法等。对我国定点医疗机构与药店频频出现的骗取套取医保基金的违法违规行为，可以由医保经办机构借助医保谈判契机，将这些问题作为谈判契约"违约责任"的要素内容，明确写入谈判协议。比如，对骗取套取医保基金明确规定"发现并查实骗取套取医保基金者，对违约者除如数退还骗套金额、按骗套金额处以 3 倍违约金外，违约者还必须无条件出局即退出本省（统筹地区）医保业务直至接受法律制裁"等条款，使定点医院药店自始至终主动接受谈判协议的契约约束，减少或避免在定点医院药店违法违规后，医保经办机构四处寻求卫生医疗行政主管部门、公检法联合检查执法的烦琐程序，大大降低社会管理成本，避免矛盾激化升级，凸显医保经办机构谈判契约的柔性管理功效。

6.3　药品谈判机制实施的协调机制

谈判机制既涉及医疗保险、药品价格、医疗卫生等多个环节，也涉及多个相关部门。如有关医疗保险制度的实施由人力资源和社会保障部负责；谈判涉及的药品价格由国家发改委负责；谈判涉及的医疗服务及目前有关药品安全评价由卫生和计划生育委员会负责；等等。可见，谈判机制建立涉及的内容广泛，直接涉及国家管理模式和有关管理制度的改革。要建立健全医保谈判机制，还需要一套科学合理的协调机制作为保障。从长远发展来看，应完善国家层面的综合协调机构的作用，同时加强行政资源的整合。从目前来看，需要各部门对这一新的机制建立的模式、各行政部门管理的方式与职责达成共识、协作配合，通过科学合理的协调机制的运作，避免管理指导上的分散决策或简单从部门的利益角度设计制度模式。

6.3.1　谈判机制与最高指导价的协调

目前，我国的药品价格管理体制是由政府主导的，市场主体缺少相对的独立性。药品谈判机制是建立一种在平等主体之间的协商博弈机制，可以发挥市场机制在资源配置中的重要作用。因此，这一机制的建立，必然要涉及对目前有关行政管理体制的改革。改革的方向是逐步形成政府宏观调控下有关市场主体平等竞争的环境，减少行政管理成本，优化资源配置。药品谈判机制是医疗保险经办机构与药品供应商之间的谈判，既涉及医疗保险控费机制的改革，也涉及对通过谈判确立的协议价格的探索，还涉及药品价格形成机制的改革。

如前所述，2014年，我国药品定价历史上最大规模的改革揭开了帷幕。2014年11月，国家发改委下发的《推进药品价格改革方案（征求意见稿）》中明确提到，自2015年1月1日起，取消原政府制定的药品最高零售限价或出厂价格。今后，我国药品将逐步采取如下定价机制：对医保目录内的药品，由人社部门负责确定医保支付基准价格。以医保支付基准价为依据，定点医院采购时可以与药品供应商展开谈判，以发挥医院的主动性；对专利药和中成药独家品种等类别，则通过多方参与的谈判机制协商确定价格；对血液制品、全国统一采购的药品等类别，要通过集中招标采购或谈判协商形成市场价格；一类精神、麻醉药品，以及低价药品基本上仍沿用现行政策。据国家发改委介绍，2015年，我国开始对药品价格和医疗服务价格进行改革。与以往的药品价格改革措施相比，此次改革特点非常鲜明：政府对药品定价的范围被极大地缩小，对谈判协商方式的高度重视和强调将彻底革新传统的定价机制及规则，从而更好地实现药品定价公开、公平、透明、高效的目标。因此，此次国家发改委全面取消药品政府定价意味着2700余种占据我国药品市场23%份额的实行政府定价和政府指导价的药品将正式摆脱"计划定价"模式，正式改为由谈判机制发挥关键作用的"市场定价"，谈判机制的重要地位和作用将得到进一步肯定和强化。

药品谈判的目的是在保障药品质量的前提下，以降价换销量，以价格空间换取市场空间。谈判内容的核心是医保经办机构、医院、药品供应商三方，在信息公开、谈判公正、交易公平的前提下，以具体化的谈判规则平等、自愿协商，以博弈的机制达成包括药价、医疗服务费用和保险支付方式等要素在内的协议。制药企业和药品销售企业以让利于患者为前提，获得医保报销的资格，医保经办机构代表参保的患者谈判，让患者以相对合理的价格获得医疗服务和药品，进而减轻参保患者的医疗费用负担。所以，我国亟待构建医保药品谈判机制，通过建立药品谈判机制，使因为成本和售价偏高而"无缘"医保目录的创新药品可以通过谈判机制进入医保目录。

医保药品的价格审批和监管职能，属于国家发改委的职责。国家发改委制定的价格是药品最高零售价，即终端市场成交时只能低于、不能超过的"天花板"价格。而卫生部门还将组织以省为单位的药品招标，产生招标价。招标价加上医院药品加成，将形成实际零售价，这个价格必须低于国家发改委制定的最高零售价，且是医保报销需要支付（或部分支付）的价格。在药品谈判机制中，要获得合理的药品价格和准入，需要考虑和目前我国药品定价体系中的定价方法、临床规范以及药品价格管理权限相契合。

根据《药品管理法》和《药品管理法实施条例》规定，对列入国家基本医疗保险药品目录的药品以及国家基本医疗保险药品目录以外的属于垄断性质的药品的价格，以政府定价、指导价的形式予以控制；对非垄断性质的药品，则实行市场调节价。根据目前的药品价格政策，政府对纳入医保报销的药品制定最高指导价格。这一政策将与谈判机制产生冲突。在谈判机制下，谈判价格是药品能否进入医保报销的重要条件，如果政府定价以药品进入医保目录为条件，那么就会出现"价格"与"进入目录"互为条件的矛盾现象。为解决这一矛盾，应协调这两项政策的关系。在社会保险制度下，医保机构与药品供应商之间的谈判结果应该作为政府定价的基础。物价部门可以在谈判依据和谈判程序上进行监督，如果谈判依据和谈判程序都符合规范，那么物价部门就不应该再干预谈判价格。

国家发改委、卫生部、人社部于 2009 年 11 月 23 日发布的《关于印发改革药品和医疗服务价格形成机制的意见的通知》（发改价格〔2009〕2844 号）

明确提出，要构建医疗保险谈判机制，医保经办机构应该与医院协会、药品供应商之间进行协商谈判，以合理确定医疗服务和药品价格，对现有的医保支付方式进行必要的变革。根据以上规定，谈判机制探索的是在政府制定药品价格的基础上，通过医药双方协商确定医疗费用及付费方式，而不是去改变政府的定价机制。因此，笔者认为，谈判机制与有关药品价格管理法规的基本定位应该是在国家价格管理框架内对医疗费用的协商，而不是对药品价格管理制度的突破。但现实的问题是，通过谈判的控费必然要涉及药品的降价，而这种协议价格与药品的销量是挂钩的，这种与销量挂钩的量价协议形成的价格是一种隐性价格，在国外是药品价格的形成机制之一。在我国，谈判涉及的协议价格随着市场机制的完善和有关配套制度的健全，将逐步成为一种全新的药品市场价格的形成方式，这种协议价格的波动范围就处于国家药品最高指导价的价格区间之内。

很可能出现的情况是，某些药品通过谈判准入形成的价格明显低于原有价格（例如，在原有的基于成本定价中，制药企业申报了较多成本，而事实上临床治疗收益难以支持如此高价），某些药品通过谈判准入形成的价格则高于原有价格（例如，原有定价基于不合理的竞标形成，或者原有价格基于成本形成，无法反映该产品的临床优势）。价格出现不一致，需要管理者坚定地按照正确的判断标准支持合理价格，否则将出现混乱。

药品价格是谈判中最重要的内容，它的高低直接影响着医药服务各方的经济利益。谈判内容的核心是价格，其次是分担机制，即在医保经办机构同意报销，同时医疗机构同意使用的情况下，制药企业和药品经营企业的让利程度是否可以达到医保经办机构的要求。价格谈判可以采取直接降价、批量折扣、批量返利以及设定报销比例等方式来实现。同时也必须明确，在医保支付时，购买的是药品服务的价和量（相乘）。因此，进行药品谈判时，不能只关注价格，还需要规范药品进入医保后的使用数量。事实上，从药品评价角度来看，对数量的考量应该先于价格考量。因为对于药品服务，首先需要了解有多少患者会使用该药品，患者的病情构成如何，以及个体患者治疗时药品（及相关卫生服务）的使用模式如何，否则就很难去评价药品的合理价格应该是多少，也就无法对药品进入医保系统后的短期和长期的治疗成本、健康产出，以及医保预算影响做出正确的评判。

6.3.2　谈判机制与招标采购政策的协调

近年来，我国在药品价格方面改革的最重要措施是实行药品集中招标采购制度。但如前所述，执行的效果不尽理想，存在诸多严重的问题。其主要的弊端是药品集中招标采购的主体为医疗机构，采购的范围为基本医疗保险药品目录中的药品和临床普遍应用、采购量较大的药品等，但在以药养医的体制下，医疗机构受利益驱动，为增加医院收入，容易走向两个极端。一是招标招来高价药，加重患者负担；二是在一片降价的呼声中，为降低医院管理成本，招标走向另一极端，招标招来低价药，而一些群众需求的质量好、价格适中的基本药品往往在招标中无法竞争，导致一些绩优生产企业面临困境。可以看出，药品的招标采购存在盲目性和无序竞争，特别是大宗药品的集中采购完全凭借市场的趋利机制放任采购，在市场规则不完善的情况下，这必将使药品采购走向歧途，而药品的使用直接与药品的生产及医药产业的发展密切相关，这种扭曲的市场导向必将直接影响我国医药产业的发展。

药品集中招标采购实际上促使我国市场机制发挥作用形成招标采购价，这一价格有三个特点：一是不能突破国家发改委制定的最高零售价；二是在以药养医的体制下，它不是最终的零售价，招标价加上医院的药品加成价才能形成最终的药品零售价；三是价格没有总额预算控制，完全取决于市场机制。在以药养医机制的作用下，这一价格形成呈现药价"虚高"或者药价"虚低"的失控的状态。谈判的协议价格是医疗保险经办机构和制药企业或协会通过谈判直接达成的药品数量和报销比例的协议，其前提也是降低药品的价格。这一价格形成同样不能突破国家发改委的最高零售限价，但与集中招标采购的药品价格不同：一是在范围上有所区别，主要为目录外进入目录内的药品；二是以经办机构为主导的谈判达成的协议价格，以基金的总额预算控制为前提；三是通过对谈判药品的疗效、安全性、药物经济性等方面进行综合评价形成的价格。因此，通过谈判机制形成的价格更为科学、更为理性。

目前，按照药品集中招标采购政策的要求，公立医疗机构原则上只能使用中标药品，并且按中标价格采购。这一政策无疑在很大程度上剥夺了公立医疗机构在药品采购和议价中的自主权，削弱了药品批发市场价格机制的作用，常常出现部分药品中标价过高而部分药品中标价过低的现象。如果医疗保险谈判确定的药品价格低于集中招标采购的中标价格，医疗机构会因为受限于卫生部门规定的"不能二次议价"的政策而难以按谈判确定的价格提供药品，造成对患者所需药品供应短缺的后果；如果医保谈判确定的药品价格高于集中招标采购的中标价格，虽然不容易出现药品供给短缺的情况，但医疗机构仍然没有权力以谈判价格为依据与药品供应商进行"二次议价"。另外，如果医疗保险谈判的药品不是集中招标采购的中标药品，则即使谈判取得成功，医疗机构也可能无法采购这些药品。从运行机制上看，谈判机制比集中招标采购的机制更加科学和合理。因此，通过医疗保险谈判的药品应该成为集中招标采购的中标药品，并且应该允许医疗机构以谈判价格为依据在药品市场上自主采购药品。

医保部门在谈判药品零售价时，也面临和卫生和计划生育委员会药品招标系统的部门合作。目前，卫生部门在各地实施药品集中招标采购，是基于药品的质量水平、企业声誉、临床美誉等药品属性，并充分利用企业间的市场竞争进行的，通常能制定低于国家发改委最高零售限价的价格水平。卫生部门的招标的用意是在政府的组织管理下，基于医疗机构的临床需求，代表民众进行集中药品采购。这样的招标系统与医保的药品谈判系统相比，除了招标系统没有明确的总体预算约束外，其余方面是基本相同的，都是代表消费者对药品进行的集中采购。既然存在很多的重复，是否只需要保留一种？如果医保部门已经进行了价格谈判，那么卫生部门的集中招标采购是否还需要进行？

从根本上说，社会并不需要太多的药品价格。广大消费者关注的就是最终的支付价格，这种关注并非单纯地追求低价，而是希望物有所值。从这个意义上说，代表广大消费者的第三方付费机构，基于资金预算约束，和药品提供者进行协商谈判，确定双方可接受的价格，是最优的制度安排。但目前我国的药品定价权仍然主要在国家发改委手上，在短期内不改变既定构架的情况下，就需要国家发改委和医保管理部门密切合作。

值得注意的是，医保部门主导的谈判机制要避免当前药品集中招标采购政策的弊端。根据医保部门的职能定位，医保部门一方面必须保证参保人对药品的可及性，另一方面则要维护医保基金的平衡，所以医保部门主导的谈判机制不容易出现因价格过低而"中标死"的现象，同样，谈判机制也不容易出现因药品价格虚高而加重医保基金负担的现象。另外，医保谈判机制并没有排斥医疗机构自主采购药品的权利，并且谈判价格为医疗机构采购药品提供了重要依据。由此可见，医保部门比卫生部门更适合充当药品集中采购方。当然，医保经办机构作为"超级团购"者，是带有垄断性质的购买方，因此也可能同样面临目前卫生部门在药品集中招标采购中出现的问题，比如，在唯一的支付方下，价格机制的缺失使得药品市场的供求关系得不到准确反映。所以，医保经办机构主导的招标采购范围不应该太广泛，可以主要限于价格昂贵的创新药品。至于同类产品较多的仿制药品，则可以主要通过引导竞争来使价格趋向合理，使医药企业也能获得合理的利润水平，维护药品市场的正常秩序。

从药品价格管理的趋势来看，协议价格作为市场机制形成的药品价格方式之一，随着谈判机制在实践中的探索，将成为我国药品市场新的价格形式。这种协议价格不是通过双方谈判简单地"砍价"形成，而是必须建立一整套完善的药品进入谈判的评价程序、药品使用监测以及医疗保险基金预算体系和谈判规则体系，在此基础上由医保经办机构与制药企业和药品供应商遵循平等互惠、客观真诚和协商一致的原则谈判形成。为保证基本医疗需求的主要基本药物，也应当在政府监管下通过谈判的方式采购。通过市场调查，编制采购预算、采购目录，在国家宏观产业政策指导下，通过有关市场主体协商谈判方式购买。这样才可以平衡医疗需求与医药产业发展之间的关系，引导推动医药产业的健康发展。

6.4 医疗保险经办机构开展谈判的激励机制

6.4.1 医疗保险经办机构开展谈判面临的主要问题

医疗保险经办机构作为药品谈判的需方，在谈判中的重要性不言而喻。而在谈判工作开展的过程中，经办机构面临很多方面的问题。

（1）医疗保险经办机构"管办合一"体制的正能量待发挥

综观在市场经济体制下推行社会基本医疗保险制度的国家，政府对基本医疗保险可能采取"管办合一"和"管办分离"两种不同体制的保险人经办机构模式。一般情况下，绝大多数国家采用"管办分离"的保险人经办机构模式。"管办合一"体制模式是主要顾全社会保障，适当运用保险规律的基本医疗保险制度模式。我国基本医疗保险经办机构一般被命名为"医保局"或

"医保中心"，"局"或"中心"都具有行政监管和保险业务经办等多重职能，实行"管办合一"体制。"管办合一"体制的基本含义，即基本医疗保险的社会监管者与业务经营经办机构具有双重角色身份与多重职能。"管办分离"体制的基本含义，即基本医疗保险社会层面监管与经营业务经办的两种角色身份与职能各自完全独立。监管者为行政机关不经办医保业务；经办人为专业化保险企业或事业机构，只经办医保业务，无监管角色身份资格与职能，奉行"吹哨不踢球，踢球不吹哨"的分离规则。我国目前采用的基本是"管办合一"保险人体制，这是我国基本医疗保险经办机构体制普遍具有的突出特征。"管办合一"体制的经办机构"医保局"或"医保中心"，沿革是政府机关，拥有行政理念、行政手段、行政命令等行政工作经验与方法，缺少对保险人必备的险、医、药的高深专业知识、技术含量与科学方法的长期研究与积累。

到目前为止，我国直辖市、省、自治区一级的基本医疗保险经办机构"管办合一"体制者占100%。省级以下经办机构大约只有60个左右市（区）县进行了"管办分离"改革试点，即以中国人寿保险公司等纯粹商业性保险公司为经办机构，主要在河南新乡等市县进行"新农合"基本险的"管办分离"改革试点，这在全国的比例只有2%左右。换言之，全国省级以下基本医保经办机构"管办合一"体制者仍高达98%。在目前与将来较长一个时期内，"管办合一"体制的医保经办机构在我国基本医疗保险经办机构中一定是占绝大多数的主体或主角。研究推广基本医保谈判机制，有必要立足于我国医保经办机构特有且短期内很难改变的"管办合一"体制现实，在这个体制框架内进行谈判并构建谈判机制，开拓创新。

在最近几年的深化改革中，我国若干方面的"管办合一"体制均受诟病，利器逻辑自然是"既当裁判员又当运动员""吹哨不踢球，踢球不吹哨"。若干方面的"管办合一"体制在此严谨公理的鞭挞抨击下早已改革为"管办分离"，几乎只有基本医疗保险经办机构的"管办合一"体制岿然不动，且有继续存在的必要。这是因为基本医保"管办合一"体制自带魅力，懂得扬长避短。

第一，"管办合一"较好地满足了医保基金需要绝对安全和有效监管的要求。基本医疗保险经办机构"管办合一"体制违反常规的问题，是显而易见的。中央也明确支持探索委托具有资质的商业保险机构提供各类医疗保障管理服务。但是，《中共中央国务院关于深化医药卫生体制改革的意见》中特别明确规定了积极探索的首要前提是"确保基金安全和有效监管"。医保基金如果在安全方面出问题,广大参保人的利益必然在大范围受到损害,势必引发社会危机。我国自基本医保基金制度建立以来,医保经办机构一直实行的是"管办合一"体制。多年来的实践证明,我国现有基本医疗保险经办机构的"管办合一"体制对医保基金的绝对安全与有效监管确有保障,中央与地方各级政府正是基于这种安全性评估,对"管办合一"体制的改革探索才慎之又慎,才必须设置"确保基金安全和有效监管"这个首要前提。这也是我国基本医保经办机构至今保持且今后还会较长时间保持"管办合一"体制的首要原因。

第二,"管办合一"适应医保基金筹集需要政府支持的要求。全国基本医疗保险制度涉及十多亿人口,基金的筹集十分重要和困难,尤其是在制度建立的初期。这决定了医保基金制度建立伊始的经办机构只能实行"管办合一"的体制,让经办机构以政府机关的名义,制定政策、拟定制度与办法,行使行政权力支持基金的筹集。我国基本医疗保险基金中的一个重要部分是各级财政的补贴补助拨款,而财政补贴补助拨款自然只有对口具有政府背景、本身具有监管职能的"管办合一"体制的医保经办机构,才能顺理成章方便同级财政的监管和控制。在基金筹集的参保人缴费方面,广大参保人对具有政府背景、本身具有监管职能的"管办合一"体制的医保经办机构的信任程度高于对其他任何纯粹商业保险机构的信任程度。相对而言,具有监管职能"管办合一"的"医保局"或"医保中心"等经办机构向参保人收取保险费比纯粹商业保险机构容易得多。现行医保经办机构的"管办合一"体制借助政府支持与政府的良好信誉比较顺利地完成了医保基金筹集的重大任务。

第三,"管办合一"体制经办机构已有广泛的群众基础,便于国家职能部门尤其是中央医保机构对地方各级医保政策与业务的垂直管理和指导。我国建立市场经济体制的基本医疗保险制度是从 1999 年城镇职工基本医疗保险制度开始的,医保经办机构一直实行"管办合一"体制,经过长期的收缴费、就医理赔报销工作,广大参保人对现有医保经办机构普遍比较熟悉,有的参保人还因为重病重伤享受巨额报销而与医保制度及医保经办机构建立了深厚感情。事实上,现有"管办合一"医保经办机构已经为我国社会医保事业发展积累了良好的群众基础与社会信誉。在过去的近 20 年内,在全国医保政策与业务方面,现有"管办合一"医保经办机构基本实现了政策层面的全国统一、令行禁止,业务层面央地通达有所进取。客观地说，现有医保经办机构的"管办合一"体制基本适应了我国目前的医保政策与发展要求。

但是，现行医保经办机构的"管办合一"体制，除了上述正面、积极作用外，确实客观存在"既当裁判员又当运动员"的逻辑悖论与若干弊端，若不高度重视并着力妥善解决，足以抵销或完全破坏"管办合一"体制的积极作用的有效发挥。

因此，在现行制度框架的现实基础上，"管办合一"体制如何扬长避短是成败的关键。按照新公共管理理论的主张，政府部门应该引入市场机制，将政策制定（掌舵）和政策执行（划桨）的任务相分离，用市场化理念和管理方法来提高政府提供公共服务的效率。在社会医疗保险制度下，医保行政部门的职责是代表国家制定医保政策规范，包括药品报销目录、报销限价、报销比例范围等。医保经办机构则执行行政部门制定的政策规范。并且，按照我国政府行政管理的特点，医保经办机构实际上隶属于政府行政部门，行政和经办的职能无法截然分开。根据我国医保体系的特点，在药品谈判机制建设中，医保行政部门的职能应是制定谈判规则、组织药品价值评价、监管谈判过程的进行等；医保经办机构则是在行政主管部门规定的范围内，制定某些药品的具体报销比例，以及具体开展谈判和采购工作等。由于医保经办机构也隶属于医保行政部门，为了确认谈判结果的法律地位，通过谈判的药品应由行政部门以政府文件的形式向社会公布。基本医疗保险谈判机制要取得成功，需要把医保经办机构"管办合一"体制的正面、积极因素及其作用充分发挥出来、保持下去并把"管办合一"体制的现有问题和缺陷尽快加以有效解决和圆满弥补。

（2）缺乏授权，开展谈判无法律政策依据

医疗保险经办机构作为药品谈判主体之一，位居买方的重要地位。据统计，到2012年底，全国范围内共有各级社会保险经办机构8411个，工作人员172177人。[①]

关于经办机构的独立地位、性质，1933年国际劳工大会通过的老年保险公约（第35号公约）中做出了具体规定："社保基金管理机构应系事业机构的一

---

① 郑秉文：《中国社会保险经办服务体系的现状、问题及改革思路》，《中国人口科学》2013年第6期。

种，社保基金管理机构的职员应当独立于行政管理部门。社会保险的行政管理机构和事业机构应分别设立。"我国 1999 年国务院令第 259 号《社会保险费征缴暂行条例》也对社会保险经办机构的地位、性质做出了规定，即"社会保险费……也可以由劳动保障行政部门按照国务院规定设立的社会保险经办机构征收"，并规定经办机构依法负责社会保险费的征缴、管理社会保险基金、核定发放社会保险待遇等工作，依法接受劳动保障行政部门的委托履行一定的行政管理职能。目前，按照国家编制管理，社会保险经办机构为参照公务员管理的事业单位。

2011 年 7 月颁布实施的《社会保险法》对经办机构的性质未做明确规定。《社会保险法》规定"统筹地区设立社会保险经办机构"（第 72 条），并规定"社会保险经办机构的工作任务主要包括以下方面：为参保人进行社会保险登记、记录参保人的个人权益、发放社会保险相关待遇并提供其他必要的社会保险服务"（第 8 条）。关于《社会保险法》第 29 条关于经办机构与医疗机构和药品供应商、零售药店等签订服务协议的规定应该理解为是对现行经办机构与医疗机构、药店签订定点协议的确定，在这一环节也可进行谈判，其性质是补偿谈判，有别于进行药品团购的议价谈判。可以看出，社会保险经办机构是按照国务院规定设立的参照公务员管理的事业单位，隶属于劳动行政部门，其主要职责为依法办理社保登记、支付社保待遇等。在特定情况下，经办机构依法接受劳动保障行政部门的委托，履行一定的行政管理职能。

关于医保经办机构在药品谈判中能否直接代表参保人利益的问题，目前我国在学术界和官方尚未达成一致意见。在学者们看来，医保经办机构作为广大参保人员的代理人，事实上代表着这个数量庞大的人群的利益。在医、患、保、药等多方主体中，医保经办机构不仅要作为"第三方付费者"存在，更要采取合理而有效的措施对医疗机构和药品供应商的行为进行约束，包括激励和监督等方面的手段。通过建立谈判机制来协调各方主体之间的关系，经办机构可以为广大参保人员争取质优价廉的医药服务，控制虚高药价，适应"三医联动"改革的现实需要。但《社会保险法》和有关行政法规均没有对此做出明确规定。因此，尽管各方面认为经办机构应该代表参保人的利益参加谈判，但事实上，这种看法到现在还没有法律作为支撑。目前，医保经办机构是承办医疗保险事务的服务性机构，其职责具有法定性，可以依法履行特定职责。真正建立起药品谈判机制，经办机构与药品供应商的地位相对平等是前提。医疗保险经办机构如果作为市场主体参加谈判，需要有法律政策规定，至少要有相关部门的授权。

对药品谈判机制进行规范的发文形式在中央层面有几种选择：一是以国务院行政法规或国务院文件形式规定；二是通过部门联合发文或部门联合规章；三是某个部门规章或文件。如前所述，药品谈判机制涉及多个领域，涉及多个部门管理的权限，因此，由个别部门发文是不合适的。推进谈判机制的试行，可以通过部门联合发文或部门联合规章的形式。

（3）部门间易相互掣肘，制约谈判工作开展

医保谈判机制不仅是在医保经办机构与医疗机构及药品供应商之间博弈，还牵涉人社、发改、药监、医管、财政、卫生等多个部门，各部门之间的协调和配合决定了谈判的效率和效果。

如前所述，目前由卫生部门组织的药品招标采购，是基于医疗机构的临床需求来进行集中药品采购，已形成一整套招标管理体系。医保经办机构在没有明确规范的情况下，代表参保人再进行药品的采购谈判，如果不能明确界定两个部门在工作和制度上的衔接，则可能出现很多制度和工作上的重复或不衔接。目前对药品的监督评价由卫生部门所属的药监部门负责，而现阶段药监部门基本上只有对药品不良反应的安全方面的评价，缺乏关于药品综合评价的制度平台，这对医保经办机构开展药品谈判工作的帮助还很有限。

我国医保药品目录遴选的原则是"临床必需、安全有效、价格合理、使用方便、市场能够保证供应"，可见，价格是目录遴选过程中的重要影响因素之一。但是，在目录遴选过程中，医疗保险方与药品提供方之间没有明确的谈判过程，医保部门单方面遴选目录具有很强的行政色彩，使价格干预的作用很弱。值得注意的是，物价部门对医保目录内的药品实行定价，而对医保目录外的药品不实行定价，这从表面上看是加强了对医保目录内药品价格的控制，但结果是造成了两个政策的冲突：在医保目录遴选过程中，价格是重要依据，然而政府定价又以药品进入医保目录为前提。这实际上限制了医保部门进行间接价格干预，可能出现药品进入医保目录后随即涨价的现象。据媒体报道，2009年医保药品目录调整后，部分新进入医保目录的药品价格出现了不同程度的上涨。

此外，作为药品价格的主管部门，发改委是国家宏观调控部门，履行政府

强制定价和指导价方面的职责，但对国家管制价格范围外的药品价格的市场自由定价缺少基本规则，使目前药品单独定价方面管理混乱。目前制度上比较关键的一个问题是，我国发改委的政策中只对被纳入医保目录的药品进行价格调整。由此，如果经过谈判后被纳入医保目录的药品还要经过重新定价，则在准入谈判中对价格的协商就成为无意义的举动了。从这个意义上说，现行药品定价顺序可能需要改变，即发改委或者对于准入谈判的药品先行定价，或者直接参与准入谈判过程，在谈判过程中会同其他部门共同制定价格，由此才能解决现实的药品谈判中的价格制定问题。

我国药品的零售价管理权限在发改委，从法理上讲，医保部门没有权力制定药品零售价。因此，医保部门通过谈判制定零售价需要会同发改委一同进行，谈判结果价格也需要报请发改委批准。作为两个互相独立的政府部门，其沟通和合作成本是不低的。此外需要注意的是，发改委和医保部门在制定价格方面的视角和考虑，可能是不同的。如前所言，我国发改委对药品价格的管控，主要是基于药品成本加成的方法，而医保需要考虑的是在医保资金的预算约束下，如何最大限度地购买医疗服务（包括药品），这两种视角可能会互相冲突。比如，如果从医保角度来看，某种药品具有很好的疗效和经济性，其价格完全可以比发改委基于成本加成计算得到的价格高，基金可以承受。适当的高价格对优质产品是一种褒奖，有助于促进产业的成长。但发改委却将其价格限制得较低。反过来，某种药品通过医保谈判，基于自身性价比，认为价格应该低于发改委制定的零售价，否则就不具备性价比。部门间的冲突，是潜在且可能显现的。

2018 年 5 月，国家医疗保障局正式挂牌，人社部、国家卫生健康委、国家发改委和民政部的部分职责得以整合并划转至该局，开启了我国医疗保障制度改革发展的新时代。在国家药品谈判机制中，国家医疗保障局无疑将发挥重要的牵头作用，逐步实现对药品价格的合理调控，预计对药品谈判机制在此前可能面临的多部门相互掣肘、影响效率的问题，可以较好地加以解决。

（4）监督机制不完善，开展谈判的动力和积极性不足

如前所述，根据委托代理理论可知，在信息不对称的条件下，降低医疗保险体系内行为主体的道德风险的措施主要有两类：一是激励，二是监督。激励的原理是要求代理人共同承担风险，以达到降低代理人发生道德风险的可能

性；监督的原理是通过加强对信息的获取，以降低信息不对称的程度。在医疗保险体系内存在种种违规行为，医疗保险机构不按规定运作是其中之一。为了保证医疗保险的有效运行，有必要对医疗保险经办机构进行有力的监督，促使其积极努力地工作，在保障参保人基本权益的同时，能够控制医疗费用的不合理增长以及减少卫生资源的浪费。

目前，在对医疗保险经办机构的监督要求方面，相关政策的规定还存在一些不足之处。在我国医疗保险制度的实际运行过程中，对经办机构本身的监管在很大程度上未得到足够的重视。在城镇职工基本医疗保险和新型农村合作医疗的试点和推行中，无论是政策文件还是各地实践，基本上忽视了医保经办机构的监管问题，也逐渐出现了一些弊端。这种情况持续到 2007 年，在城镇居民基本医疗保险开始试点时，政策文件才对该项制度涉及的医保经办的监督问题做出了规定，其中明确提出"一是为了加强对城镇居民基本医保资金的监督，试点建立医保监督机构、完善医保监督机制，具体由医保职能部门、患者、相关协会、医院、药企等群体代表组成，二是为了完善医保服务的业务规范，为患者提供更专业的医疗服务，应通过咨询相关专家意见，试点建立医保专业技术标准体系"。但这些要求在实践中并未得到很好的落实。虽然在各地政府的指导和要求下，地方大多建立了医保监督机构，但鉴于其监督管理受制于政府、监督所需的信息不透明且缺乏法律细则的支持，建立起来的医保监督机构大都虚有其表，难以发挥有效的监督作用。

医保经办机构作为参保患者的代理人，其向医院购买医疗服务、药品所使用的医保基金源于参保者逐年缴纳的保费，其代表的是广大参保患者的切身利益。但是，在目前监督机制不够完善的情况下，医保经办机构虽然代表参保患者的切身利益，但其缺乏足够的动力和积极性去开展医药服务谈判。这是因为我国"管办合一"体制下的医保经办机构作为参公管理的事业单位，没有生存压力迫使其通过谈判并建立健全谈判机制去拓展和提升业务水平，这就决定其没有积极建立健全谈判机制的内在动力。长期以来，医保经办机构习惯用行政思维、手段、方法开展医保业务，未用平等谈判的市场思维、手段、方法与定点医院、医药企业等单位协商沟通，对市场作用的忽视也决定了医保经办机构不会主动建立健全基本医保谈判机制。从管理学的角度来看，医疗保险谈判的开展，预示着医保经办机构将从优越感很强的主管机构，转变为医药服务购买者。这一较大的落差对医保经办机构及其工作人员而言，无疑会带来一种具有相当压力的角色、理念的双重转换，需经办机构及其工作人员逐步适应。而由于信息不对称等客观存在的事实，参保人也不能直接观察到医保经办机构为他们的利益而努力的程度。所以，需要通过建立长效监督机制，对整个谈判过程进行事前、事中和事后的全程监督，加大监督检查力度，促使医疗保险经办机构积极主动地与医疗机构开展谈判，为参保人争取优质的医药服务。

6.4.2 提升医疗保险经办机构谈判能力和积极性的建议

药品谈判是一个选择合适药品、制定合适价格、规范合理用药的复杂而专业的互动过程，这对医保管理部门的能力要求是非常高的。目前，医保经办机构的人员从专业结构来看，学习和从事经济和药物经济学、药学等方面的人员极少，经办机构的内部管理也尚未引入药物经济学指南；其在谈判中是否具备专业能力，能否做出科学判断是一个重要问题。建议医疗保险经办机构做好适应药品谈判的能力和动力准备。

第一，关于疾病决策模型库的建设。对疾病及其医疗模式的理解和掌握，是医保管理科学化的基本前提。对于医疗保险经办机构来说，如果对疾病的发生发展模型、目前医疗水平下疾病治疗基本模式等没有清晰的了解，没有建立起科学且可操作的疾病模型库，是很难科学开展药品谈判工作的。

疾病决策模型是指从医保管理角度对疾病发生发展过程和正常的疾病诊疗过程进行模拟，采用管理学、经济学、数学的方法对疾病及其治疗过程进行建模，以用于决策。良好的疾病决策模型，有助于对药品治疗的成本投入、健康产出、短期结果和长期结果等方面进行完整和科学的计算与评价。例如，医保经办机构如果对糖尿病的发生发展过程、正常诊疗手段建立了清晰的决策模型，就能提前了解一种新的糖尿病药品被纳入医保报销范围后，其患者数量、治疗成本、临床疗效、健康产出、医保资金影响等各方面的情况（不仅指短期情况，还包括长期结果）。这样一来，就能合理评估相对于目前的经典疗法和药物而言，该新药被纳入医保目录的适宜性和需确定的合理价格，以及合理的药品使用数量。可以认为，如果对疾病没有清晰的认识，就无法把握疾病及其治疗的过程和模式；如果没有建立可操作的决策模型，医保经办机构就很难有理有据地和制药企业开展谈判。目前来看，在我国医疗保险经办系统中，这方面的工作亟待完善。

第二，人员能力建设。要顺利开展药品谈判，医保经办机构工作人员的能力建设也有待加强。在药品谈判中，医保经办机构必须对疾病背景、药品研究数据、药品市场状况、医保预算精算等方面有清晰的了解，才能有理有据地和制药企业展开谈判和讨论。目前我国医保经办机构的人员构成和技术储备显然有待加强。在医保管理人员的技术和能力有待完善的情况下，建立医保咨询专家机构应该是较好的选择。在欧美发达国家，医保管理者和制药企业谈判时，通常有强大的专家团队对药企提供的药品相关数据进行审核，并帮助医保管理者开展谈判工作。事实上，管理者主要履行的是行政管理职能，管理者不可能在各个技术领域都成为专家，所以借助于专家团队的力量是必然的选择。目前在我国医保管理系统中，只有临床和药学专家库系统比较成熟，医药管理学、经济学、社会学等方面的专家库系统还有待建设和完善，这方面的工作也需要得到重视和加强。

第7章
余　论

在对药品谈判机制的理论基础、国际经验、国内实践情况进行分析的基础上，本书结合我国具体国情，对构建药品谈判机制进行了框架设计。需要注意的是，药品谈判机制乃至整个医疗保险谈判机制的建立健全是一项系统工程，涉及的政策制度、相关部门及人员、医药服务的环节众多，必须对一些亟待解决的问题有清醒的认识，并采取合理的应对措施。

近年来，我国不少地区开展了建立药品谈判机制的试点，在地方层面已积累了一定的经验，也面临一些共性或者个性的问题。2015 年 3 月 17 日，由国家卫计委负责起草的《建立药品价格谈判机制试点工作方案》正式结束了在国家相关部门间的意见征集工作，对价格谈判具体操作流程进行了详细说明，这是我国建立药品谈判机制实践过程中一个重要的里程碑。

该方案的出台，意味着我国药品价格改革中具有鲜明市场化特色和先进管理思维的药品价格谈判机制已正式进入立法程序。

7.1　谈判机制的适用范围

社会保险基金的管理由多个部门负责，基金管理分散；国家对基金实行纵向财政专户监管，管理方式单一；管理监督只涉及收支方面，缺少对基金使用结算的监督。目前基金管理中有报销比例的规定，但各地规定不一，执行情况也不一，药品价格的形成呈隐性状态。社会保险基金被横向分割为三个基金，且其管理制度不同、规则不同，制度上的衔接被阻断，而使用药品的医疗单位并不是按照分割的基金运行，通过谈判进入医疗单位使用的药品进入不同的基金管辖范围后，难以得到有效的监测。关于药品谈判机制在哪个基金范围内试行，国家文件中没有明确的规定。如果药品谈判机制在城镇职工基本医疗保险基金中试行，则会有城镇居民基本医疗保险基金与新农合基金下一步是否均适用的问题；经过谈判进入医保目录的药品，则不可能限制其在哪个统筹基金的范围内使用。如果基金管理衔接不够，药品使用流向将无从监测，基金的风险也将无法评估。因此，建立真正意义上的药品谈判机制，基金的整合是前提。目前，从推进改革的实践来看，可先在城镇职工基本医疗保险基金中试行，明确谈判的范围，并通过分析目前基金分割管理的问题，推进基金管理的整合。

一直以来，人力资源和社会保障部及卫生计生委分别负责城镇职工医疗保险基金和新农合基金。药品目录内的药品集中招标采购由卫生计生委组织。在人力资源和社会保障部方面，医疗保险经办机构主导的谈判主要为目录外的药品。因此，问题是对同属于药品采购和进入医疗保险支付范围方面的事宜由两个不同的部门分别负责。在各方面资源尚未完成整合的情况下，药品谈判机制的探索可先从以下方面进行：一是谈判机制先在城镇职工医疗保险基金的范围内试行，采取医疗保险经办机构接受人力资源行政部门授权或委托的形式；二是谈判药品范围的探索先从医疗保险药品目录以外的药品入手，逐步建立和完善目录年度调整的动态调整机制和创新药物的特别通道；三是建立中央和省级相结合的谈判机制，建立中央指导监控体系和中央层面的特别通道；四是出台国务院层面的规范性文件或有关部门的联合文件以指导试行工作；五是在探索谈判的同时，经办机构应积极与卫生部门沟通合作，推动与药品供应方、医疗服务方的信息交流平台和有关数据库的建立；六是在药品供应商方面，必须加强行业的凝聚力，发挥行业协会的作用，探索有关行业协会与经办机构的谈判框架和谈判方式，以此不断提高药品供应方的议价能力。国家医疗保险基金和行政资源整合以后，在有关药品评价体系、有关法律与谈判规则不断完善的情况下，药品谈判机制的适用范围可由目录外的药品逐步扩大到目录内的药品。

7.2 谈判方式和谈判层级

在谈判方式上，可以就部分用量大或价格昂贵的药品与药品供应商直接进行谈判，争取团购价格的优惠。谈判要循序渐进，可先进行目录外、后进行目录内的谈判；先进行乙类目录、后进行甲类目录的谈判；先将药品定价政策由政府定价转变为谈判协商定价，再推动价格政策的改革。谈判的具体形式可以多种多样，譬如通过批量折扣、数量折让、费用折让、与疗效挂钩的支付价格、医保支付价格等进行。

在谈判的层级方面，目前谈判缺少相关的理论指导、谈判规则以及冲突调解机制，且经办机构人手少、谈判力量不足，因此在全国各统筹地区分别开展医疗保险谈判的时机尚不成熟，在国家和省级层面组织经办机构开展药品谈判是比较理想的选择。现阶段，宜以省为单位进行谈判，逐步探索各省联合的方式。

从国外的情况来看，在欧洲，如英国、法国等国家的药品谈判都是由国家层面的医保机构进行的，而美国和加拿大则以州为单位进行谈判。由哪一级机构组织谈判是由一国的社会保险统筹职能分配和有关管理机制等因素决定的。我国医疗保险体系分为国家、省（市、自治区）、统筹地区（地级市、县）三个层级，每个层级有相应的经办机构。目前，关于谈判的层级有不同认识，其中的一种意见为，鉴于我国医保目录一直在中央层面确定（经办部门根据政策掌握资金平衡），且国家部门具有强大的议价能力，集权式谈判管理成本相对较低，在国家层面建立统一的技术支持部门是一种可行的做法，因此，由国家政策部门进行谈判是一种可尝试的实现路径。可以成立由国家发改委、国家人力资源和社会保障部、国家卫计委等部门组成的委员会，负责协调解决谈判中的事宜和最后核定药品价格。《建立药品价格谈判机制试点工作方案》已明确提出，要成立国家药品价格谈判指导委员会，负责审定谈判药品品种、谈判实施方案和采购价格等重大事项。

现状是，医疗保险药品目录的制定，主要在国家和省级两个层面进行，即国家每 3～5 年组织专家更新一次医保药品目录，然后各省以国家目录为基础，根据当地特点对目录进行调整，但调整的数量不能超过国家目录总数的 15%。医疗保险基金的统筹由设区的市和部分县级负责，统筹地区负责医保基金的收支平衡。因此，也有另一种意见认为，谈判机制应当以统筹地区为谈判单位。

如果所有谈判在国家层面进行，就可能有以下问题。

第一，如果以全国社会保险经办机构为谈判主体，则其委托和授权部门只能是人力资源和社会保障部，这样有关谈判的具体组织需要由国务院有关部门进行。如谈判涉及与个别企业和协会谈判协商的具体事宜等，那么这种体制和目前的政府职能和争议处理机制是否相符。从人力资源和社会保障部的职能来看，其主要是社会保障政策的制定者和基金运行的监督者，其工作应侧重对谈判的指导和政策的规范。

第二，药品谈判的目的是选择适宜的药品，以适宜的价格、适宜的使用模式进入医疗保险报销范围。显然这种选择应该基于医保筹资水平、当地医疗技术水平、当地民众的疾病谱和医疗服务需求层次等因素进行。事实上，我国医保的统筹大多还处于县级或地市级层级，对药品谈判就产生了潜在的管理矛盾。如果药品准入谈判仅在高层级进行，那能否满足差异巨大的各个地区的需要呢？因此，在各地社会和经济条件差别巨大、医保统筹层级又不高的情况下，统一由高层级机构进行药品谈判，很难满足各地的具体需求。

第三，《医药卫生体制改革近期重点实施方案（2009～2011年）》明确提出，要鼓励地方积极探索建立医疗保险经办机构与医疗机构及药品供应商的谈判机制。可见，在国家层面组织谈判固然有一定的优势，但难以满足不同地区的需求。而如果由各地统筹地区自行开展谈判，则在技术和管理方面难度较大，基础条件尚不具备。

选择国家和省级两个层面结合的方式可以更好发挥各自的优势。在国家层面，主要解决国家新药进入临床使用的特别通道和建立国家目录的动态调整机制；在省级层面，省级统筹是下一步改革的趋势和方向，一方面省级在管理和完善有关配套的数据库、谈判平台建设等方面有一定的基础能力，另一方面省级经办机构可以根据当地的疾病特点和需求对谈判药品进行选择，目前各省对医保目录有一定的调整权限。因此，谈判主要在省级层面进行，在对目录外药品进入目录的谈判探索取得一定的经验后，可在省级目录调整权限范围内进行谈判探索。当然，省级谈判可能存在的问题是同一药品在不同的地区会出现不同的谈判价格。

为了更好地发挥谈判机制的作用，既要发挥国家医保部门在谈判机制中的主导作用，维护全国统一的医保谈判联盟，又要提高地方在谈判机制中的灵活性和积极性。

维护全国统一的医保谈判联盟具有重要的意义，国家医保部门应在三个方面负有责任：①增强医保方谈判能力，尤其使偏远贫困地区在谈判中具有发言权；②避免部分地区的医保部门凭借自身在区域内的采购方垄断地位，强制实行低价采购，损害市场的正常发展；③基于价值评估的谈判需要专门的技术支持，并且评估结果具有通用性，在国家层级实行统一评估，有助于加强评估的科学性、公平性和权威性。

为了让国家医保部门更好地主导谈判过程，应该明确其以下几个方面的职能：①参与政府定价，并提供有关药品价值和医保支出的依据；②发布药品报销目录，包括谈判目录，由各地具体执行；③对部分高价药品制定"价格—报销比例"、"价格—使用数量"或"价格—疗效"关系的公式，由地方参照公式制定具体的实施政策。

除了在国家医保部门谈判结果的基础上实施具体的政策外，还应发挥地方医保在与药品零售机构（药店和医疗机构）谈判过程中的作用，这有助于提高谈判的灵活性和精细度，促进药品零售市场的竞争。

7.3　谈判机制中政府与市场的关系

市场在资源配置方面不是万能的，市场机制在某些方面的失灵和缺陷被称为"市场失灵"和"市场缺陷"。正是市场失灵和市场缺陷的存在，为政府对市场的介入和干预提供了必要性和合理性的依据。但是政府的干预不能超过一定的限度，超过限度就会造成行政权的滥用，影响市场配置资源作用的发挥。因此，政府对市场的积极培育和有效监管是我国经济在一些领域内取得成功的重要经验。

政府监管的谈判模式是医疗保险谈判机制的理想模式。在这种模式下，政府建立制度规则，完善基金监督制度，授权有关市场主体在相互平等的基础上进行谈判的模式。政府监管不同于政府主导。政府主导是政府行政部门直接参与谈判或通过委托的形式由有关机构参与谈判，谈判双方的地位不平等，谈判具有一定的行政属性。

从市场环境分析，通过谈判形成药品报销价格的市场机制调节价格模式在我国刚刚开始尝试。我国社会保险基金的社会监督制度尚不完善，有关法律规定尚不明确，医药主体之间平等协商的市场竞争规则尚不完备，采取完全放任的市场主导谈判机制的模式没有其市场环境。因此，建立由政府监管的谈判模式可以在一定程度上保证基金安全，降低市场风险。

从谈判使用资金的性质分析，谈判涉及的资金为医疗保险基金，其性质具有社会公益性、整体性，基金使用风险涉及全体参保人的利益，不同于市场中的私人产品，可以认为其是一种准公共产品；药品谈判由政府通过基金预算编制、采购目录等制度对基金的使用加强监管，有利于保证基金的运行安全；我国的社会保障是典型的社会保险型模式，在社会监督十分不完善的情况下，政府是社会保险基金的主要监管人，同时也是在基金入不敷出时对基金给予补贴的责任承担者，因此政府监管与政府对基金承担的责任具有一致性。政府监管可以通过法定授权、政府授权、政府组织等多种形式实现。

近年来，随着我国基本医疗保险制度的全覆盖，资源的整合优化问题日益突出。首先是行政资源的整合，其次是统筹基金的整合，最后是医药资源的整合。没有资源的整合就没有效率，也就难以保证质量。基于资源整合的思路，可以考虑以下政府监管模式的最优方案：在国务院层面已经组建国家医疗保障局的情况下，实现社会保障和医药卫生资源的整合；发展应用药物经济学，设立公益性质的药品综合评价中心，实行专业化指导和管理；在基金管理方面实现城镇医疗保险基金、居民医疗保险基金与新农合基金的统一管理；在医疗保险经办机构方面，不断完善独立的法人制度，明确其与有关行政部门的权利义务关系，使其相对独立地承担对基金管理和运营的风险；完善有关法律法规，明确政府对经办机构的特定授权或委托，规范医疗保险经办机构与药品供应商之间的谈判规则，这样才能真正使经办机构与药品供应商处于平等地位进行谈判协商，真正发挥政府在平衡和理顺医疗保险政策与医药卫生和医药产业政策之间关系方面的作用。

参考文献

著作

白丽萍：《卫生政策伦理研究》，中国广播电视出版社，2009。

〔美〕保罗·J. 菲尔德斯坦：《卫生保健经济学》（第4版），费朝晖等译，经济科学出版社，1998。

〔德〕彼得·欧伯恩德：《卫生经济学与卫生政策》，钮诚译，山西经济出版社，2007。

蔡仁华：《医疗保险培训实用教材》，北京医科大学出版社，1999。

陈家付：《现阶段我国社会公平保障问题研究》，山东大学出版社，2009。

程晓明：《医疗保险学》，复旦大学出版社，2003。

储振华：《发达国家医疗管理制度》，时事出版社，2001。

崔寅：《中国记者观察：外国医疗保障制度》，中共中央党校出版社，2008。

丁纯：《世界主要医疗保障制度模式绩效比较》（第2版），复旦大学出版社，2009。

〔美〕戴维·奥斯本、特德·盖布勒：《改革政府——企业精神如何改革着公营部门》，周敦仁译，上海译文出版社，2006。

〔美〕丹尼尔·W. 布罗姆利：《经济利益与经济制度：公共政策的理论基础》，陈郁等译，上海人民出版社，1996。

方鹏骞：《中国公立医院：法人治理及其路径研究》，科学出版社，2010。

〔美〕菲利普·库铂：《合同制治理——公共管理者面临的挑战和机遇》，竺乾威等译，复旦大学出版社，2007。

葛延风、贡森：《中国医改：问题、根源、出路》，中国发展出版社，2007。

〔美〕盖伊·彼特斯：《政府未来的治理模式》，中国人民大学出版社，2001。

顾俊礼：《福利国家论析——以欧洲为背景的比较研究》，经济科学出版社，2002。

顾昕：《走向全民医保：中国新医改的战略与战术》，中国劳动社会保障出版
　　社，2008。

韩凤：《它山之石：世界各国医疗保障制度考察报告》，中国劳动社会保障出版
　　社，2007。

胡善联：《外国卫生事业管理》，上海科学技术出版社，1989。

胡苏云：《医疗保险和服务制度》，四川人民出版社，2001。

〔英〕简·莱恩：《新公共管理》，赵成根等译，中国青年出版社，2004。

〔美〕杰勒德·尼尔伦伯格：《谈判的艺术》，陈琛等译，新世界出版社，2012。

蒋春堂、蒋冬梅：《谈判学》，武汉大学出版社，2004。

劳动和社会保障部医疗保险司：《中国医疗保险制度改革政策与管理》，中国劳
　　动社会保障出版社，1999。

李琼：《中国全民医疗保障实现路径研究》，人民出版社，2009。

厉以宁等：《西方福利国家经济学评述》，商务印书馆，1984。

刘星：《服务型政府：理论反思与制度创新》，中国政法大学出版社，2006。

〔美〕罗兰德·斯哥等编《地球村的社会保障——全球化和社会保障面临的挑
　　战》，华迎放等译，中国劳动社会保障出版，2004。

马英娟：《政府监管机构研究》，北京大学出版社，2007。

〔英〕尼尔·吉尔伯特编《社会福利的目标定位——全球发展趋势与展望》，郑
　　秉文等译，中国劳动社会保障出版社，2004。

〔英〕尼古拉斯·巴尔：《福利国家经济学》，郑秉文等译，中国劳动社会保障
　　出版社，2003。

〔美〕乔治·E.雷吉达：《社会保险和经济保障》（第6版），陈秉正译，经济
　　科学出版社，2005。

〔美〕乔治·弗雷德里克森：《新公共行政》，中国人民大学出版社，2011。

仇雨临、孙树菡：《医疗保险》，中国人民大学出版社，2001。

〔法〕让－雅克·拉丰、大卫·马赫蒂摩：《激励理论（第一卷）·委托—代
　　理模型》，陈志俊等译，中国人民大学出版社，2002。

〔美〕舍曼·富兰德、艾伦·C. 古德曼、迈伦·斯坦诺：《卫生经济学》（第6版），王健等译，中国人民大学出版社，2011。

〔美〕索特曼、布赛等：《社会医疗保险体制国际比较》，张晓译，中国劳动保障出版社，2009。

石国亮等：《国外公共服务理论与实践》，中国言实出版社，2011。

孙慕义：《后现代卫生经济伦理学》，人民出版社，1999。

锁凌燕：《转型期中国医疗保险体系中的政府与市场——基于城镇经验的分析框架》，北京大学出版社，2010。

〔美〕唐纳德·凯末尔：《权力共享：公共治理与私人市场》，孙迎春译，北京大学出版社，2009。

〔英〕托尼·布莱尔：《新英国——我对一个年轻国家的展望》，曹振寰等译，世界知识出版社，1998。

王丙毅：《政府医疗管制模式重构研究》，人民出版社，2008。

王东进：《中国医疗保险制度改革回顾与前瞻》，中国社会科学出版社，2008。

王根贤：《公共财政视角下的中国医疗卫生保障制度研究》，西南财经大学出版社，2008。

王晓燕：《我国社会医疗保险费用的合理分担与控制研究——基于系统动力学的视角》，经济管理出版社，2010。

王耀忠：《药品价格管制的经济分析》，立信会计出版社，2010。

〔美〕威廉姆·H. 怀特科等：《当今世界的社会福利》，解俊杰译，法律出版社，2003。

〔英〕威廉·贝弗里奇：《社会保险和相关服务贝弗里奇报告》，劳动和社会保障部社会保险研究所译，中国劳动社会保障出版社，2008。

〔美〕维克托·R. 福克斯：《谁将生存？健康、经济学和社会选择》，罗汉等译，上海译文出版社，2000。

徐增辉：《新公共管理视域下的中国行政改革研究》，中山大学出版社，2009。

杨燕绥、岳公正等：《医疗服务质量结构和运行机制：走进社会化管理型医疗》，中国劳动社会保障出版社，2009。

姚洋主编《转轨中国：审视社会公正和平等》，中国人民大学出版社2004。

于保荣：《医改之路：国际经验与支付方式》，山东大学出版社，2009。

〔美〕约翰·L．坎贝尔：《制度变迁与全球化》，姚伟译，上海人民出版社，2010。

〔美〕约瑟夫·E．斯蒂格利茨：《公共部门经济学》（第 3 版），郭庆旺等译，中国人民大学出版社，2005。

〔美〕约瑟夫·E．斯蒂格利茨：《政府为什么干预经济：政府在市场经济中的角色》，郑秉文译，中国物资出版社，1998。

〔美〕詹姆斯·M．布坎南：《自由、市场和国家》，吴良健等译，北京经济学院出版社，1988。

张肖敏：《医疗保险基本理论与实践》，世界医药出版社，1999。

张晓、胡大洋、罗兴洪：《医疗保险谈判理论与实践》，中国劳动社会保障出版社，2011。

赵曼、吕国营：《社会医疗保险中的道德风险》，中国劳动社会保障出版社，2007。

郑功成：《科学发展与共享和谐》，人民出版社，2006。

郑功成：《社会保障学》，商务印书馆，2000。

郑功成等：《中国社会保障制度变迁与评估》，中国人民大学出版社，2002。

中华人民共和国劳动和社会保障部德国技术合作司：《德国医疗保险概况》，中国劳动保障出版社，2000。

周尚成：《中国医疗保险谈判机制研究：理论基础与框架设计》，科学出版社，2013。

邹根宝：《社会保障制度——欧盟国家的经验与改革》，上海财经大学出版社，2001。

期刊

《尚需升温的谈判机制》，《中国医疗保险》2011 年第 3 期。

曹阳、邵明立：《我国药品价格管理体系的问题与优化研究》，《南京社会科学》2010 年第 6 期。

陈刚：《建立医保谈判机制难点亦多》，《中国医疗保险》2010 年第 8 期。

陈文：《美国药品费用控制与药物创新》，《国外医学》（卫生经济分册）2000 第 17 卷第 3 期。

陈文玲：《药品价格居高不下究竟原因何在——对药品价格问题的调查研究与思考（上）》，《价格理论与实践》2005 年第 1 期。

陈新中、周绿林等：《谈判机制成为医保管理工具》，《中国医疗保险》2009 年第 12 期。

陈新中：《破解医保谈判机制的博弈迷径》，《中国社会保障》2010 年第 3 期。

董朝晖：《我国基本药物的供需现状分析》，《中国药物经济学》2010 年第 1 期。

董朝晖、李大魁等：《基本药物制度理论与实践》，《中国药学杂志》2009 年第 1 期。

董朝晖：《计划还是市场？——中国医疗卫生体制改革中的关键问题探讨》，《中国药物经济学》2009 年第 2 期。

董朝晖、范长生：《定额付费下医保机构与医疗机构之间的谈判机制探讨》，《中国社会保障》2011 年第 10 期。

董朝晖：《医疗保险制度发展对医药行业的冲击》，《中国药物经济学》2008 年第 3 期。

丁纯：《美国医疗保障制度现状、问题与改革》，《财经论丛》2006 年第 5 期。

丁纯：《德英两国医疗保障模式比较分析：俾斯麦模式和贝弗里奇模式》，《财经论丛》2009 年第 1 期。

丁锦希、赵悦等：《德国创新药物定价制度研究及其启示》，《价格理论与实践》2012 年第 4 期。

高连克、杨淑琴：《英国医疗保障制度变迁及其启示》，《北方论丛》2005 年第 4 期。

顾海：《国外药品采购谈判实践及启示》，《中国医疗保险》2011 年第 9 期。

顾希钧：《对药品招标工作的看法》，《上海医药》2003 年第 3 期。

顾昕：《走向有管理的竞争：医保经办服务全球性改革对中国的启示》，《学习与探索》2010 年第 1 期。

郭朗、孙利华：《英国药品定价方法的调整趋势及对我国的启示》，《中国药房》2012 年第 40 期。

国家发展改革委经济研究所课题组：《英国药品流通体制考察报告》，《中国物价》2013 年第 7 期。

黄强：《论我国医疗保险制度深层次改革的对策——兼议德国医疗保险制度改革经验的借鉴》，《医学与社会》2005 年第 12 期。

黄伟、陈玉文等：《美国药品援助项目对我国药品谈判的启示》，《中国药房》
　2013 年第 5 期。

何芬华：《中国药品集中招标采购历程的文献研究：1999～2010》，《中国卫生
　政策研究》2011 年第 4 期。

何平：《积极探索建立医疗保险谈判机制》，《中国医疗保险》2009 年第 12 期。

胡大洋：《初显威力的谈判机制》，《中国医疗保险》2012 年第 1 期。

胡大洋：《医保谈判买方主导的优势及利用分析》，《中国医疗保险》2012 年第
　11 期。

胡宏伟、邓大松：《德国医疗保障对我国医疗保障改革的启示》，《中共长春市
　委党校学报》2008 年第 2 期。

胡玲：《英国全民医疗服务体系的改革及启示》，《卫生经济研究》2011 年第
　3 期。

胡苏云：《医疗保险中的道德风险分析》，《中国卫生资源》2000 年第 3 期。

黎民：《社会保障领域的道德风险及其规避》，《社会科学研究》2004 年第 5 期。

李莉、刘志强：《英国国家卫生服务制度改革及对我国的借鉴》，《改革与战
　略》2006 年第 9 期。

李宪法：《"看病难、看病贵"与药品集中招标采购的关系》，《科学决策月刊》
　2008 年第 1 期。

李宪法：《阳光工程为何低于社会预期？对药品集中招标采购的回顾与建议》，
　《医院管理论坛》2004 年第 5 期。

李享、叶露：《德国药品价格形成和补偿机制对我国的启示》，《中国卫生资
　源》2010 年第 6 期。

李秀娟、孙利华等：《美国药品价格政策——促进研发与保障消费之间的权衡
　取舍》，《中国药物经学》2009 年第 6 期。

廖斌、彭静：《宜昌价格谈判彰显团购优势》，《中国医疗保险》2010 年第
　8 期。

林荫：《德国药品价格政策之参考价格制度》，《国际医药卫生导报》2003 年第
　1 期。

刘静：《美国药品价格浅析》，《世界临床药物》2006 年第 7 期。

刘明、刘国恩：《药物经济学在我国药品定价中应用的定位分析》，《中国药物

经济学》2012 年第 6 期。

刘有贵、蒋年云：《委托代理理论评述》，《学术界》200 年第 1 期。

卢凤霞、曹丽君：《国外药品价格管理趋势综述》，《中国医疗保险》2012 年第 10 期。

罗桂连：《我国基本医疗保险经办机构能力建设的思考》，《中国卫生政策研究》2010 年第 2 期。

马燕、骆智宇等：《西药药品采购新模式探索》，《中外健康文摘：医药月刊》2007 年第 4 卷第 9 期。

毛瑛、陈钢等：《医疗保险经办机构管理服务能力影响因素通径分析》，《中国卫生政策研究》2009 年第 8 期。

彭翔、徐爱军：《关于建立药品价格谈判机制的理论思考》，《价格理论与实践》2011 年第 3 期。

齐忆虹、张晓等：《探索建立医疗保险部门与药品供应商的药品价格谈判机制》，《中国卫生事业管理》2010 年第 1 期。

仇雨临：《国外医疗保险制度的主要问题与改革》，《卫生经济研究》200 年第 5 期。

钱海波、黄文龙：《医疗保险支付方式的比较及对我国的发展前瞻》，《中国医疗前沿》2007 年第 1 期。

沈洪涛、梁雪峰等：《中国药品价格治理困境与改进建议》，《中国软科学》2012 年第 2 期。

苏涛、常峰等：《对美国药品集中采购组织的解析》，《上海医药》2011 年第 6 期。

孙利华、刘玉聪：《对药物经济学评价方法的思考》，《中国药房》2010 年第 28 期。

唐艳、徐怀伏：《利润控制或价值导向定价？——英国药品价格政策的改革》，《中国药物经济学》2008 年第 3 期。

唐剑华：《江西：5 种特殊药品纳入医保范围》，《人才资源开发》2015 年第 1 期。

王东进：《"两定"不可废，协议须完善》，《中国医疗保险》2013 年第 11 期。

王琬：《医疗保险谈判机制探析》，《保险研究》2010 年第 1 期。

王悦、孙利华：《对医疗机构药品集中招标采购的思考》，《中国药房》2007 年第 1 期。

王宗凡：《美国和加拿大的医保费用支付及谈判》，《中国医疗保险》2009 年第 12 期。

王宗凡：《医疗保险谈判机制"释义"》，《中国社会保障》2011 年第 4 期。

王宗凡：《医保管理中的谈判实践及评价》，《中国社会保障》2011 年第 5 期。

王宗凡：《医保谈判机制基本框架构建》，《中国社会保障》2011 年第 6 期。

王宗凡：《医保谈判机制的制约因素及政策建议》，《中国社会保障》2011 年第 7 期。

韦景法：《医疗行为与费用控制》，《中国处方药》2007 年第 9 期。

韦樟清、宋建华等：《对医疗保险药品谈判机制的系统性思考》，《中国医疗保险》2012 年第 8 期。

魏建：《谈判理论：法经济学的核心理论》，《兰州大学学报》（社会科学版）1999 年第 4 期。

吴传俭、周绿林等：《医疗保险费用不合理利用的原因与控制措施研究》，《中国卫生经济》2005 年第 5 期。

吴晶、黄泰康等：《英国的药品定价和报销政策》，《中国卫生经济》2007 年第 4 期。

晓前：《做优"两定"管理》，《中国医疗保险》2012 年第 6 期。

谢丹：《药品限价令遭遇尴尬》，《南风窗》2002 年第 4 期。

徐海燕：《药品价格问题成因及对策探讨》，《江苏价格》2007 年第 6 期。

许东黎：《国外医疗保险与医疗机构谈判机制述评》，《中国医疗保险》2009 年第 12 期。

许进标、张新平：《部分发达国家药品价格管制政策比较及启示》，《国外医学·社会医学分册》2005 年第 9 期。

颜少君、陈文玲：《我国公立医疗机构药品价格虚高及体制原因探析》，《中国卫生经济》2011 年第 7 期。

杨莉、周顺华等：《美国药品福利管理者浅析》，《中国药房》2006 年第 2 期。

杨燕绥、罗桂连：《政府主导下的医疗卫生服务治理结构和运行机制》，《中国卫生政策研究》2009 年第 2 期。

杨燕绥、李海明：《公共服务外包的治理机制研究——医疗保险外包的中美案例比较》，《中国行政管理》2013 年第 9 期。

杨燕绥、吴渊渊：《社保经办机构：服务型政府的臂膀》，《中国社会保障》2008 年第 3 期。

杨燕绥、岳公正：《中国医疗服务治理机制的目标范式》，《中国医院管理》2006 年第 9 期。

杨燕绥、胡乃军：《医疗保险体制和经办机构能力建设》，《中国医疗保险》2012 年第 10 期。

叶露、胡善联：《药品价格及其管理政策的英国经验启示》，《中国药房》2005 年第 9 期。

尹长江：《濮阳市 建立谈判机制从社区入手》，《中国医疗保险》2010 年第 7 期。

于广军等：《德国医疗保险制度改革及趋势分析》，《卫生经济研究》2007 年第 3 期。

于培明、宋丽丽：《我国药品集中招标采购存在的制度缺陷》，《中国药物经济学》2010 年第 4 期。

张春丽：《我国基本医疗保险经办机构的定位与职能》，《北方法学》2012 年第 1 期。

张莉、董恒进：《德国社会健康保险制度设计及其启示》，《中国卫生经济》2008 年第 7 期。

张廷平、苏伟等：《成都医保谈判机制探索的理论与实践》，《中国社会保障》2011 年第 10 期。

张晓、胡汉辉：《谈判机制的建立与实践路径》，《中国医疗保险》2010 年第 8 期。

张晓、刘蓉等：《医保药品谈判面临的问题与对策》，《中国医疗保险》2009 年第 12 期。

张子蔚、常峰等：《欧洲主要国家药品定价和补偿制度的比较分析》，《中国医药技术经济与管理》2008 年第 6 期。

章剑锋：《中国药价真相调查》，《财经文摘》2006 年第 11 期。

赵曼：《社会医疗保险费用约束机制与道德风险规避》，《财贸经济》2003 年第

2 期。

赵莹华、杨青：《我国药品价格管理的现存问题及其完善建议》，《价格理论与
　实践》2006 年第 9 期。

郑秉文：《信息不对称与医疗保险》，《经济社会体制比较》2002 年第 6 期。

郑秉文：《中国社会保险经办服务体系的现状、问题及改革思路》，《中国人口
　科学》2013 年第 6 期。

郑晓瑛：《医疗体制改革与社会医疗基金合理利用原则的研究》，《人口与经
　济》2000 年第 1 期。

周尚成、方鹏骞：《谈判理论在医疗保险领域的应用价值》，《中国卫生政策研
　究》2010 年第 9 期。

周尚成：《医疗保险谈判机制构建的现状分析及路径探索》，《社会保障研究》
　2010 年第 2 期。

周学荣：《我国药品价格虚高及政府管制研究》，《中国行政管理》2008 年第
　4 期。

朱铭来、陈妍等：《美国医疗保障制度改革述评》，《保险研究》2010 年第
　11 期。

朱铭来、陈妍等：《借鉴国际经验完善我国基本医疗保险筹资机制》，《中国医
　疗保险》2013 年第 3 期。

朱铭来、丁继红：《试论我国医疗保险制度改革与医疗费用增长的有效控制》，
　《南开经济研究》2004 年第 4 期。

宗欣、孙利华：《药物经济学评价方法及其评价标准》，《中国药物经济学》
　2011 年第 3 期。

张萍萍、朱虹等：《基于靶向药物的医保药品谈判实践研究》，《中国卫生事业
　管理》2016 年第 4 期。

张艳纯、李锦汤：《广东探索基于谈判的医保用药新途径》，《中国医疗保险》
　2010 年第 8 期。

硕博学位论文

高萍：《我国药品产业政府规制研究》，博士学位论文，西北大学经济管理学
　院，2009。

李军山：《我国医疗费用增长的影响因素与控制研究》，博士学位论文，南京航空航天大学经济与管理学院，2009。

李思杨：《药品集中招标采购存在的问题与对策》，硕士学位论文，山东大学政治学与公共管理学院，2008。

厉李：《我国药品费用的影响因素与控制机制研究》，博士学位论文，沈阳药科大学工商管理学院，2009。

马特：《我国药品价格虚高成因分析及综合整治方案》，硕士学位论文，天津大学公共管理学院，2004。

石磊：《中国药品政府管制法律问题研究》，博士学位论文，中国政法大学法学院，2008。

熊平：《中国药品流通体制改革与创新研究——药价虚高问题解决路径探索》，博士学位论文，西南财经大学工商管理学院，2007。

周绿林：《我国医疗保险费用控制研究》，博士学位论文，江苏大学工商管理学院，2008。

报纸

王卓铭、徐英：《价格谈判机制将启动，高价药迈过医保槛》，《21 世纪经济报道》2010 年 3 月 17 日，第 2 版。

项凤华：《3 种"特药"进江苏医保已惠及 3900 人》，《现代快报》2014 年 11 月 28 日，第 13 版。

黄继妍：《五种特殊药品纳入医保》，《江西日报》2014 年 12 月 2 日，第 2 版。

《医保改革：牵一发而动全身》，《国际金融报》2000 年 12 月 27 日，第 5 版。

《英国医疗保障制度改革引入内部市场机制》，《国际金融报》2000 年 12 月 27 日，第 5 版。

政策文件、法律法规

《关于印发国家基本医疗保险、工伤保险和生育保险药品目录的通知》（人社部〔2009〕159 号）。

《中华人民共和国价格法》，第八届全国人大代表大会常务委员会第二十九次会议通过，1997。

《医疗机构药品集中采购工作规范》（卫生部〔2010〕64 号）。

《医疗机构药品集中招标采购工作规范（试行）》（卫规财发〔2001〕308 号）。

《医疗机构药品集中招标采购和集中议价采购文件范本（试行）》（卫规财发〔2001〕309 号），2001。

《中华人民共和国药品管理法》（中华人民共和国主席令第 45 号），2001。

《中华人民共和国药品管理法实施条例》（国务院令第 360 号），2002。

统计公报、年鉴

《2013～2017 年度人力资源和社会保障事业发展统计公报》，中华人民共和国人力资源和社会保障部，http：∥www. mohrss. gov. cn。

《2013～2017 年度中国卫生统计年鉴》《中国卫生和计划生育统计年鉴》《中国卫生和计划生育统计公报》，中华人民共和国卫生部，http：∥www. moh. gov. cn；中华人民共和国国家卫生健康委员会，http：∥www. nhc. cn/。

外文著作

Allsop Judy, *Health Policy and the National Health services* (Longman, U. K. , 1988).

Balance, R. , Pogany, J. et al. , *The world's Pharmaceutical Industries：An International Perspective on Innovation, Competition and Policy* (Basingstoke, UK：Edward Elgar. , 1992).

Elias Mossialos, Monique Mrazek, et al. , *Regulating pharmaceuticals in Europe：striving for efficiency, equity and quality* (Maidenhead, Open University Press, U. K. , 2004).

Newhouse, J. P. and the Insurance Experiment Group, *Free for all? Lessons from the RAND health insurance experiment* (Cambridge, MA：Harvard University Press, 1993).

Office of Fair Trading, *The Pharmaceutical Price Regulation Scheme：An OFT market study* (London：Office of Fair trading, 2007).

Stiglitz J. E. , *Economics of The Public Sector* (*2nd edition*) (New York W. W. Norton & Company, Inc, 1988).

外文期刊

Adam Atherly, "The Effect of Medicare Supplemental Insurance on Medicare Expend-itures," *International Journal of Health Care Finance and Economics* (2002), Vol. 2, No. 2.

Alan Maynard, Anne Ludbrook, "Inequality, the National Health Service and Health Policy," *Journal of Public Health Policy* (1982), Vol. 2, No. 2.

Albert A. Okunade, "The Pervasiveness of Pharmaceutical Expenditure Inertia in the OECD Countries," *Social Science & Medicine* 63 (2006).

Arrow K. J., "Uncertainty and the welfare Economics of Medical Care," *American Economic Review* 53 (5), 1963.

Bloom D. E., Canning D., "The Health and Wealth of Nations," *Science* 287 (18), 2000.

Bohn, H., "Will Social Security and Medicare Remain Viable as the U. S. Population is Aging?," *Caxnegie-Rochester Conference Series on Public Policy* (1999).

Carrin G., "Social Health Insurance in Developing Countries: A Continuing Challenge," *International Social Security Review* 55 (2), 2002.

Ching-To Albert Ma, Thomas G. Mcguire, "Optimal Health Insurance and provider payment," *American Economic Review* (1997), Vol. 87, No. 4.

Danzon, patricia M., "Price Discrimination for Pharmaceuticals: Walfare Effects in the U. S. and the E. U," *Internatinal Journal of the Economics of Business* 4 (11), 1997.

David J. Vanness, Barbara L. Wolfe., "Government Mandates and Employer-Spon-sored Health Insurance: Who is Still not Covered?", *International Journal of Health Care Finance and Economics* (2002), Vol. 2, No. 2.

David M. Culter, Sarah J. Reber., "Paying for Health Insurance: The Trade-Off between Competition and Adverse Selection," *The Quarterly Journal of Economics* 113 (2), 1998.

Ernst R. Berndt, "Pharmaceuticals in U. S. Health Care: Determinants of Quantity and Price," *Journal of Economic Perspectives* 16 (4), 2002.

Evans R. G. , "Supplier-induced demand: Some empirical evidence and implications," *The Economics of Health and Medical Care* (1974), London: Macmillan.

Feldstein M. , "Rethinking Social Security," *American Economic Review* 95 (1),2005.

Harris B. L. , Stergachis A. , et al. , "The Effect of Drug Co-Payments on Utilization and Cost of Pharmaceuticals in Health Maintenance Organization," *Medical Care* 28 (10),1990.

Hassenteufel P. , Palier B. , "Towards Neo-Bismarckian Health Care States? Comparing Health Insurance Reforms in Bismarckian Welfare Systems," *Social Policy & Administration* 41 (6), 2007.

Hinrichs K. , "The impact of German Health Insurance Reforms on Redistribution and the Culture of Solidarity," *Journal of Health Policy, Policy and Law* 20 (1995).

Hsiao, W. C. , Dunn, D. , "The impact of DRG payment on New Jersey," *Inquiry* 24 (1987).

Jamesm, Hoffnan, "Projecting future drug expenditures-2004," *Am J Health Syst Pharm* 61 (1), 2004.

John A. Vernon, "Drug research and price controls", *Regulation* 25 (4), 2003.

John Church, Duncan Saunders et al. , "Citizen Participation in Health Decision-Making: Past Experience and Future Prospects," *Journal of Public Health Policy* (2002), Vol. 23, No. 1.

Jonathan Gruber, "The Impact of the Tax System on Health Insurance Coverage," *International Journal of Health Care Finance and Economics* (2001), Vol. 1, No. 3/4.

Kotlikofl, L. , "On the Contribution of Economics to the Evaluation and Formation of Social Insurance Policy," *American Economic Review* (1989), Vol. 79, No. 2.

Lawrence H. Thompson. , "The social security reform debates," *Journal of Economic Literature* (2002), Vol. 21, No. 4.

Levit, Katharine R. et al. , "National Health Expenditures," *Health Care Financing Review* (1997), Vol 19, No. 1.

Liebowitz A. , Manning W. G. , et al. , "The demand for prescription drugs as a function of cost sharing," *Social Science & Medicine* 21 (1985).

Lyles A. , "Decision-makers' use of pharmacoeconomics: What does the research tell us?", *Expert Rev Pharmacoeconomics Outcomes Res* 1 (2001).

Maarse H. , Paulus A. , "Has Solidarity Survived? A Comparative Analysis of the Effect of Social Health Insurance Reform in four European Countries," *Journal of Health Politics, Policy and Law* 28 (4), 2003.

Mark V. Pauly. , "Taxation, Health Insurance, and Market Failure in Medical Economy," *Journal of Economic Literature* 24 (2), 1986.

Martin S. Feldstein. , "The Rising Price of Physicians Services," *Renew of Economics and Statistics* 52 (1970).

Martin S. Feldstein. , "The Welfare Loss of Excess Health insurance," *Journal of Political Economy* 2 (1973).

Meng Q Y, Cheng G, et al. , "The Impact of China's Retail Drug Price Control Policy on Hospital Expenditures: A Case Study in Two Shandong Hospitals," *Health Policy and Planning*, Vol. 70, No. 3, 2005.

Michael A. Morrisey, Gail A. Jensen, et al. , "Managed Care and Employer Premiums," *International Journal of Health Care Finance and Economics*, Vol. 3, No. 2, 2003.

Michael A. Morrisey. , "Why Do Employer Do What They Do? Compensation Differentials," *International Journal of Health Care Finance and Economics*, Vol. 1, No. 3/4, 2001.

Murthy, V. N. R, V Ukpolo, "Aggregate health care expenditure in United States: evidence from coinegration tests," *Applied Economics* 26 (8), 1994.

Pauly M. V. , "Taxation, Health Insurance, and Market Failure in the Medical Economy," *Journal of Economic literature* 24 (1986).

Ronald J. Vogel. , "Pharmaceutical Pricing, Price Controls, and Their Effects on Pharmaceutical Sales and Research and Development Expenditures in the European Union," *Clinical Therapeutics* 26 (8), 2004.

Schneew eiss S. , "Reference drug programs, Effectiveness and implication," *Health Policy* 81 (1), 2007.

Sean R. Tunis, Hellen Gelband. , "Health Care Technology in the United States,"

Health Policy 30 （1）, 1994.

Silvia M. Ess, Sebastian Schneeweiss, "European Healthcare Policies for Controlling Drug Expenditure," *Pharmacoeconomics* 21 （2）, 2003.

Simeon Thornton. , "Drug price reform in the UK: debunking the myths," *Health Economics* 16 （2007）.

Stock S. , Redaelli M. , et al. , "Disease management and health care reforms in Germany—Does more competition lead to less solidarity?", *Health Policy* 80 （2007）.

Thompson L. , "Negotiation Behavior and Outcomes: Empirical Evidence and Theoretical Issues," *Psychological Bulletin* 7 （1990）.

Weiman D. C. , "Efficient Incentive Contracts," *The Quarterly Journal of Economics* 94 （1980）.

会议论文

Hallek M, Walshe R. , Recent Health Care Reform Strategies in Germany. (the Communication Fund's 9th International Symposium on Health Care Policy, Washington, D. C, 2006）.

Hoadley, Jack et al. , Medicare Prescription Drug Plans in 2008 and Key Changes since 2006: Summary of Findings. （Menlo Park, CA, Kaiser Family Foundation, April 2008）.

Randall P. Ellis. , Hospital payment in the United States: an overview and discussion of current policy issues. （Paper prepared for Colloque International, Paris, France, June 5, 2001）.

网络资源

Centers for Medicare & Medicaid Services, Office of the Actuary, National Health Statistics Group. National Health Expenditures, 2008.

DECD. http:∥stats oecd org/Index aspx. 2010-2-25.

Medicare Part D Patients Pay more for drugs than Veterans, http:∥ www. azstarnet. Com/news/163911. 2008-7-21.

National Conference of State Legislatures. , *State Pharmaceutical Assistance Programs*

2011.

Normand C. WeberA. , *Social Health Insurance*：*A Guide Book for Planning*，*Geneva*，WHO，1994.

S. Jacobzone. , Pharmaceutical Policies in OECD Countries：Reconciling Social and Industrial Goals. OECD，2000.

UNDP. *Human Development Report 2013*.

WHO. *World Health Statisitcs 2018*.

后　记

　　本书是笔者主持的宜宾学院 2015 年科研启动项目"社会医疗保险药品谈判机制研究"（项目编号：2015QD04）的最终成果。感谢课题组成员宜宾学院周健宇副教授、李敏讲师，四川大学黄国武讲师等在课题调研工作中做出的重要贡献。同时，感谢为课题组实地调研提供大力支持的成都市人力资源和社会保障局原副局长张廷平、成都市社会保险局副局长苏伟、成都市医疗保险管理局副局长杨丽文以及参与课题组调研活动的其他人士。还要感谢宜宾学院政府管理学院的院长何一教授对课题组成员开展研究工作的鼓励和支持。

　　作为对中国社会医疗保险药品谈判机制构建的初步研究，本书是笔者在课题研究基础上展开的思考和探索。笔者的水平有限，本书还存在许多不足之处，恳请各位专家学者和广大读者批评指正。

龚文君

2019 年 1 月于四川宜宾

图书在版编目（CIP）数据

药品谈判：理论、机制及实践 / 龚文君著. -- 北京：社会科学文献出版社，2019.5
ISBN 978 - 7 - 5201 - 4816 - 0

Ⅰ.①药… Ⅱ.①龚… Ⅲ.①医疗保险 - 药品 - 谈判 - 研究 - 中国 Ⅳ.①F842.613

中国版本图书馆 CIP 数据核字（2019）第 089001 号

药品谈判：理论、机制及实践

著　　者 / 龚文君

出 版 人 / 谢寿光
责任编辑 / 易　卉　佟英磊
文稿编辑 / 朱子晔

出　　版 / 社会科学文献出版社·群学出版分社（010）59366453
　　　　　地址：北京市北三环中路甲 29 号院华龙大厦　邮编：100029
　　　　　网址：www. ssap. com. cn
发　　行 / 市场营销中心（010）59367081　59367083
印　　装 / 三河市龙林印务有限公司

规　　格 / 开　本：787mm × 1092mm　1/16
　　　　　印　张：16.5　字　数：278 千字
版　　次 / 2019 年 5 月第 1 版　2019 年 5 月第 1 次印刷
书　　号 / ISBN 978 - 7 - 5201 - 4816 - 0
定　　价 / 98.00 元

本书如有印装质量问题，请与读者服务中心（010 - 59367028）联系

▲ 版权所有 翻印必究